Gabriele Haben & Anette Harms-Böttcher
MOBBING

aus Sozialnet.de

D1723456

GABRIELE HABEN
ANETTE HARMS-BÖTTCHER

mobbing
FRAUEN STEIGEN AUS

ORLANDA

INHALTSVERZEICHNIS

KAPITEL 3   AUSSTIEG AUS DEM HAMSTERRAD – TEIL 2

KAPITEL 4   AUSSTIEG AUS DEM HAMSTERRAD – TEIL 3

KAPITEL 5   **WIE MOBBINGBETROFFENE FÜR SICH SELBST
SORGEN KÖNNEN**

KAPITEL 6   **MOBBING AUS DER PERSPEKTIVE VON ...**

KAPITEL 7   **AUF DER FÄHRTE DES OMINÖSEN FAKTOR »V«**

VORWORT

Seit dem Erscheinen des ersten Mobbingbuches von Hans Leymann im Jahr 1993 hat es eine rasante Entwicklung im öffentlichen Bewusstsein zum Umgang mit Mobbing gegeben. Mittlerweile sind zu diesem Thema mehr als 100 Bücher publiziert worden, auch wir haben das »Hamsterrad« (2000) und »In eigener Sache« (2002) beigesteuert.

Wir werden häufig gefragt, wo wir uns im Spektrum der Publikationen von JuristInnen, MedizinerInnen, Betroffenen, PsychotherapeutInnen und LebensberaterInnen wiederfinden. Das fragen wir uns auch selbst, und kommen heute zu anderen Antworten als vor zehn Jahren, und dieser Entwicklung möchten wir mit unserem neuen Buch Rechnung tragen.

Wenn wir unsere Haltung in der Mobbingproblematik heute definieren, so ist sie am ehesten mit einer Lotsenfunktion zu beschreiben, einer Begleitung für eine begrenzte Zeit durch unbekanntes Gewässer. Unsere Aufgabe sehen wir darin, die Menschen mit denen wir arbeiten, von einer reaktiven in eine aktive Haltung zu begleiten.

Dabei spielt es keine Rolle, mit welchem Hintergrund unser »Rat« gesucht wird, für uns gibt es nicht DIE Betroffenen, DIE Leitung, DIE Frauenbeauftragten, DIE PersonalrätInnen; der Mensch mit seinem Anliegen steht im Vordergrund.

Die Idee zu diesem Buch war ursprünglich, ein kompaktes Selbsthilfebuch zu Mobbing vorzulegen. Am Anfang dachten wir deshalb daran, unsere beiden vorangegangenen Mobbingbücher zusammenzulegen, sie zu überarbeiten und zu aktualisieren. Während dieser Arbeit packte uns dann aber doch wieder die Lust am Schreiben und es entstand die Idee, beide Bücher »anders« zueinander in Bezug zu setzen. Daraus entwickelte sich ein neues Gesamtkonzept, das über den Selbsthilfecharakter hinausgeht und auch die Perspektiven von Leitung, Personalrat und KollegInnen einnimmt.

Wir möchten Ihnen Mut machen und wünschen Ihnen inspirierende Momente auf IHREM Weg aus dem Hamsterrad, in welcher Position auch immer Sie mit Mobbing zu tun haben.

Berlin, im Frühjahr 2007

Mobbing – was ist das?

DER HINTERGRUND

Das Verb »to mob« bedeutet im Englischen »über jemanden lärmend herfallen«, jemanden anpöbeln, angreifen oder attackieren. »To mob somebody« kann folglich übersetzt werden mit: jemanden von ihrem/seinem Arbeitsplatz wegekeln, solange angreifen, bis die betreffende Person zermürbt »freiwillig« geht oder gekündigt werden kann.

Der Ursprung des Wortes liegt im Lateinischen: »mobile vulgus«, übersetzt: aufgewiegelte Volksmenge, aber auch Pöbel und Gesindel. Im angelsächsischen Raum sind neben Mobbing weitere Begriffe gängig, wie »bullying«, ebenso in den skandinavischen Ländern. Diese Synonyme ersparen wir Ihnen hier, denn in Deutschland hat sich mittlerweile »Mobbing« als Bezeichnung für systematische Feindseligkeiten und Ausgrenzung am Arbeitsplatz durchgesetzt.

Ins Deutsche eingeführt wurde der Begriff in den fünfziger Jahren von Konrad Lorenz, dem österreichischen Verhaltensforscher. Er hat das Angriffsverhalten einer Tiergruppe gegen einzelne Eindringlinge zum Schutz der Gruppe Mobbing genannt.
Peter-Paul Heinemann, schwedischer Arzt und Schuldirektor, übernahm den Ausdruck 1969 in seinen Arbeiten über psychosoziale Gewalt unter Kindern.

In den Untersuchungen des deutschen Arbeitspsychologen Heinz Leymann in Schweden gewann das Wort »Mobbing« die Bedeutung, die es heute für uns hat.
Eine Steigerung des Bedeutungsgehalts von Mobbing wird teilweise in der journalistischen Diskussion versucht. Von »Krieg am Arbeitsplatz« und »Psychoterror« ist da die Rede. Zum ersten: Das Wort Krieg sagt nichts aus über die Verteilung der Kampfmittel – und lässt damit einen zentralen Aspekt von Mobbing außer Acht. Zum zweiten: Die Bezeichnung Psychoterror beinhaltet nicht den so typischen, oft schleichenden, prozesshaften Charakter von Mobbing.

Wenn wir hier das Wort Mobbing verwenden, so beziehen wir uns auf Definitionen, wie sie Leymann und andere erarbeitet haben, und auf den phasenhaften Verlauf, wie er sich in den schwedischen Untersuchungen herauskristallisiert hat (beides werden wir ausführlich darstellen).

Interessant ist, wie es zu diesen für die heutige Sicht von Mobbing so wichtigen Untersuchungen kam. Das schwedische Parlament verabschiedete Ende der siebziger Jahre einen Beschluss, der das psychische Wohlbefinden von Angestellten dem physischen gleichstellt. Es wurde ein Forschungsfond eingerichtet und untersucht, inwieweit Menschen aufgrund von psychischen Stressoren (Fachausdruck für Stressauslöser) erkranken und deshalb schließlich aus dem Arbeitsprozess ausscheiden. Die vergleichenden Untersuchungen von Charakter und Persönlichkeit betroffener Personen gerieten in eine Sackgasse: Bei den ArbeitnehmerInnen, von denen die KollegInnen behaupteten, sie verhielten sich »destruktiv und verpesten das Arbeitsklima«[1], gab es keine übereinstimmenden Persönlichkeitsmerkmale.

Stattdessen ergaben sich Übereinstimmungen, als Leymann anfing die Bedingungen zu untersuchen, in denen Betroffene arbeiteten oder gearbeitet hatten. Nach Auswertung der Interviews und Fallgeschichten von einigen hundert Geschädigten war das Ergebnis: Mobbing wird verursacht durch die Art, wie die Arbeit organisiert wird, wie die Arbeitsaufgaben gestaltet werden sowie die Art der Leitung und gruppendynamische Aspekte. Nach Leymann sollte das Augenmerk nicht auf der Frage liegen, ob und wie bestimmte Einzelpersonen die Dynamik in der Gruppe bestimmen, sondern auf der Frage, WANN und UNTER WELCHEN VORAUSSETZUNGEN eine Gruppe jemanden braucht, um sich abzureagieren.[2]

In diesem Zusammenhang wird schnell von »Sündenböcken« gesprochen. Dieses Phänomen gibt es zwar, und die Sozialpsychologie hat die Rolle des Sündenbocks definiert. Auch bei Mobbing kann es der Fall sein, dass einzelne geächtet werden, weil sie die (oft unausgesprochenen) Gruppennormen nicht einhalten. Wenn wir wissen wollen, wie Mobbing funktioniert, hilft uns der Begriff »Sündenbock« dennoch nicht weiter, weil er nicht erklärt, WIE jemand zum Sündenbock gestempelt wird; weder der Beginn dieses Abstempelns noch der weitere Verlauf wird definiert; noch WAS im Einzelnen getan wird, um jemanden in dieser Rolle zu halten. Vor allen Dingen aber

1 vgl. Heinz Leymann, 1995, S. 10, »Der neue Mobbing-Bericht«
2 vgl. Heinz Leymann, 1993, S. 140, »Mobbing. Psychoterror am Arbeitsplatz und wie man sich dagegen wehren kann«

wird die Leitung, Organisation und Gestaltung der Arbeit, wenn von Sündenbock die Rede ist, in der Regel nicht hinterfragt. Im Blickpunkt stehen die »Sündenböcke«, die es sich selbst zuzuschreiben hätten, dass sie so viel Groll auf sich ziehen, sie gelten als die »TäterInnen«.

»Alle waren zufrieden, weil sie von der Chefin Recht bekommen haben, weil: Sylvia hat sich ja vergaloppiert, und Sylvia muss jetzt einfach erkennen, dass sie diejenige ist, die ...«
Sylvia W., 45 Jahre alt, Erzieherin

Eine solche Festschreibung führt zu einer weiteren Stigmatisierung. Sie trägt dazu bei, den Mobbingprozess fortlaufen zu lassen und die Betroffenen glauben zu machen, sie seien an ihrer Situation selber schuld.

»Man fängt ja an, das zu glauben, was die anderen versuchen einem einzuhämmern.«
Sabine W., 48 Jahre alt, Sozialpädagogin

»Wenn alle sich einig sind, dass ich blöd bin, dann müssen ja alle recht haben. Wenn Leute, die sich ansonsten ununterbrochen streiten, sich plötzlich vertragen und der Ansicht sind, dass ich fachlich nicht gut bin ... dann muss es ja so sein.«
Marga B., 30 Jahre alt, Sozialarbeiterin

»Ich hatte gleich für mich so Schuldgefühle ... Nun hatte ich wieder diese Rolle, es liegt an mir, und die Leiterinnen haben es bestätigt, dass ich diejenige bin, die da Probleme macht.«
Sissi V., 40 Jahre alt, Psychologin

Die Mobbingforschung zeigte den bisher verborgen gebliebenen Verlauf solcher Prozesse auf, beschrieb Schritt für Schritt ihre Stereotypie und machte deutlich, dass selbst auffälligste Verhaltensweisen am Ende, nicht am Anfang dieser Prozesse stehen – und Ursache und Wirkung also vertauscht werden.

DIE DEFINITION

Überall dort, wo Menschen zusammentreffen und täglich viele Stunden miteinander verbringen – so wie es am Arbeitsplatz der Fall ist – kommt es zu Spannungen, Konflikten und Feindseligkeiten. Das ist so; das hat es schon immer gegeben.

Da ist die Kollegin, mit der wir nicht können, da gibt es Streitigkeiten zwischen KollegInnen, in denen auch mal ein böses Wort fällt. Da ist der cholerische Chef, die cholerische Chefin, der oder die manchmal aus der Rolle fällt und die MitarbeiterInnen anschreit.

Es gibt täglich unzählige Situationen am Arbeitsplatz, die uns ärgern und die uns auch belasten. Von Mobbing kann jedoch in solchen Fällen noch nicht gesprochen werden.

Aber was genau ist mit Mobbing gemeint?

Vor dem Hintergrund seiner in den achtziger Jahren in Schweden durchgeführten Untersuchungen definierte Leymann den Begriff Mobbing zunächst als »negative kommunikative Handlungen, die gegen eine Person gerichtet sind (von einer oder mehreren anderen) und die sehr oft und über einen längeren Zeitraum hinaus vorkommen und damit die Beziehung zwischen Tätern und Opfer kennzeichnen.«[3]

Die Gesellschaft gegen psychosozialen Stress und Mobbing e.V. hat zusammen mit Heinz Leymann folgende Definition entwickelt, auf die wir uns in diesem Buch beziehen, wenn von »Mobbing« die Rede ist:

»Unter Mobbing wird eine konfliktbelastete Kommunikation am Arbeitsplatz unter Kollegen oder zwischen Vorgesetzten und Untergebenen verstanden, bei der die angegriffene Person unterlegen ist (1) und von einer oder einigen Personen systematisch, oft (2) und während längerer Zeit (3) mit dem Ziel und/oder dem Effekt des Ausstoßes aus dem Arbeitsverhältnis (4) direkt oder indirekt angegriffen wird und dies als Diskriminierung empfindet.«[4]

Diese Definition enthält verschiedene Aspekte, die wir im Folgenden einmal näher betrachten wollen.

3 Heinz Leymann 1994, S. 21, »Mobbing«
4 Heinz Leymann 1995, S. 18, »Der neue Mobbing-Bericht«

Mobbing tritt in einer bestimmten Situation innerhalb eines bestimmten sozialen Rahmens auf: MOBBING GESCHIEHT AM ARBEITSPLATZ, in unserer Arbeitsgruppe, also in einer wie auch immer von der Organisation zusammengesetzten »Zwangsgemeinschaft«[5], denn in der Regel haben wir nicht die Freiheit, uns unsere KollegInnen auszusuchen, wir können nicht einfach gehen, wenn wir uns mit ihnen nicht wohlfühlen, sondern müssen mit ihnen zurechtkommen.

Des Weiteren unterscheidet diese Definition zwei Gruppen von Personen: die AngreiferInnen, das können gleichgestellte KollegInnen, Untergebene oder Vorgesetzte sein, und die UNTERLEGENE Seite. Dieses Kräfte-Ungleichgewicht, das unabhängig sein kann von der Position in der betrieblichen Hierarchie, entsteht und festigt sich jedoch erst im Verlauf des Mobbingprozesses. So kann es also durchaus sein, dass die angegriffene Person am Anfang genauso stark ist wie die AngreiferInnen oder ihnen auch überlegen, aber im weiteren Verlauf ihre Bewältigungsmöglichkeiten zunehmend verliert und in die unterlegene Rolle gerät.

Zu Mobbing gehören darüber hinaus SYSTEMATIK UND DAUER. Leymann spricht erst dann von Mobbing, wenn eine Person über einen längeren Zeitraum hinweg systematisch attackiert und damit zermürbt wird.

Für seine statistischen Erhebungen legte Leymann die Kriterien »mindestens ein halbes Jahr, mindestens einmal wöchentlich« fest. In der Mobbingberatung haben solche Kriterien allerdings keine ausschlaggebende Bedeutung. Hier gilt eher: »Wehret den Anfängen.«

Ein ganz zentraler Punkt der Definition ist unseres Erachtens der Aspekt der AUSGRENZUNG, der in der ersten Mobbingdefinition von Leymann noch fehlte.

Anders als bei »normalen« Konflikten und Streitigkeiten, in denen der Streitpunkt meist klar erkennbar ist (man streitet um eine Sache), rückt bei Mobbing eine PERSON INS ZENTRUM der Auseinandersetzung. Es geht darum, diese Person zu schwächen, herabzusetzen und aus der Arbeitsgruppe auszugrenzen – nicht darum, sie zu unterwerfen.

»Ich fühlte mich richtig boykottiert ... Ich hatte das Gefühl, ich werde abgeblockt ... Das hat sich natürlich langsam entwickelt, und ich hatte das Gefühl:
»Die wollen mich da nicht.«
Sissi V., 40 Jahre alt, Psychologin

---

5 Martin Resch 1994, S. 93 ff., »Wenn Arbeit krank macht«

»Er (der Vorgesetzte) hatte es auf mich abgesehen ... Diese Sorte von Gemeinheiten hat nur mich getroffen, die anderen wurden geärgert, ich sollte vernichtet werden. Da gab es einen großen Unterschied.«
Franziska B., 35 Jahre alt, Stadtplanerin

Dabei ist es unwichtig, ob die Absicht den Mobbenden von vornherein bewusst ist, entscheidend ist der Effekt – Ausschluss aus der Arbeitsgruppe.

Nach dieser Definition von Mobbing ist auch der Aspekt des subjektiven Empfindens bedeutsam: ob jemand Angriffe auch als solche empfindet. So kann es durchaus sein, dass eine Kollegin die andere einfach immer links liegen lässt, diese sich jedoch nichts daraus macht. Für andere mag es zwar wie Mobbing aussehen – doch die Kollegin fühlt sich nicht diskriminiert, und damit ist es auch kein Mobbing.

Der umgekehrte Fall ist in der Praxis allerdings häufiger: sich gemobbt fühlende MitarbeiterInnen suchen bei Vorgesetzten, Personal- oder BetriebsrätInnen Unterstützung, werden aber nach einem viertelstündigen Gespräch beschieden: »Das ist kein Mobbing, Thema erledigt!« Da sind oft wahre SpezialistInnen am Werk! Die Betroffenen bleiben mit ihrem »subjektiven Empfinden« allein. Der Konflikt schwelt weiter und nimmt den für Mobbing typischen Verlauf.

Die Charakteristika von Mobbing

DER PHASENHAFTE VERLAUF

Mobbing verläuft in verschiedenen aneinander anschließenden, teilweise sich überlappenden Phasen. Der Entwicklung liegt ein Konflikt zugrunde, dieser Konflikt steht an ihrem Beginn, und sie endet – ohne entscheidende Intervention – in der den Prozess abschließenden Phase, dem Ausschluss der Unterlegenen aus dem Arbeitsumfeld. Leymann beschrieb zunächst vier Phasen und erweiterte später sein Modell um eine fünfte Phase. Wir stellen diese Phasen im Folgenden vor, um den prozesshaften Charakter von Mobbing zu veranschaulichen.

VERLAUFSMODELL VON MOBBING

	Die Phasen und was sie kennzeichnet	Die Reaktionen von Betroffenen
Phase 1	Konflikte in der Organisation einzelne Unverschämtheiten und Gemeinheiten	Erste Stresssymptome, Ignorieren, Versöhnungsangebote Konfliktbearbeitung
Phase 2	Mobbing etabliert sich Polarisierung in Opfer – Täter	wie Phase 1, Abnahme des Selbstvertrauens, beginnende Existenzangst psychosomatische Störungen, Abnahme der Bewältigungsmöglichkeiten
Phase 3	Betriebliche Fehleinschätzungen: Abmahnung, Versetzung, Drohungen, Abqualifizierung, Kündigungsversuch	auffällige Verhaltensweisen, Fehlzeiten, Erschöpfung Psychosomatische Störungen
Phase 4	Ärztliche und/oder psychologische Fehldiagnosen, juristische Fehleinschätzungen	Verzweiflung, Misstrauen, Posttraumatische Belastungsstörung, Medikamentenmissbrauch
Phase 5	Ausschluss aus dem Arbeitsumfeld: Versetzungen, langfristige Krankschreibungen, eigene Kündigung, Kündigung, Frühberentung	Persönlichkeitsveränderung, Depression, Obsession, Suizidgefahr

PHASE 1: EIN KONFLIKT ENTSTEHT

Mobbing liegt wie gesagt ein KONFLIKT zugrunde. Ein Konflikt verlangt eigentlich danach, benannt zu werden, und danach, Lösungsmöglichkeiten zu suchen, die es den Konfliktparteien erlauben, sich in dem gefundenen Ergebnis wiederzufinden. Wenn das gelingt, ist Mobbing sozusagen im Keim erstickt. Konflikte, aus denen sich Mobbingverläufe entwickeln, werden jedoch in den seltensten Fällen benannt; falls sie dennoch zur Sprache kommen, wird eine Lösung, die beiden Konfliktparteien gerecht wird, vermieden.

Die Hintergründe von Konflikten können vielfältig sein. Da sind zum Beispiel die MitarbeiterInnen einer Abteilung, die einem großen Arbeitsstress ausgesetzt sind. Um sich von dem permanenten Druck zu entlasten, wird ein Ventil gesucht. Es trifft (zuerst einmal »probehalber«) die Mutter, die wegen ihres kranken Kindes öfter einmal ausfällt und die sich nun hin und wieder unverschämte Bemerkungen gefallen lassen muss wie: »Na, beim Kinderarzt war's wohl wieder besonders voll?!«

Typisch für Mobbing ist, dass die Dinge nicht beim Namen genannt werden, das heißt, nicht die Arbeitsbelastung wird Thema, sondern der Konflikt wird auf die persönliche Ebene verlagert.

»Ich war da noch nicht in der Lage zu sagen: Halt, das ist so ein Ungleichgewicht. Und vor allem geht es hier nicht um meine individuelle Geschichte, sondern wir haben hier ein Arbeitsproblem.«
Sissi V., 40 Jahre alt, Psychologin

Ein anderes Beispiel wäre die junge Mitarbeiterin, die neu eingestellt wird und auf eine ältere Kollegin trifft, die (insgeheim) fürchtet, dass die Neue ihr den Rang ablaufen könnte. Und irgendwann ist dann der Zeitpunkt gekommen, sich von dem psychischen Druck zu entlasten: Die Neue hat einen Fehler gemacht, der nun mit der schadenfrohen Bemerkung kommentiert wird, dass die Arbeit sie wohl überfordere. Der Konflikt ist in diesem Beispiel ursächlich ein Problem der Mobberin.

Menschen, die sich mit solchen Attacken konfrontiert sehen, versuchen im Rahmen ihrer Möglichkeiten etwas dagegen zu unternehmen, indem sie beispielsweise eine Aussprache herbeiführen, um das Problem zu klären, oder Versöhnungsangebote machen (»Können wir nicht friedlich miteinander umgehen?«). Sie versuchen, die Situation zu bewältigen, legen sich ein »dickes Fell« zu oder ignorieren das Verhalten der anderen in der Hoffnung, dass sich alles wieder einrenken wird.

»… habe ich mich ständig gerechtfertigt und versucht, alles in Ordnung zu bringen … Das führte dazu, dass immer mehr kritisiert und gestichelt wurde – von Zeit zu Zeit. Es gab auch Zeiten, da war wieder alles ganz in Ordnung und nett, und da dachte ich: ›Ach, na ja, vielleicht sollte dich das nicht weiter beunruhigen.‹«
Annette L., 32 Jahre alt, Erzieherin

Schon in dieser ersten Phase treten Stress-Symptome auf: Betroffene fühlen sich nervös, sind innerlich unruhig, sie fühlen sich unwohl, »zerbrechen sich den Kopf«, finden auch nachts keine rechte Ruhe mehr.

»Da kam's dann schon zu Schlafstörungen, weil in die Ruhe abends ganz viele Gedanken noch mal reinspielten, die man … dann nicht besprechen konnte oder die ich jedenfalls für mich geklärt haben wollte.«
Sylvia W., 45 Jahre alt, Erzieherin

Wenn sich weder die Betroffenen erfolgreich zur Wehr setzen können und auch keine KollegInnen oder Personalverantwortliche aufmerksam geworden sind und sinnvoll interveniert haben, nimmt Mobbing seinen weiteren Lauf.

PHASE 2: MOBBING ETABLIERT SICH

In dieser Phase polarisiert sich das Verhalten – die einen verhalten und etablieren sich als AngreiferInnen, die anderen werden in die Opferrolle gedrängt. Die Isolation der von Mobbing Betroffenen nimmt zu. Sie werden für den erhöhten Stress verantwortlich gemacht und gezielt, wiederholt und über einen längeren Zeitraum auf vielfältigste und subtile Weise angegriffen.

»Eine Zeitlang ruhte das so vor sich hin, nachdem ich mich rechtfertigte, führte aber letztendlich dazu, dass sie immer intensivere Schlachtpläne entwickelte. Solche, wo ich nicht mehr so schnell dahinter kam… Sie merkte wohl auch, dass sie mit der Art, die sie im Moment drauf hatte, nicht weiterkam, sie musste zu härteren Waffen greifen.«
Annette L., 32 Jahre alt, Erzieherin

MobberInnen, die in Phase 1 ihre Angriffe unter Umständen noch unsicher vorgetragen haben, fassen nun Mut, erfahren, dass sie Verbündete haben und gewinnen können, und sind an einer Bearbeitung des zugrunde liegenden Konflikts nicht mehr im Mindesten interessiert. Ihre Motivation, durch gezielte Schikane das eigene Ziel durchzusetzen, nimmt zu. Denn: wozu den mühseligen Prozess einer Konfliktaufarbeitung auf sich nehmen, bei dem nur maximal 50 Prozent statt der angestrebten 100 Prozent des eigenen Ziels durchgesetzt werden können? Dieses Vorgehen zur »Konfliktlösung« kann von Seiten der AngreiferInnen von Anfang an geplant gewesen sein; oft entwickelt sich Mobbing aber auch, ohne dass eine Absicht vorliegt oder erkennbar ist.

Voraussetzung dafür ist, dass KollegInnen »mitspielen«. Das geschieht häufig unbewusst. Die ZuschauerInnen haben genug eigene Probleme, sie können die betroffenen KollegInnen nicht sonderlich leiden, oder es betrifft nicht ihre eigenen unmittelbaren Arbeitsbereiche, sie haben Angst, sich zu exponieren und sich nachher auf der »falschen« Seite wiederzufinden oder selbst das Ziel von Angriffen zu werden. Egal, wie »gut« die Gründe sind, sich herauszuhalten, in jedem Fall ermöglicht das Heraushalten den Fortgang des Mobbingprozesses; so werden aus unbeteiligten ZuschauerInnen Beteiligte, auch wenn sie das nicht beabsichtigen.

In dieser zweiten Phase nimmt bei den Betroffenen das Selbstwertgefühl ab, Existenzängste kommen auf.

»Ich hab dann immer weitergemacht … Es war die erste Anstellung nach dem Erziehungsjahr. Wenn ich die schmeiße mit den kleinen Kindern, hab ich mir überlegt, dann krieg ich keine Stelle mehr.«
Marga B., 30 Jahre alt, Sozialarbeiterin

Bei den Betroffenen tauchen Zweifel auf, ob das, was ihnen widerfährt, durch Anpassung überhaupt zu stoppen ist. Sie realisieren, dass sie als Person gezielten Angriffen ausgesetzt sind, wissen allerdings häufig nicht, warum. Sie nehmen wahr, dass sich die KollegInnen gegen sie verschworen haben, und wissen nicht, wie sie dem Einhalt gebieten können. Versuche, sich gegen Angriffe zur Wehr zu setzen, scheitern. Sie machen die Erfahrung, dass sich trotz ihrer intensiven Beschäftigung mit der Situation nichts ändert, im Gegenteil, die Situation verschlechtert sich. Es kommt zu psychosomatischen Störungen wie Schlaflosigkeit, Kopfschmerzen, Magenbeschwerden, dem Gefühl von Zerschlagenheit, Depressionen.

Spätestens zu diesem Zeitpunkt ist es für Betroffene wichtig, sich über die eigene Zielsetzung klar zu werden, den »Ausstieg aus dem Hamsterrad«

zu planen. Um ihre Ziele zu erreichen, versuchen MobberInnen mit allen Mitteln, ihre Opfer in die Rolle der Unterlegenen zu bringen und sie dann auch in dieser Rolle zu halten. Um das passive Rechtfertigungsverhalten zu überwinden und die eigene Handlungsfähigkeit wiederzugewinnen, benötigen die Unterlegenen, außer intuitivem Abwehrverhalten, bewusst gewählte Strategien.

»Weil ich mich immer sehr in der Opferrolle fühlte …, hab ich gemerkt, wie sehr ich in dieser Rolle festgeschrieben werde, so, als dürfte ich diesen Platz nicht verlassen. Als ich versucht habe, diese Position zu verlassen, da wurde es anstrengend, gemein … Ich begann zu sehen, aha, ich werde in einer Position festgehalten, weil die Gruppe diese Position offensichtlich braucht. Ich spürte diese Kräfte ganz massiv.«
Sissi V., 40 Jahre alt, Psychologin

PHASE 3: BETRIEBLICHE FEHLEINSCHÄTZUNGEN

Die Gemobbten werden zum »Störfaktor« – nun auch auf der Ebene von Vorgesetzten und Personal- oder Betriebsräten. Die Probleme werden so gravierend, dass sich die Führungsebene einschaltet, oder, was häufiger der Fall ist, von Betroffenen eingeschaltet wird.

»Ich hab's nicht angesprochen, um zu petzen, und auch nicht in der Absicht, irgendwas auszubreiten, sondern aus meiner inneren Not heraus. Weil ich Hilfe gebraucht habe, habe ich im Team angesprochen, dass wir nicht gut zusammenarbeiten, dass es Probleme gibt … Die Leiterinnen haben es zwar aufgegriffen, aber das ging meistens in die Richtung von ›individuelle Probleme aufarbeiten‹.«
Sissi V., 40 Jahre alt, Psychologin

Es hat sich herumgesprochen, dass die Mitarbeiterin X für ein Problem steht. Wendet sie sich an Vorgesetzte oder den Betriebsrat, appelliert sie an deren Zuständigkeit: »Sie sind für mich die/der vom Gesetzgeber vorgesehene AnsprechpartnerIn« (Betr VG § 75 »Fürsorgepflicht«).

»Mein Gefühl war, dass ich völlig im Stich gelassen werde und dass ich da keine Hilfe kriegen werde. Das war ein ziemlich einschneidender Moment … Ich habe noch eine andere Leiterin direkt angesprochen und um ein persönliches Gespräch gebeten. Das hat sie verweigert mit dem Hinweis: ›Ach, das schaffst du doch.‹«
Sissi V., 40 Jahre alt, Psychologin

Wenn Vorgesetzte glauben, der Situation nicht mehr gewachsen zu sein, oder sich überfordert fühlen, reagieren sie leider häufig unangemessen.

»Ich habe in scheinbar auswegloser Situation den Amtsleiter angerufen und um ein Sechs-Augen-Gespräch über die Situation gebeten. Ich erhoffte mir eine Klärung und ahnte nicht, in welchen Abhängigkeiten sich die Beteiligten befanden ... Der Amtsleiter war oder fühlte sich abhängig vom Abteilungsleiter. Dieser kam zu mir, um mir zu drohen: Das dürfe ich nicht wieder tun!«
Franziska B., 35 Jahre alt, Stadtplanerin

Leitung und Betriebs-/Personalrat ziehen sich zurück oder greifen Mobbingbetroffene sogar an, die Handlungspalette ist breit. Sie reicht vom Bagatellisieren der Situation, was einer Hilfeverweigerung gleichkommt, über vorgebliche »Neutralität« bis hin zur Parteinahme für die MobberInnen.

In sogenannter bester Absicht werden die Beteiligten dann manchmal ohne Vorgespräche an einen Tisch gebracht. Man kann sich vorstellen, dass die MobberInnen die Vorwürfe bestreiten, sie als Überempfindlichkeit abtun und dafür sorgen, dass sie selbst im besten Licht erscheinen.

»Ich fand die Abmahnung nicht berechtigt, ich wollte dagegen angehen und wusste aber nicht, wie ich's machen sollte, weil ich immer alleine war, und die Gespräche immer zu dritt stattgefunden haben. Ich war sozusagen ohne Schutz und ohne Fürsprecher.«
Sabine W., 48 Jahre alt, Sozialpädagogin

Mobbingbetroffene verlieren sich auch oft in der Abwehr absurder Anschuldigungen.

»Bei den Begründungen, warum mit mir nicht mehr zusammengearbeitet werden konnte, kamen Argumente wie: ›Sie stört meinen persönlichen energetischen Fluss.‹ Ich sagte daraufhin, also, ich hätte eben so meine Art und wenn ich irgendwelche energetischen Flüsse störte, dann wäre ich gerne bereit, mit der Kollegin darüber zu reden, um zu sehen, woran es liegen könnte. Damit wir beide eine Möglichkeit finden, den energetischen Fluss einigermaßen im Fluss zu halten. Ich hab also angeboten, auf diese Argumente einzugehen.«
Sylvia W., 45 Jahre alt, Erzieherin

Vorgesetzte fungieren als eine Art »Ringrichter« und bilanzieren oft allzu schnell: »Solche Vorwürfe entstehen doch nicht von ungefähr. Sie hat in der Leistung ja wirklich stark nachgelassen. Wer sich verteidigt, tut das doch nicht ohne Grund.« Das Ergebnis ist: vonseiten der Leitung gibt es keine entscheidende Hilfe bei der Suche nach einer fairen Lösung – der Mobbingprozess setzt sich fort.

Wenn in den Reihen der Personalvertretung Verbündete der MobberInnen oder die MobberInnen selbst sitzen, erübrigt sich jede Hoffnung auf Hilfe seitens dieser Stelle von vornherein.

Auch wenn dies nicht der Fall ist, schließt sich die Mitarbeitervertretung trotzdem häufig der im Mobbingprozess angelegten Richtung an – Phase 3 ist eingetreten und vollzieht sich.

Das führt bei den Mobbingbetroffenen zu einer weiteren Abnahme ihrer Bewältigungsmöglichkeiten, zur Verschlimmerung der psychosomatischen Störungen und eventuell zu jetzt wirklich auffälligen Verhaltensweisen.

Phase 4: Ärztliche Fehldiagnosen, juristische Fehleinschätzungen

Kennzeichnend für diese Phase ist, dass Mobbingbetroffene nun außerhalb der Organisation nach Hilfe suchen, bei Fachleuten, von denen wirksame Unterstützung erhofft wird. Eine um Rat nachgefragte Gruppe ist die der JuristInnen. Die Mobbingproblematik verlangt ein »Kombinationswissen«, das alle denkbaren juristischen Vorgehensweisen zur Verfügung hat. Da diese spezielle Problematik juristisch (noch) nicht gefasst ist, sind einzelne Ratschläge oft praktisch nicht verwertbar. Die Betroffenen bleiben in Bezug auf die Durchsetzung ihrer Rechte hilflos. Die Änderung des Schadensersatzrechts und die Urteile verschiedener Arbeitsgerichte weisen allerdings in eine Richtung, die mutmachend ist.[6]

Der ständige Druck, unter dem Mobbingbetroffene stehen, die andauernden Feindseligkeiten, denen sie ausgesetzt sind, führen jetzt zu massiven gesundheitlichen Beeinträchtigungen und Beschwerden.

---

6 Änderung des Schadensersatzrechts – BGB § 253 Absatz 2
Urteil vom 10.04.2001 – Landesarbeitsgericht Thüringen 5 Sa 403/00
Urteil vom 07.07.2003 – Arbeitsgericht Dresden 5 Ca 5954/02
Urteil vom 12.10.2004 – Arbeitsgericht Koblenz 10 Ca 4246/03

»Ich bin da hingefahren und hatte morgens schon Bauchschmerzen, hab auch fürchterlich abgenommen in der Zeit. Und immer, wenn halt irgendwie Stress war ... oder die mich bloßgestellt hat, dann hab ich gemerkt, dass ich brechen muss. Ich wurde halt irgendwie immer kränker, hab mich immer schlechter gefühlt; erst hab ich 'ne Mandelentzündung gekriegt, dann – da hab ich noch Antibiotika genommen – 'ne Mittelohrentzündung. Das wurde dann eine Lungenentzündung und danach wieder eine Mandelentzündung. In der Zeit habe ich aber immer gedacht: ›Du musst das durchhalten.‹«
Marga B., 30 Jahre alt, Sozialarbeiterin

In der Regel wenden sich Betroffene mit ihren Krankheitssymptomen an einen niedergelassenen Arzt oder eine Ärztin. Findet dort nur eine symptomatische Behandlung statt und bleiben die Hintergründe der Erkrankung unberücksichtigt, wird den PatientInnen vordergründig zwar »geholfen«, an dem fortschreitenden Mobbingprozess ändert sich aber wenig bis gar nichts.

»Es kam mir vor, als ob alle auf mich ... gespuckt hätten. Also, das war so die Grenze. Mein Chef hat nicht reagiert ... In der Nacht habe ich nicht geschlafen, stattdessen gebrochen, geweint, nichts gegessen, gezittert, und um acht Uhr morgens hab ich meinen Chef angerufen und ihm gesagt, dass ich nicht zur weiteren Besprechung komme ... Der hat das überhaupt nicht verstanden und gemeint, das würde aber Konsequenzen haben. Danach ging es mir noch schlechter. Ich hatte das Gefühl, das schaffe ich alleine nicht. Mein Freund war auch völlig überfordert, und dann kamen wir auf die Idee, ins Krankenhaus zu fahren ... Ich hab dem Arzt bei der Aufnahme kurz erzählt, was passiert ist ... und ja, ich war wirklich paranoid, ich dachte, mein Chef holt mich und zwingt mich, an dieser Besprechung teilzunehmen. Da habe ich mich entschieden, dort (in der Klinik) zu bleiben.«
Helene K., 31 Jahre alt, Lektorin

Menschen, die längere Zeit Mobbing ausgesetzt sind, die sich verzweifelt und ohne Erfolg gewehrt haben, sind in ihrem seelischen Gleichgewicht gestört und entwickeln häufig Symptome, die man auch bei Opfern von Gewaltverbrechen, Kriegshandlungen und Naturkatastrophen findet und die unter die Diagnose »Posttraumatische Belastungsstörung« gefasst werden. Diese ist gekennzeichnet durch quälende Erinnerungen (zwanghaftes Durchspielen des Erlebten – Gedankenterror), Angstzustände,

Schlafstörungen, Alpträume, erhöhte Reizbarkeit, Gedächtnis- und Konzentrationsstörungen, Gefühle der Hilflosigkeit, Depressionen und/oder Wutanfälle.

Unabhängig von der Symptomatik fühlen sich Betroffene nicht mehr lebenstüchtig und ziehen sich zurück. Anderen gegenüber verhalten sie sich feindselig und misstrauisch, sie fühlen sich chronisch nervös und bedroht, entfremden sich immer mehr von ihrer Umwelt. Ein Teil der Betroffenen berichtet von depressiven Zuständen, ein anderer Teil verfällt in ziellos wirkende Aktivität. Manche erzählen zwanghaft immer und immer wieder ihre Geschichte in der Hoffnung, eine Instanz zu finden, die ihnen zu ihrem Recht verhilft. Oft kämpfen sie noch jahrelang gegen die erfahrenen Ungerechtigkeiten. Und dieser Kampf wird zu ihrem alleinigen Lebensinhalt. Leymann bezeichnet dieses Verhalten als »obsessiv« (d.h. besessen). Nicht selten führt es dazu, dass Familienangehörige und FreundInnen sich von den Betroffenen zurückziehen, weil sie die immer gleiche Geschichte, die sie erzählt bekommen, nicht mehr hören können. Damit verlieren die Betroffenen wichtige soziale Unterstützung.

Wenn PsychologInnen und PsychiaterInnen, an die sich Mobbingbetroffene wenden, nicht erkennen, was sich hinter diesen »Fällen« verbirgt, wenn sie die traumatisierende Wirkung von Störungen im Arbeitsleben unterschätzen und die Ursache für die psychische Auffälligkeit ihrer KlientInnen eher in frühkindlichen Erlebnissen suchen, tragen auch sie zur weiteren Stigmatisierung bei. Menschen, die aufgrund von Mobbing verzweifeln, depressiv oder aggressiv geworden sind, werden dann als psychisch krank diagnostiziert; fälschlicherweise wird ihre psychische Auffälligkeit als Ursache ihrer Probleme am Arbeitsplatz betrachtet.

Gerade in fortgeschrittenen Mobbing-Stadien häufen sich die ärztlichen und psychologischen Fehldiagnosen; für die Betroffenen sind sie eine weitere Ungerechtigkeit, und der Ausgrenzungsprozess wird fortgesetzt.

Phase 5: Der Ausschluss aus dem Arbeitsumfeld

Die fünfte Phase beschreibt den letzten Abschnitt des Leidensweges von Mobbingbetroffenen. Die Wehrhaftigkeit der Betroffenen ist gebrochen, ihre Energiereserven sind verbraucht. Über einen langen Zeitraum haben sich, ausgehend von einer/einem oder wenigen MitarbeiterInnen, alle übrigen KollegInnen, die Vorgesetzten, die Mitarbeitervertretung gegen die Mobbingbetroffenen gewendet oder durch ihre »Neutralität« zumindest nicht auf eine frühere Beendigung des Mobbingprozesses hingewirkt.

Die Betroffenen werden nun »abgeschoben« und sind »kaltgestellt«: es kommt zu langfristigen Krankschreibungen, in manchen Fällen sogar zum Aufenthalt in einer Psychiatrischen Klinik. Die Folge ist der Verlust des Arbeitsplatzes durch: Frührente, eigene Kündigung oder Kündigung durch den Arbeitgeber, die zu diesem Zeitpunkt als Niederlage durch eigenes Versagen erlebt wird. Gemobbte übernehmen die Sicht der AngreiferInnen: »Ich bin an meinem Unglück selbst schuld, die Ursache liegt in meiner Person, von daher ist die Entwicklung logisch und folgerichtig.«

Bei den Betroffenen geht diese Phase einher mit Persönlichkeitsstörungen, obsessivem Verhalten, Selbstmord(versuchen), Depression, der Posttraumatischen Belastungsstörung. Das Thema Mobbing dominiert die Betroffenen nach wie vor und beeinträchtigt ihr Leben auf unabsehbare Zeit.

Was wir aus diesem Phasenmodell lernen können

Dieses Modell beschreibt sozusagen den »Supergau« in der Arbeitswelt, das schlimmste Szenario, in dem sich Menschen im Arbeitsleben wiederfinden können.

Das besagt nicht, dass Mobbing grundsätzlich immer in dieser Abfolge verlaufen muss. Denkbar ist, dass der Konflikt in Phase 2 gelöst wird, oder sich Mobbingbetroffene in Phase 2 nach Abwägen aller Möglichkeiten entschließen, den Betrieb zu verlassen, vielleicht einen ihrem Potenzial besser entsprechenden Arbeitsplatz annehmen und ihre Kündigung nicht als Flucht, sondern als Schritt nach vorn begreifen.

»Ich hatte überhaupt keine Lust mehr, mich so einzutüten zu lassen, ich wollte da nicht mehr mitspielen. Mein Ziel war … wirklich gute Arbeit zu machen. Das schien mir da unmöglich. Also hab ich die Brocken hingeschmissen.«
Franziska B., 35 Jahre alt, Stadtplanerin

Manchmal kann auch trotz der Unterstützung durch Personal-/BetriebsrätInnen, ÄrztInnen und JuristInnen keine »Befriedung« der Situation erreicht, können Auflösungsverträge nicht vermieden werden. In diesen Fällen springt die Entwicklung von Phase 2 gleich in Phase 5. Mobbing endet auch in diesem Fall mit dem Verlust des Arbeitsplatzes, wenngleich die schwerwiegenden Folgen der Phasen 3-4 für die Betroffenen vermieden werden.

In den Berichten und Beratungen von und mit Mobbingbetroffenen haben wir immer wieder festgestellt, dass der Mobbingprozess in der Realität genau so verläuft, wie er in dem Phasenmodell dargestellt ist – wenn keine Umkehr eingeleitet wird. Wenn Betroffene nicht handeln und andere nicht zum Handeln veranlassen. Allerdings: Nach dem Durchleben aller Phasen sicher sagen zu können: »Das war Mobbing«, nutzt niemandem. Das Ziel muss sein, präventiv auf allen Ebenen entgegenzuwirken.

WAS BEIM MOBBEN GETAN WIRD

Um Mobbing statistisch erfassbar zu machen, hat Leymann 45 Mobbinghandlungen definiert und diese in fünf Bereiche gegliedert.[7] Diese sind:

1. ANGRIFFE AUF DIE MÖGLICHKEITEN, SICH MITZUTEILEN
   Darunter fallen Handlungen wie: JEMANDEN STÄNDIG KRITISIEREN, KONTAKTVERWEIGERUNG DURCH ABWERTENDE BLICKE UND GESTEN, JEMANDEN STÄNDIG UNTERBRECHEN.

»… wenn ich in den Raum komme, dass die alle aufhören zu reden, bzw. wenn ich … auch mal mit in der Kantine bin, dass sie immer die Augen verdrehen, wenn ich was sage.«
Marga B., 30 Jahre alt, Sozialarbeiterin

Die MobberInnen diktieren die Spielregeln der Kommunikation. Gesprächsversuche werden abgeblockt, Aussagen der gemobbten Person werden manipuliert, es findet kein gleichberechtigter Austausch statt. Es wird der Angegriffenen die Möglichkeit genommen, sich mitzuteilen, wodurch sie in die unterlegene Position gebracht und ihr Selbstwert untergraben wird.

2. ANGRIFFE AUF DIE SOZIALEN BEZIEHUNGEN
   Aus dem eben beschriebenen Vorgehen ergibt sich fast zwangsläufig eine soziale Isolierung der Betroffenen, die durch folgende Handlungen noch verstärkt wird: Die Betroffenen werden »WIE LUFT« BEHANDELT, DIE ANGREIFERINNEN LASSEN SICH VON IHNEN GAR NICHT MEHR ANSPRECHEN:

7 Heinz Leymann, 1994, S. 33, »Mobbing«

»Wenn wir uns begegnet sind, hat sie mich nicht wahrgenommen, mich gar nicht gegrüßt, obwohl wir relativ eng zusammengearbeitet haben.«
Sissi V., 40 Jahre alt, Psychologin

Oder die Betroffene wird DURCH VERSETZUNG VON DEN KOLLEGINNEN GETRENNT. Wird auf diese Art mit jemand umgesprungen, hat das leider häufig Vorbildfunktion für die übrigen KollegInnen, der Aktionsradius der Betroffenen wird weitgehend eingeschränkt. Es ist nur eine Frage der Zeit, wann jemand unter diesem Druck zusammenbricht. Isolationshaft ist schließlich auch im Strafvollzug die »wirksamste« Folter.

3. ANGRIFFE AUF DAS SOZIALE ANSEHEN
Dazu gehören Handlungen wie: JEMANDEN LÄCHERLICH MACHEN, IHREN/SEINEN ARBEITSEINSATZ IN FALSCHER UND KRÄNKENDER WEISE BEURTEILEN.

»Ich wurde total konfus ... es kamen einfach immer mehr Bemerkungen, Andeutungen ... mein Manuskript ist einfach auseinandergenommen worden. Der (Chef) hat gar nicht reagiert, der hat einfach weitergemacht, ich war ziemlich fassungslos. Es ist immer schlimmer geworden. Ich hab versucht, fachlich zu diskutieren und auch zu sagen: ›Wieso besprechen wir jedes Komma?‹, aber das wurde einfach ignoriert.«
Helene K., 31 Jahre alt, Lektorin

Zu den Angriffen auf das soziale Ansehen zählen auch: SICH ÜBER PRIVATLEBEN, NATIONALITÄT, POLITISCHE ODER RELIGIÖSE EINSTELLUNGEN LUSTIG MACHEN, OBSZÖNE ODER ENTWÜRDIGENDE SCHIMPFWORTE BENUTZEN, GERÜCHTE VERBREITEN. Sie tragen dazu bei, das soziale Ansehen der Betroffenen zu beschädigen, und, wie die Angriffe auf die sozialen Beziehungen, ihre soziale Isolierung zu vertiefen und ihren Selbstwert zu untergraben. Ohne Wertschätzung von außen ist niemand in der Lage, den Attacken von KollegInnen mit Selbstvertrauen zu begegnen.

Die AngreiferInnen operieren mit intrigantem Verhalten, versuchen die Schwachstelle(n) der Betroffenen zu finden und gegen sie einzusetzen.

Gilt es in unserer Gesellschaft als »normal«, mit 30 Jahren verheiratet zu sein und ein Kind zu haben, so ist dieser Status in einer Umgebung von alleinerziehenden Müttern oder unter Kollegen, deren Ehefrauen den Haushalt führen, die Ausnahme und macht es möglich, dass diese Frau oder dieser Mann aufgrund ihrer/seiner Lebensumstände angegriffen wird. Ist jemand auf seinem Arbeitsgebiet besonders erfolgreich, begabt und aktiv im Gegensatz zur restlichen Truppe, so bietet es sich an, um ihn zu kränken, seinen Arbeitseinsatz als übersteigerten Ehrgeiz darzustellen und die Arbeitsergebnisse auseinanderzupflücken. Attackiert wird, was Einzelne aus der Gruppe heraushebt.

Mit traumwandlerischer Sicherheit finden MobberInnen den Angriffspunkt heraus, an dem sie am wirksamsten ansetzen können, wobei natürlich Kombinationen möglich sind.

4. Angriffe auf die Berufs- und Lebenssituation

Das Arbeitsleben dominiert in der westlichen Industriegesellschaft alle anderen Lebensbereiche. Folglich sind Angriffe, die die Teilnahme am Arbeitsleben betreffen, eine existenzielle Bedrohung.

»Sie holte mich rein und sagte: Ich hätte hier so viel Mist gebaut, ich würde das ja wohl selber wissen, das brauche sie jetzt nicht genauer auszuführen. Und ich müsste ja persönlich noch ganz viel an mir arbeiten, um wenigstens ansatzweise jemals in einem Amt arbeiten zu können, um mir überhaupt das Fachwissen anzueignen. Mir würde es persönlich und fachlich derartig an allem mangeln, dass sie überhaupt nicht begreife, dass ich das Studium jemals durchstehen konnte. Und wenn ich mich jetzt ganz ruhig verhielte, dann fiele ihr vielleicht noch der eine oder andere nette Satz für meine Beurteilung ein.«
Marga B., 30 Jahre, Sozialarbeiterin

Wir definieren uns über unsere Arbeit, wir leben von ihr und manchmal auch für sie. Werden uns keine Arbeitsaufgaben mehr zugewiesen oder Aufgaben, die uns über- oder unterfordern und sinnlose Aufgaben zugeteilt, wird uns signalisiert: »Deine Arbeit ist nichts wert, es ist für alle sichtbar, dass du hier überflüssig bist.«

»Ich bin völlig verzweifelt an der Arbeit, war teilweise beschäftigungslos, und dann wieder überladen mit Arbeit ... Ich wurde immer wieder mit Aufgaben betraut, die mir nach der Einarbeitungsphase entrissen wurden. Das passierte mehrfach und war sehr, sehr übel ... Erst hieß es: »Machen Sie mal«, dann nahm er (der Vorgesetzte) es mir wieder weg.«
Franziska B., 35 Jahre alt, Stadtplanerin

Es liegt auf der Hand, dass diese Art Vorgehen hauptsächlich gegenüber Untergebenen möglich ist, wenn also Vorgesetzte Untergebene mobben. Wir können aber beobachten, dass sich selbst formal gleichgestellte MobberInnen mit fortschreitender Dauer des Mobbings zu Pseudovorgesetzten aufschwingen und ihre KollegInnen mit diesen Handlungen tyrannisieren. Ermöglicht wird dies durch den schleichenden und beständigen Verlust an Selbstwertgefühl aufseiten der Betroffenen und kommt erstaunlich häufig vor.

5. Angriffe auf die Gesundheit

Hier werden Handlungen erfasst, die direkt die Gesundheit von Betroffenen angreifen wie zum Beispiel Schaden an Wohnung oder Arbeitsplatz anrichten:

»Und dann sind mir laufend so Sachen passiert ... plötzlich sind laufend Akten verschwunden und Berichte waren weg. Die tauchten irgendwann wieder auf und lagen auf meinem Schreibtisch. Ich hab irgendwann gedacht, ich hab 'ne Wahrnehmungsstörung, dass ich den ganzen Tag lang mein Büro durchwühle und am nächsten Tag liegt das alles irgendwo – wie von Zauberhand ...«
Marga B., 30 Jahre alt, Sozialarbeiterin

Auch die Androhung und/oder Ausübung körperlicher Gewalt, Zwang zu gesundheitsschädlichen Arbeiten, sexuelle Handgreiflichkeiten kommen meistens dann zum Einsatz, wenn von Betroffenen keine effektive Gegenwehr mehr zu erwarten ist, denn im Gegensatz zu vielen anderen Handlungen hätten dabei die Angegriffenen noch die größte Chance, ihren Angreifern etwas nachzuweisen. Diese Handlungen haben dennoch keinen so großen Seltenheitswert wie vielfach angenommen.

FAZIT

Mobbinghandlungen sind dann »erfolgreich«, wenn
1. die Kommunikation der Betroffenen eingeschränkt und manipuliert wird,
2. ihr Selbstvertrauen zerstört,
3. ihr soziales Ansehen und mithin ihre Glaubwürdigkeit untergraben wird und
4. ihre berufliche Existenz bedroht ist.

Anhand dieses Katalogs von Mobbinghandlungen hat Leymann 300 Befragungen durchgeführt (LIPT-Fragebogen: Leymann Inventory for Psychological Terrorization; weitere Kritierien: diese Handlungen wurden mindestens einmal pro Woche über länger als einen halbjährigen Zeitraum erlebt).

KritikerInnen dieses »Kataloges der Unkultur« bemängeln unter anderem, dass nonverbale Handlungen und Überschneidungen von Handlungen in den einzelnen Bereichen nicht berücksichtigt sind.[8]

Wir denken, dass es keine vollständige Auflistung geben kann. Wenn diese 45 Handlungen vom Gesetzgeber mit Bestrafung belegt würden, wie Leymann es forderte, könnten wir sicher sein, dass sich auf wundersame Weise dank fantasiebegabter KollegInnen 45 weitere Handlungen (und mehr) fänden, um damit Menschen ins Abseits zu drängen. Eine, wenn auch unvollständige Auflistung erscheint uns dennoch sinnvoll, um Mobbing beschreibbar zu machen, auch wenn diese »Vorgehensweisen«, sofern sie vereinzelt auftreten und ohne systematischen Bezug sind, kein ausreichendes Indiz für Mobbing sind.

Und genau darin liegt die Schwierigkeit: Wann ist ein Vorgehen Mobbing und wann (noch) nicht?

Um diese Frage beantworten zu können, ist es sinnvoll, herauszufiltern, WAS diese einzelnen Handlungen bewirken, und zu überlegen, inwieweit sie als wesentlicher Bestandteil eines Prozesses zu begreifen sind, der darauf abzielt, Menschen auszugrenzen, in eine aussichtslose Position zu bringen, die für sie den Verlust des Arbeitsplatzes zur Folge haben kann.

Um Sicherheit in der Beurteilung zu erlangen, sind Kenntnisse über den in einer Grauzone stattfindenden Mobbingverlauf wichtig. In einem weiteren Schritt geht es für Vorgesetzte, Personalvertretungen UND KollegInnen darum, Handhabungsmöglichkeiten kennen zu lernen, vornehmlich in Bezug auf die Frühphase von Mobbing.

Mobbing muss als das benannt werden, was es ist: eine versteckte und hinterhältige Taktik, um Ziele durchzusetzen, die den AngreiferInnen auf anderem Wege nicht durchsetzbar erscheinen.

Wenn MobberInnen die Erfahrung machen, dass ihr Weg zum Erfolg führt, ihr Verhalten auch noch »belohnt« wird, indem sie durch KollegInnen und Vorgesetzte Unterstützung erfahren, die ihr Verhalten übernehmen und es damit verstärken, schafft das in einer Organisation den Nährboden für den Verlust von Recht und Würde.

8 vgl. Huber, Neuberger 1994 und 1995, Niedl 1995

WIE IST MOBBING ZU IDENTIFIZIEREN?

Wenn Mobbing mit einem Konflikt beginnt, ist es sinnvoll, sich einmal etwas genauer mit Konflikten zu befassen. Es ist wichtig, zwischen alltäglichen Konflikten und solchen, die in Mobbing zu eskalieren drohen, unterscheiden zu lernen. Allgemein lässt sich sagen, dass ein Konflikt entsteht, wenn widerstreitende Interessen und Bedürfnisse aufeinanderstoßen. Dabei wird unterschieden zwischen inneren Konflikten (innerlich sich widersprechende Bedürfnisse) und sozialen Konflikten (aufeinanderstoßende Interessengegensätze zwischen mehreren Personen).

Die Ursache von Mobbing ist häufig ein innerer Konflikt der mobbenden Person, die daraufhin einen sozialen Konflikt inszeniert, um vom eigenen, inneren Konflikt und dem damit einhergehenden persönlichen Interesse abzulenken. Es wird sozusagen eine »falsche Spur« gelegt, der Fokus auf eine andere Person gelenkt und ihr Probleme »angedichtet«, von denen diese bis dato noch nicht einmal wusste, dass sie sie hat.

Damit rückt sich die spätere MobberIn selbst in den Hintergrund, und die auf diese Weise »auserwählte« KollegIn gerät in den Vordergrund. Es werden in der Folge immer weniger Regeln eingehalten, der Respekt aufgekündigt. Das Ziel ist Ausgrenzung und soziale Isolation. Wir sprechen von Mobbing.

UNTERSCHEIDUNGSMERKMALE

	Konflikt	Mobbingkonflikt
Im Vordergrund steht	der Konflikt	die Person
Interessen sind	offen	verdeckt
Regeln werden	eingehalten	gebrochen
Person wird	respektiert	ausgegrenzt

Die MobberInnen: Wer mobbt warum?

Über die Motivation der MobberInnen ist vergleichsweise wenig geforscht und geschrieben worden. Der Grund ist klar: Menschen, die in Mobbing das Mittel der Wahl zur Erreichung ihrer Ziele sehen, suchen keine Beratungsstelle auf. Ihre Beweggründe behalten sie für sich, sichtbar wird lediglich das Bild, das sie von den Angegriffenen zeichnen und das immer schärfere Umrisse bekommt, je länger der Mobbingprozess andauert. Die Gründe für ihre Einschätzung, die sie den Vorgesetzten und KollegInnen präsentieren, sollen ihre Umgebung davon überzeugen, dass sie im Recht sind und die Gemobbten diejenigen, die den Arbeitsablauf stören und somit im Unrecht sind. Die Lösung, die sie den anderen nahe bringen wollen, heißt: »Wenn Frau X oder Herr Y nicht mehr da ist, kehrt hier wieder Ruhe und Frieden ein.« Ein Trugschluss, wie den Vorgesetzten und KollegInnen oft erst klar wird (manchmal auch dann nicht), wenn die MobberInnen es geschafft haben, dafür zu sorgen, dass ihre KontrahentInnen langfristig krank geschrieben, versetzt, gekündigt sind oder selbst gekündigt haben.

Wir halten es für wichtig, sich mit den Motiven der MobberInnen zu beschäftigen, denn die Angriffe zielen auf die Ausgrenzung einer Person und zu diesem Zweck auf die Person selbst oder deren soziales Gefüge. Um erfolgreich zu sein, müssen die KollegInnen überzeugt werden, dass sich mit der »Entfernung« der von den MobberInnen zur Unperson deklarierten Mitarbeiterin das Problem erledigen wird. Versteckt bleibt dagegen das WARUM, und dies aus gutem Grund.

Sehen wir uns ein Beispiel an. Um die Zahl der Beteiligten überschaubar zu halten, begeben wir uns in eine kleine Arztpraxis mit zwei Ärzten und einer Arzthelferin, Eva, die für beide Chefs die PatientInnenunterlagen und die Buchführung verwaltet, außerdem die Korrespondenz erledigt und das Telefon bedient. Sie hat noch eine Kollegin, die für die Laborarbeit zuständig ist. Nun soll sie noch eine weitere Kollegin bekommen, die sie am Schreibtisch unterstützt. Ihr Schreck ist bei dieser Ankündigung groß. Ihre Vorgesetzten begreifen die Neueinstellung als Entlastung, Eva dagegen sieht sie als Bedrohung. Die Neue, Gisela, ist um einiges jünger, kann flexiblere Arbeitszeiten anbieten (glaubt Eva zumindest), weil sie im Gegensatz zu ihr keinen schwerbehinderten Ehemann zu versorgen hat. Außerdem vermutet sie eine umfassendere Ausbildung, was die Computerkenntnisse betrifft. Sie fürchtet, die Neue könnte sie übertrumpfen, sie langfristig sogar überflüssig machen oder die Ärzte gar dazu bewegen, sie durch eine weitere, »fittere« Kraft zu ersetzen. Vielleicht ist das sogar schon beabsichtigt? Ist die Neueinstellung Giselas womöglich nur der Probelauf? Gisela wird dementsprechend eisig von Eva begrüßt. Sie hat keine Chance zu erklären, dass sie sich darauf freut, von Eva lernen zu können, wozu sie nach kurzer Zeit auch gar keine Veranlassung mehr sieht, denn ihre ältere Kollegin hat es von Anfang an darauf abgesehen, sie in Misskredit zu bringen. Aber warum? Könnte Gisela in die Haut von Eva schlüpfen, würden ihr deren Gedanken vielleicht verständlicher werden: »Die Neue ist zu gut, da kann ich nicht mithalten«, und: »Gisela ist jung und ich habe Angst, abserviert zu werden.« Gisela würde merken, dass Evas Motive erstens für die Chefs gar nicht nachvollziehbar sind, und sie mit ihren Überlegungen außerdem Gefahr liefe, sich auch noch bloßzustellen. Möglicherweise würde sie erkennen, dass Eva in dieser Bredouille keinen anderen Ausweg sieht, als zu intrigieren. Wie sollte Eva ihre Ängste auch ansprechen? Dass diese Ängste nicht unbedingt mit der Realität zu tun haben, merkt sie ja nicht. Für sie ist die systematische Schikane die sicherste Strategie, um die unliebsame neue Kollegin loszuwerden. Die Motivation ist in diesem Fallbeispiel: Angst um die eigene berufliche Position und den Arbeitsplatz, eine Angst, die die anderen nicht einmal ahnen. Sie denken: »Eva, eine selbstsichere und kompetente Mitarbeiterin? Das hat sie doch gar nicht nötig!« Weswegen Eva umso glaubwürdiger erscheint und mit ihrer Strategie Erfolg hat.

Immer geht es für MobberInnen darum, ihre Interessen zu hundert Prozent durchzusetzen. Das ist nur durch Intrigen möglich, denn wenn es zu einem Interessenausgleich käme, müssten Zugeständnisse an die andere Konfliktpartei gemacht werden; das befürchten zumindest diejenigen, die sich mit unfairen Mitteln durchsetzen wollen. Möglich ist auch, dass MobberInnen einfach keine anderen Wege kennen, um Konflikte zu lösen, oder dass sich das Muster, Probleme auf diese Art und Weise aus der Welt zu schaffen, seit langem eingeschliffen hat. Oft wird Mobbing von autoritären Übervätern als bewährtes Mittel eingesetzt, deren Prinzip es ist, mit Druck, Kontrolle und ständiger Kritik zu arbeiten. »Mitarbeitermotivation« nennen sie das dann allerdings.

Wenn man sich in die Rolle von MobberInnen versetzt, mag ihre Motivation verständlich erscheinen, aber in KEINEM Fall entschuldigt sie die daraus resultierenden Mobbinghandlungen. Die bleiben, was sie sind: eine durch nichts zu rechtfertigende Strategie zur vermeintlichen Problemlösung. Nichtsdestotrotz ist es für diejenigen, die aufgerufen sind, zu intervenieren, und auch für Betroffene selbst wichtig, nach der Motivation der MobberInnen zu fragen. Erst, wenn man weiß, worum es EIGENTLICH geht, kann man mit Aussicht auf dauerhaften Erfolg eingreifen.

Vergessen dürfen wir allerdings nicht, dass MobberInnen, die ungehindert wirken können, immer nur ein Symptom in einem Organisationsgefüge sind, das ihr Handeln zulässt. Wenn wir uns also mit der Motivation beschäftigen, beleuchten wir die PERSONENBEZOGENEN, nicht die ARBEITSPLATZBEZOGENEN Ursachen, die Mobbing »erlauben«. Nur eine Organisation, in der laut gedacht, offen geredet und ehrlich gestritten wird, bietet die Voraussetzung dafür, dass Mobbing entgegengetreten wird!

Wer ist von Mobbing betroffen?

Eines der häufigsten Vorurteile ist der Glaube, dass nur ganz bestimmte Menschen von Mobbing betroffen sind. Aber wer?

- Verschlossene und Zurückhaltende ODER Gesellige und Kontaktfreudige?
- CholerikerInnen ODER melancholisch Veranlagte?
- Lesbisch/schwul ODER heterosexuell Lebende?
- Hochschul- ODER HauptschulabsolventInnen?
- die Großen, Schlanken ODER die Kleinen, Dicken?
- die Blonden ODER die Dunkelhaarigen?
- ODER vielleicht doch eher die Rothaarigen?

Auf diese Weise wird das Augenmerk auf die Betroffenen gelenkt und bleibt an ihnen haften. Mobbing reduziert sich somit auf das Problem von Einzelnen.

Mobbing betrifft aber nicht nur die Gemobbten. Die Betroffenendiskussion muss weiter gefasst, auf alle Menschen, die sich im Arbeitsprozess befinden, ausgeweitet werden und sogar darüber hinaus. Nicht deswegen, weil es sich für einen sozial eingestellten Menschen gehört, sich mit Mobbing zu beschäftigen, sondern weil tatsächlich alle, mindestens mittelbar, betroffen sind.

Auf wen trifft das in welchem Umfang zu?

- Da ist die Kollegin im direkten Umfeld einer Gemobbten, die beispielsweise Arbeiten für sie mit übernehmen muss – wegen deren Ausfall durch Krankheit oder nachlassender Leistung.
- Da sind die Vorgesetzten einer Gemobbten, die gegenüber ihren Vorgesetzten unter anderem mangelnde Arbeitsqualität und Leistung verantworten müssen – mobben kostet Zeit und Konzentration.
- Da ist die MitarbeiterInnenvertretung, die unter anderem deshalb in Zugzwang gerät, weil sie sich mit der Frage »Wer hat Recht?« beschäftigt und damit wertvolle Zeit verliert.
- Da sind Personalverantwortliche und Vorstände, die die Konsequenzen verantworten müssen, wie zum Beispiel durch Mobbing entstandene Kosten und Rechtsstreitigkeiten.
- Da ist das gesamte soziale Umfeld der Gemobbten, deren Beziehungen zu ihr stark belastet sind, weil sich alles nur noch um Probleme im Arbeitsbereich dreht.
- Da sind Kinder und Eltern, die dem Mobbingprozess hilflos mit ausgeliefert sind.
- Da sind die gesamte psychosoziale Versorgung und die Rechtsbeistände, die involviert sind.

Aus dieser Auflistung können wir ersehen, dass es neben der unmittelbar von Mobbing betroffenen Person 20 bis 50 mittelbar Betroffene gibt, die in Mitleidenschaft gezogen werden oder in einer anderen Form beteiligt sind. Erkennbar wird auch, dass bei der steigenden Anzahl der bekannt werdenden Mobbingfälle in den letzten Jahren jede und jeder über kurz oder lang mit Mobbing in Berührung kommt.

Darüber hinaus sind wir alle Mitglieder der Solidargemeinschaft, die die entstehenden Kosten trägt. Das sind alle Kosten, die im Zusammenhang mit Krankheit stehen: Ausfallzeiten, Medikamente, Psychotherapien, Kuren, Rehabilitationsmaßnahmen und vieles mehr. Außerdem wird die Rentenversicherung durch Arbeitsunfähigkeitsrenten und Vorruhestandsregelungen, die öffentliche Hand durch Inanspruchnahme von Arbeitslosengeld I und II belastet.

Es gibt also genügend Gründe, sich mit Mobbing zu beschäftigen. Das passiert auch zunehmend auf breiterer Basis, dennoch wird noch einige Zeit vergehen, in der viele Beiträge geleistet werden müssen, um eine Gemeinschaft entstehen zu lassen, die auf Mobbing verzichten kann.

Darauf können die Gemobbten allerdings nicht warten. Die Situation zwingt sie, für sich eine Lösung zu finden. Wenn sie dabei Unterstützung aus ihrer Organisation erfahren, umso besser; wenn das nicht der Fall ist, müssen sie sich allein oder mit Hilfe von Fachleuten Kompetenz in eigener Sache aneignen, um sich aus der Mobbingfalle zu befreien.

WAS SAGT DIE STATISTIK?

Wenn wir bislang nach Zahlen zu Mobbing gefragt wurden, haben wir, wie jede Einrichtung, auf unser eigenes Zahlenmaterial aus der Beratungsarbeit zurückgegriffen. Im Jahre 2002 veröffentlichte die Bundesanstalt für Arbeitsschutz und Arbeitsmedizin eine repräsentative Studie, den »Mobbing-Report«, in dem erstmals eine Gesamtmobbingquote ermittelt werden konnte. Sie beträgt 11,3 Prozent – jede neunte Person ist also im Laufe ihres Erwerbslebens mindestens einmal gemobbt worden. Zum Zeitpunkt der Befragung (im Jahr 2000) wurden 74 von 2765 Personen gemobbt; das ergibt eine aktuelle Betroffenenquote von 2,7 Prozent und bedeutet, dass in einem Unternehmen mit 100 Beschäftigten 3 Beschäftigte aktuell unter Mobbing leiden.

Ein weiterer Aspekt bei Mobbing betrifft die Hierarchieebenen.
Es wird dabei unterschieden zwischen:
- Mobbing von oben nach unten (top-down)
- Mobbing auf der KollegInnenebene
- Mobbing von unten nach oben (bottom-up)
Laut Mobbing-Report wird in 38,2 Prozent der Fälle Mobbing von Vorgesetzten betrieben. In weiteren 12,8 Prozent mobbt der Vorgesetzte gemeinsam mit KollegInnen. Das bedeutet, dass Vorgesetzte an insgesamt 51 Prozent der Fälle mittel- und unmittelbar beteiligt sind.
In 42,4 Prozent der Fälle geht Mobbing von KollegInnen aus, und in nur 2,3 Prozent der Fälle wird von unten nach oben gemobbt.

Was die Geschlechterdifferenzierung anbelangt, so ist laut Studie die Zahl der betroffenen Frauen etwas höher als die der betroffenen Männer, nämlich 12,9 Prozent zu 9,6 Prozent.
Unserer Erfahrung nach ist der Anteil von Frauen, die um Hilfe nachsuchen, allerdings erheblich größer als der von Männern. Unsere Auswertung von 1000 Beratungen (Harms & Haben) ergab ein Verhältnis von

82 Prozent Frauen zu 18 Prozent Männern. In der Mobbingliteratur werden zu diesem »Phänomen« verschiedene Vermutungen angestellt, beispielsweise, dass Frauen gesundheitliche Probleme eher zugeben als Männer. Auch arbeiten Frauen oft in den Branchen, in denen Mobbing überproportional häufig vorkommt, wie im Verwaltungsbereich, in helfenden und pädagogischen Berufen. Auch dazu unser Zahlenmaterial: an der Spitze stehen die sozialen Berufe mit 29 Prozent, gefolgt von den Büroberufen (eingeschlossen der Öffentliche Dienst) mit 22 Prozent, dann folgen die im Gesundheitsdienst Beschäftigen mit 16 Prozent.

Diese Bereiche sind in der Tat mehrheitlich mit Frauen besetzt; wir halten diese These als Erklärung für das Überwiegen von Frauen in der Beratung jedoch nicht für ausreichend. Sie lässt die unterschiedliche Sozialisation von Männern und Frauen außer Acht, die sich – natürlich – auch beim Thema Mobbing auswirkt.

»Ich denke schon, dass Frauen dazu neigen, viel zu brav zu sein und nicht zu sagen, was sie wollen … alles auf sich zu nehmen, persönlich zu betrachten.«
Helene K., 31 Jahre alt, Lektorin

»Ich glaube, eine Frau fühlt sich grundsätzlich an allem schuld und für alles verantwortlich. Ich glaube, dass Frauen so erzogen werden. ›Du bist ein nettes kleines Mädchen, ach, du hast ja Staub gewischt, das ist schön. Wieso ist nicht gesaugt? Du bist doch schon so ein großes Mädchen.‹ Ich glaube, dass das fast alle Frauen als Mädchen … erleben. Und dann bleibt immer übrig: ›Du hast irgendwas gemacht und du bist schuld.‹«
Marga B., 30 Jahre alt, Sozialarbeiterin

Männer haben gelernt, sich selbst zu vertrauen und sich abzugrenzen, wenn die Beziehung ihr Ego zu verletzen droht. Verantwortung fühlen sie eher für sich als für Beziehungsstrukturen. Frauen übernehmen dagegen traditionell die Verantwortung für das Miteinander von Menschen, daheim und im Berufsleben.

Auf die Unterschiede zwischen Frauen und Männern in der Mobbingberatung befragt, brachte eine Kollegin unsere Erfahrung ironisch auf den Punkt: »Männer fragen nach einem guten Anwalt, Frauen stellen sich die Frage nach dem eigenen Anteil am Mobbinggeschehen und nach dem eigenen Veränderungspotenzial.« Das lässt sich so natürlich nicht pauschalisieren, zeigt aber dennoch eine eindeutige Tendenz.

Lässt sich daraus schlussfolgern, dass Männer effektiver mit dem Mobbingproblem umgehen? Zumindest glauben sie das. Befragt nach ihrer Wehrhaftigkeit gaben sie in der Studie von FOKUS (Forschungsgemeinschaft für Konflikt- und Sozialstudien e.V.) 1998 in Halle zu 63 Prozent an, dass sie sich zu wehren wüssten. Frauen meinten das nur zu 42 Prozent.

Wenn Frauen von Mobbing betroffen sind, scheinen sie viel schneller als Männer an sich selbst zu zweifeln.

»… auch wirklich an meinen Fähigkeiten gezweifelt habe. Wenn so viele andere das sagen, dann muss ich doch mal gucken, ist das, was ich tue, eigentlich wirklich richtig?«
Sylvia W., 45 Jahre alt, Erzieherin

Hier zeigen sich Parallelen zu seit langem abgesicherten empirischen Untersuchungen zum geschlechtsspezifischen Umgang mit Erfolg und Misserfolg. Männer verhalten sich bei der Zuschreibung von Erfolg völlig entgegengesetzt zu Frauen. So klopfen sich Männer auf die Schulter, wenn sie beispielsweise mit einem neuen Computersystem gut zurechtkommen. Sie schreiben sich den Erfolg selber zu. Frauen winken bescheiden ab: »Das ist doch ganz einfach, ist doch kinderleicht.« Dem Computersystem wird der Erfolg zugeschrieben, nicht sich selbst. Bei Misserfolgen und Problemen verhält es sich genau umgekehrt: Männer schimpfen auf das System, das schuld sei an ihrem Versagen. Frauen hingegen suchen die Gründe für den Misserfolg zunächst bei sich selbst, fühlen sich nicht imstande, mit dem System zurechtzukommen, rechnen sich ihr Scheitern selbst zu und glauben, der Fehler liege bei ihnen.

»Ich konnte mir tausend Mal erzählen, dass ich das halbe KJHG (Kinder- und Jugendhilfegesetz) auswendig kann … das hat alles nicht mehr gezählt. Ich wusste es nur im Kopf, das hab ich nicht mehr gefühlt … Ich hab gedacht, ich bin schlecht … Dabei kann das wirklich jeder, der schreiben kann und nicht völlig geistig minderbemittelt ist … Das hab ich aber nicht mehr gesehen.«
Marga B., 30 Jahre alt, Sozialarbeiterin

Die Fragen, die sich Frauen stellen, wenn sie von Mobbing betroffen sind, enthalten von Anfang an – nach der Phase der Ungläubigkeit – Zweifel an den eigenen Fähigkeiten: »Was habe ich falsch gemacht?«, »Wenn ich doch damals …«, »Ich kann mich nicht abgrenzen«, »Ich konnte mich noch nie durchsetzen«, »Ich kann nicht nein sagen«, »Ich bin nicht kompetent genug«, und/oder »Ich bin nicht genug auf die anderen eingegangen.«

Wir wollen nicht behaupten, dass Männern solche Gedanken nicht kommen, aber sie stehen nicht an erster Stelle, beziehungsweise wenn das so sein sollte, äußern sie es selten. Sie suchen die Gründe in den frühen Mobbingphasen eher in den Rahmenbedingungen, die Beziehungsdynamik bleibt im Hintergrund, die eigenen Fähigkeiten werden in der Regel nicht bezweifelt. Sie nehmen auch bei Mobbing die ihnen durch die Sozialisation zugeschriebene Rolle ein.

Andere Formen von psychosozialer Gewalt am Arbeitsplatz

DISKRIMINIERUNG

Diskriminieren bedeutet benachteiligen und herabsetzen. Manche werden ihr ganzes Leben lang diskriminiert. Diskriminiert wird aufgrund der biologischen Gegebenheit des Frauseins. In Deutschland werden Frauenbeauftragte, Quotenregelungen und ein Gleichstellungsgesetz benötigt, um der Ungleichbehandlung von Frauen im Arbeitsleben zu begegnen. Seit Jahren wird dadurch der Hoffnung Ausdruck gegeben, dass sich durch diese Regelungen die Dinge zum Besseren wenden mögen.

Menschen, die aus einem anderen Kulturkreis kommen und/oder eine dunkle Hautfarbe haben, erfahren Diskriminierung ebenso wie Lesben und Schwule und diejenigen mit angeborenen oder erworbenen Behinderungen.

Um KollegInnen bei anderen in Misskredit zu bringen und um Barrieren zwischen der Person, die ausgegrenzt werden soll, und allen übrigen zu errichten, werden Unterscheidungsmerkmale hervorgehoben. Ist das Klima am Arbeitsplatz rassistisch, wird die andere Hautfarbe, die fremde Kultur thematisiert und lächerlich gemacht, ist das Klima homophob, die homosexuelle Lebensform, in einer behindertenfeindlichen Atmosphäre die Behinderung.

Diskriminierung kann aber auch einsetzen, wenn Menschen in ihrer Umgebung »auffallen«, weil sie sich »freiwillig« verändern. Sobald dies sichtbar wird, heben sie sich von ihren Mitmenschen ab, sie entsprechen sozusagen nicht mehr der Norm. Das kann jedem Menschen widerfahren. Nehmen wir etwa eine weiße gebürtige Berlinerin in Berlin von üblicher

Größe und Gewicht, mit durchschnittlicher Bildung, ohne auffällige Behinderung, deren Lebensform weitestgehend der ihrer Umgebung entspricht, und die in ihrem Verhalten relativ angepasst ist.

Diskriminierung ist für sie im wahrsten Sinne des Wortes solange ein Fremdwort, bis in ihrem Leben etwas passiert, das sie von ihren Altersgenossinnen unterscheidet. Wenn sie zum Beispiel beruflich in eine Männerdomäne eintritt, wenn ihre Kinder nach der Scheidung beim Vater bleiben oder sie sich entscheidet, mit einer Frau zusammenzuleben. Plötzlich gehört sie nicht mehr dazu. Sie zeigt etwas von sich, was die anderen bis dahin nicht wahrgenommen haben oder wahrnehmen wollten.

Meistens ist es ein Schock für Frauen, erkennen zu müssen, dass Menschen, die ihnen vertraut waren, KollegInnen, von denen frau sich als Mensch angenommen und respektiert glaubte, nun Abstand von ihnen nehmen. Selbstzweifel stellen sich ein: »Ich bin doch immer noch ich, oder?« Anscheinend nicht, denn nun ist frau in den Augen der anderen in erster Linie »karrieregeil«, eine unfähige Mutter, eine Lesbe, nicht selten sogar alles zusammen! Sie kämpft um Akzeptanz. Manchmal verlässt eine Frau dann ihre gewohnte Umgebung und sucht sich ein neues Umfeld, in dem sie selbstverständlicher »sie selbst« sein kann.

Gibt es nichts derart »Offensichtliches«, kann jemand dennoch Opfer von Diskriminierung werden. Jedes erdenkliche Unterscheidungsmerkmal kann dazu herhalten. Wer sucht, der findet. Das kann sich festmachen an politischen oder religiösen Einstellungen oder an einer Arbeitsauffassung, die von der Mehrheit nicht geteilt wird. Lässt sich partout nichts dieser Art ausgraben, genügt auch eine bessere oder schlechtere Ausbildung als die der Mehrheit, der vermeintlich nicht verdiente Freizeitausgleich für geleistete Überstunden, sogar die Bevorzugung vegetarischer Kost kann zum Angriffspunkt werden.

Mobbing hat Ausgrenzung zum Ziel. Das Mittel, um diese Ausgrenzung zu erreichen, ist die weitgehende Isolation der Betroffenen. Diskriminierung ist eine Strategie, um vom ursächlichen Konflikt und damit auch von der Person des Mobbers/der Mobberin abzulenken. MobberInnen setzen KollegInnen aufgrund von tatsächlichen oder willkürlich definierten Unterschieden herab. Diskriminierung ist so gesehen ein Bestandteil von Mobbing. Je enger das angegriffene Merkmal jedoch an die Identität der Betroffenen geknüpft ist – wie die Lebensform, die Hautfarbe, die Zugehörigkeit zu einem anderen Kulturkreis, die Behinderung oder auch die Anzahl der Kinder –, desto leichter fällt es MobberInnen, dieses Unterscheidungsmerkmal gegen die betroffene Person zu verwenden. Gleichzeitig fällt es Betroffenen umso schwerer, dagegen anzugehen, wenn eine identitätsstiftende, unabänderliche Besonderheit als Makel dargestellt wird.

Allerdings muss Diskriminierung nicht zwangsläufig auch Mobbing sein. So wird die türkische Kollegin in der Firma »Bewährte Rezepte GmbH« in ihrem Team fortwährend diskriminiert. Je nach Tagesform spotten die KollegInnen über ihr Kopftuch oder auch ihre Weigerung, auf Betriebsfesten mitzutrinken. In erster Linie geht es diesen KollegInnen aber nicht darum, die türkische Mitarbeiterin von ihrem Arbeitsplatz zu vertreiben, sondern sie wollen sich selbst auf Kosten der Kollegin aufwerten. Sie verstehen ihr verwerfliches Treiben oft tatsächlich als Spaß und erwarten auch noch, dass die türkische Kollegin diesen »Spaß« versteht und mitlacht. Gäbe es unter den KollegInnen bei einer oder zweien ein Bewusstsein für das Verletzende ihrer Äußerungen, könnten sie vielleicht bei den übrigen intervenieren und durch Aufklärung die Diskriminierung beenden.

Damit aus Diskriminierung eine Mobbingstrategie wird, bedarf es einer persönlichen Motivation der MobberIn. Wenn die türkische Mitarbeiterin beispielsweise in eine leitende Position aufsteigen und ihr das von einer Kollegin geneidet würde, könnten die Dinge eine Wendung in Richtung Mobbing nehmen. Das Ziel würde sich damit verändern. Es hieße jetzt nicht mehr: »Ich mache mich auf deine Kosten lustig«, sondern durch eine »geheime« Erweiterung: »Ich mache mich auf deine Kosten lustig, DAMIT DU GEHST.« Aufklärung allein wird in solch einem Mobbingprozess nichts mehr nützen, sie läuft ins Leere, weil sie diese geheime Erweiterung nicht im Auge hat und somit das KERNZIEL des Handelns verfehlt.

SEXUELLE BELÄSTIGUNG

Sexuelle Belästigung am Arbeitsplatz ist wie Mobbing eine psychosoziale Belastung, die krank macht. Wie Mobbing fand sexuelle Belästigung bis vor wenigen Jahren in der Öffentlichkeit kaum Beachtung, und beide Themen sind in vielen Organisationen nach wie vor tabuisiert. Mobbing und sexuelle Belästigung haben in der »Ausführung« viel gemeinsam, vor allem die subtile Vorgehensweise der TäterInnen; außerdem weisen bei beiden Formen der Gewalt die TäterInnen den Opfern die Schuld zu und negieren deren subjektive Befindlichkeit. Trotzdem sind Mobbing und sexuelle Belästigung zwei unterschiedliche Formen der Gewalt, die allerdings eng miteinander verknüpft sein können. Zu dieser Verknüpfung kommt es, wenn sexuelle Belästigung (als eine Form der Diskriminierung) Eingang findet in einen Mobbingprozess mit dem Ziel, Frauen von ihrem Arbeitsplatz wegzuekeln; wenn Mobber sexuelle Belästigung benützen, um Kolleginnen aus der Abteilung, dem Betrieb zu mobben. Sexuelle Belästigung ist so betrachtet eine Mobbingstrategie von Männern.

Explizit finden wir sexuelle Belästigung allerdings nur in der fünften Kategorie der Mobbinghandlungen: Androhung sexueller Gewalt und Erzwingen sexueller Handlungen. Aber auch in allen anderen Bereichen lassen sich Handlungen, die den Tatbestand der sexuellen Belästigung erfüllen, einordnen. Da gibt es das Anstarren, das Hinterherpfeifen, die taxierenden Blicke, die anzüglichen Bemerkungen über Figur und sexuelles Verhalten im Privatleben, scheinbar zufällige Körperberührungen, die Unterhaltung der Kollegen über ihre sexuellen Aktivitäten bis hin zu pornografischen Bildern am Arbeitsplatz, das Berühren von Po und Brust, die Aufforderung zu sexuellem Verkehr, das Versprechen beruflicher Vorteile bei sexuellem Entgegenkommen oder auch die Androhung beruflicher Nachteile bei sexueller Verweigerung.

Wenn Mobbinghandlungen unter der Voraussetzung »zum Erfolg« führen, dass die Kommunikation der Betroffenen eingeschränkt und manipuliert, ihr Selbstwertgefühl untergraben und/oder ihre Existenz bedroht wird, ist sexuelle Belästigung schlechterdings ein Mittel, um das zu erreichen, und es liegt auf der Hand, dass dieses Mittel überwiegend von Männern gegenüber Frauen angewandt wird. Sexuelle Belästigung ist Ausdruck der bestehenden Geschlechterhierarchie und kann nicht losgelöst betrachtet werden von den anderen Formen von Gewalt, denen Frauen ausgesetzt sind. In der Öffentlichkeit wird sexuelle Gewalt jedoch vielfach als Einzelfall abgetan und bagatellisiert, worin eine Parallele zum Thema Mobbing zu sehen ist: Auch hier wird bagatellisiert und individualisiert – vielleicht überhaupt eine Haltung, mit der in unserer Gesellschaft unliebsame Probleme »angegangen« werden.

Mobbing bewirkt, dass Mobbingbetroffene nach geraumer Zeit die Sicht ihrer Peiniger übernehmen. Nach geraumer Zeit heißt, dass sich Betroffene am Beginn dieses Prozesses keiner Schuld bewusst sind, weil ja gar keine »Schuld« im eigentlichen Sinne vorliegt. Das unterstellte schuldhafte Verhalten ist in der Regel konstruiert und entbehrt jeder logischen Grundlage. Trotzdem gelingt es MobberInnen (ohne Gegenwehr von Betroffenen), ihren Opfern mit fortschreitendem Prozess ein Schuldbewusstsein sozusagen einzupflanzen. Haben Betroffene dieses absurde Verständnis von Schuld erst einmal übernommen und verinnerlicht, haben MobberInnen leichtes Spiel.

Im Gegensatz dazu hat die »Schuld« der Frau eine lange Tradition: Ihr selbstsicheres Auftreten wird als provozierend empfunden, die modische Kleidung als aufreizend, ein großer Freundeskreis wird mit lockerem Lebenswandel gleichgesetzt, ein lockerer Umgangston ist gleichbedeutend mit sexueller Ansprechbarkeit und wenn sie sexistische Witze ignoriert, heißt es: »Die ist aber zickig!«. Belästiger greifen wie MobberInnen zwar auf das Mittel »Schuldzuweisung« zurück, aber das Schuldbewusstsein muss (wie in einem Mobbingprozess) nicht mehr geweckt werden, es ist bereits da. Während Mobber also unter Umständen ein großes Stück »Arbeit« vor sich haben, um Betroffene von ihrer Schuldhaftigkeit zu überzeugen, sind für Belästiger die Weichen in unserer Gesellschaft seit Jahrhunderten gestellt. Die Ursachen der sexuellen Belästigung am Arbeitsplatz haben also vorrangig mit dem in unserer Gesellschaft verankerten Geschlechtsrollenverständnis zu tun. Die Ursachen für Mobbing hingegen liegen nach bisherigen Untersuchungen in organisatorischen Defiziten, unangemessenem Führungsverhalten, in der Gestaltung der Arbeitsaufgaben und in der sozialen Dynamik einer Arbeitsgruppe.

Ein weiterer Unterschied zu Mobbing besteht in der juristischen Handhabbarkeit. Hier ein Auszug aus dem Bundesbeschäftigungsgesetz vom 2.9.1994 zum Schutz vor sexueller Belästigung am Arbeitsplatz:

(2) Sexuelle Belästigung am Arbeitsplatz ist jedes vorsätzliche, sexuell bestimmte Verhalten, das die Würde von Beschäftigten am Arbeitsplatz verletzt. Dazu gehören:
1. sexuelle Handlungen und Verhaltensweisen, die nach den strafgesetzlichen Vorschriften unter Strafe gestellt sind, sowie
2. sonstige sexuelle Handlungen und Aufforderungen zu diesen, sexuell bestimmte körperliche Berührungen, Bemerkungen sexuellen Inhalts sowie Zeigen und sichtbares Anbringen von pornografischen Darstellungen, die von den Betroffenen erkennbar abgelehnt werden.

Das Gesetz verpflichtet ArbeitgeberInnen und Dienstvorgesetzte, Beschäftigte vor sexueller Belästigung zu schützen, und garantiert den Beschäftigten ein Beschwerderecht. Außerdem nennt es Maßnahmen, die bei Nichtbefolgung des Beschäftigtenschutzgesetzes zu ergreifen sind. Damit gibt es einen ganz gravierenden Unterschied zum Tatbestand Mobbing. Der taucht nämlich per Definition und möglichem Umgang damit bisher noch nicht einmal in einer Gesetzesvorlage auf! Es bleibt abzuwarten, ob aufgrund des Beschäftigtenschutzgesetzes sexuelle Belästigung in Betrieben abnimmt oder gar verschwindet. Jedenfalls ist es für Frauen ein Meilenstein im Kampf gegen sexuelle Übergriffe am Arbeitsplatz, und es ist zu wünschen, dass in nicht allzu ferner Zukunft Mobbing eine ähnliche Ächtung erfährt.

Auch hinsichtlich des Umgangs von Betroffenen mit beiden Formen der Gewalt meinen wir einen Unterschied festzustellen. Während sich immer mehr Mobbingbetroffene außerhalb und zunehmend auch innerhalb der Betriebe zu Wort melden, ist die Dunkelziffer bei Betroffenen von sexueller Belästigung enorm hoch. In der »Bundesstudie 91« der Sozialforschungsstelle Dortmund wird die Zahl der Frauen, die sich über sexuelle Belästigungen beschweren, mit 9 Prozent angegeben, obwohl sich 93 Prozent im Laufe ihres Berufslebens schon einmal belästigt gefühlt haben! Betroffene verheimlichen sexuelle Belästigungen, weil sie zusätzliche negative Konsequenzen befürchten. Bei Mobbing dagegen scheint die Hemmschwelle nicht ganz so groß zu sein, wenn auch das Ansprechen mit ähnlichen Befürchtungen einhergeht. Sexuelle Übergriffe finden heimlich statt. Bei Mobbing gibt es dagegen viele indirekt oder mittelbar Betroffene auf verschiedenen Hierarchieebenen, auch wenn diese manchmal alles Erdenkliche unternehmen, um ihre Beteiligung herunterzuspielen und sich lieber als hilflose ZuschauerInnen präsentieren. Aber da die Anzahl der Beteiligten in einem Mobbingprozess faktisch größer ist, ist auch die Chance, gegen Mobbing etwas zu unternehmen, größer.

Mobbing findet am Arbeitsplatz unter KollegInnen und/oder zwischen Vorgesetzten und Untergebenen statt. Sexuelle Belästigung schließt Kundinnen, Klientinnen und Patientinnen mit ein.

Das wesentlichste Unterscheidungskriterium ist jedoch: Sexuelle Belästigung ist auch, wenn sie nur einmal vorkommt, eine sexuelle Belästigung! Sexuelle Belästigung kann zwar auch in Phasen verlaufen, aber muss nicht, wie Mobbing, wiederholt und über einen längeren Zeitraum vorkommen, um den Tatbestand zu erfüllen. Sexuelle Belästigung kann eine einzelne Handlung sein, Mobbing ist ein Prozess, der sich aus vielen Handlungen zusammensetzt und (immer!) in Phasen verläuft.

Sowohl die Definition von Mobbing als auch die von sexueller Belästigung betont die Bedeutung des subjektiven Empfindens der Betroffenen. Wir halten das für ein wesentliches Kriterium, mit dem der Versuch gemacht wird, den Betroffenen die Last des »Sich-erklären-Müssens« zu nehmen.

Wie selten diese subjektive Betroffenheit allerdings in der Praxis eine Rolle spielt, sollen zwei Beispiele verdeutlichen:

Anne B. beschwert sich bei ihrem Vorgesetzten über den Kollegen Meier, der sie trotz ihres wiederholten Einspruchs ständig »wie zufällig« berührt. Der Vorgesetzte tut es ab, beschwichtigt Anne B., sie solle das doch nicht so ernst nehmen, Kollege Meier denke sich sicherlich nichts dabei.

In einem anderen Fall spricht Erika S. ihre Vorgesetzte auf das Verhalten ihres Kollegen Müller an, der sie wie Luft behandelt und ihr wichtige Informationen nicht zuleitet. Die Vorgesetzte tut es ab, beschwichtigt Erika S., sie solle das doch nicht so ernst nehmen, Kollege Müller sei einfach ein wenig überarbeitet. In beiden Fällen liegt die Macht der Definition bei Herrn Meier, Herrn Müller und den jeweiligen Vorgesetzten. Sie legen fest, was unter sexuelle Belästigung bzw. Mobbing fällt und was nicht. Die Beschwerden der Betroffenen, die sich belästigt bzw. gemobbt fühlen, werden »abgebügelt«. Die Definitionen aber fordern ALLE Beteiligten auf, hinzuschauen, subjektives Empfinden ernst zu nehmen.

GEMEINSAMKEITEN von Mobbing und sexueller Belästigung
- Form von psychosozialer Gewalt
- macht krank
- es wird (noch) nicht ausreichend dagegen vorgegangen
- wird bagatellisiert
- arbeitet mit Schuldzuweisung
- ist (auch) eine Frage von Macht
- negiert die subjektive Befindlichkeit

UNTERSCHIEDE zwischen Mobbing und sexueller Belästigung

Mobbing	Sexuelle Belästigung
- richtet sich gegen Frauen und Männer gleichermaßen	- richtet sich in erster Linie gegen Frauen
- geht von Frauen und Männern aus	- geht in erster Linie von Männern aus
- hat hauptsächlich betriebsinterne Gründe	- gründet auf dem Geschlechterrollenverständnis
- ist im Gesetz nicht als Begriff verankert	- ist im Gesetz eindeutig verankert
- erst wiederholte und zielgerichtete Angriffe über einen längeren Zeitraum erfüllen den Tatbestand	- mit einmaliger Tat ist der Sachverhalt gegeben

Die Primärstrategie

In scheinbar ausweglosen Situationen, im Strudel der Ereignisse brauchen wir etwas woran wir uns festhalten können, eine Struktur, die uns langsam aus dem Hamsterrad herausführt. Wir nennen diesen Handlungsfaden die »Primärstrategie«, die sich aus den Komponenten »Analyse«, »Zielfindung« und »Strategie« zusammensetzt. »Primär« deshalb, weil sie DAS Grundgerüst schlechthin ist, um sich in Konflikt- und Krisensituationen erfolgreich auseinandersetzen zu können. Sie beinhaltet die Wende von einer reaktiven (der bloßen Abwehr von Angriffen) hin zu einer aktiven Haltung.

Was können Sie durch aktives Eingreifen verlieren?

Letztendlich Ihre Energien, Ihre »Nerven«, Ihren Arbeitsplatz. Aber verlieren Sie den nicht auch, wenn Sie sich, unfreiwillig, nach den Regeln der MobberInnen richten? Wenn das Ziel von Mobbing Ihr Ausschluss aus diesem Arbeitsumfeld ist, wenn die MobberInnen wesentlich zielgerichteter agieren als Sie, ist es dann nicht nur eine Frage der Zeit, wann dieses Ziel erreicht sein wird? Ja, aber, können Sie einwenden, durch aktive Teilnahme forciere ich womöglich den Verlauf, das heißt, die Konsequenzen des Mobbing treten eventuell noch eher ein. Wenn das der Fall sein sollte, spart das nicht auch Ihre Energien und Nerven, schont das nicht auch Ihre Gesundheit?

Was können Sie durch aktives Eingreifen gewinnen?

Sie geben sich dadurch die Möglichkeit, den Verlauf entscheidend zu verändern. Je früher Sie im Mobbingprozess damit beginnen, desto größer ist Ihre Chance, KollegInnen zu überzeugen, Vorgesetzte und MitarbeiterInnenvertretung auf die eigene Position aufmerksam zu machen. Sie treffen die Entscheidung bewusst, nehmen die Ihnen zugewiesene Opferrolle nicht an. In der aktiven Rolle können Sie verlieren – aber auch gewinnen; in der passiven Opferrolle verlieren Sie in jedem Fall.

Was genau macht den Unterschied aus zwischen reaktivem und aktivem Verhalten?

Die reaktive Haltung drückt sich aus in Überzeugungen wie:

- Ich bin schwach.
- Irgendwie bin ich bestimmt selbst schuld.
- Das konnte ja nicht gut gehen.
- Das musste ja so kommen.
- Das wäre ja auch zu schön gewesen.
- Wenn ich mich nur durchsetzen könnte.
- Da kann man eben nichts machen.
- Ich bin einfach nicht in der Lage ...
- Ich konnte schließlich noch nie ...
- ALLE SIND GEGEN MICH.

Diese Liste könnte endlos so fortgesetzt werden. Solche Sätze lähmen die Aktivität und lassen die gesamte Umwelt eher feindlich erscheinen. Frau verharrt auf dem Beobachtungsposten, schränkt ihre (Wahl-)Möglichkeiten von vornherein ein, ohne sie zu überprüfen, gibt sich selbst keine Chance. Was wäre, wenn diese Sätze hinterfragt würden?

- Ich bin schwach. – TATSÄCHLICH? IMMER? ÜBERALL UND ZU JEDER ZEIT?
- Irgendwie bin ich bestimmt selbst schuld. – WER SAGT DAS, UND AUF WAS BEZIEHT SICH DAS?
- Das konnte ja nicht gut gehen. – WAS HÄTTE PASSIEREN KÖNNEN, DAMIT ES GUT GEHT?
- Das musste ja so kommen. – WARUM MUSSTE DAS SO KOMMEN? KÖNNEN SIE HELLSEHEN?
- Das wäre ja auch zu schön gewesen. – WAS GENAU WÄRE ZU SCHÖN GEWESEN?
- Wenn ich mich nur durchsetzen könnte! – WAS WÄRE, WENN SIE ES KÖNNTEN? WAS HINDERT SIE DARAN? WAS MÜSSTEN SIE TUN, DAMIT SIE ES KÖNNTEN?
- Da kann man eben nichts machen. – MAN? GAR NICHTS?
- Ich bin einfach nicht in der Lage ... – WAS MACHT SIE SO SICHER?
- Ich konnte schließlich noch nie ... – WIRKLICH NOCH NIE?
- Alle sind gegen mich. – WIRKLICH ALLE? WOHER WISSEN SIE DAS SO GENAU? HABEN ES ALLE IHNEN GESAGT?

Indem Sie diese Pauschalaussagen auf ihren »Wahrheitsgehalt« überprüfen, machen Sie einen großen Schritt, um sich Möglichkeiten für Veränderungen zu eröffnen. Wenn Sie es nicht tun, wenn Sie an einschränkenden

Sätzen festhalten, sie als bewiesen hinnehmen, überlassen Sie den MobberInnen das »Gesetz des Handelns«, alles bleibt, wie es ist, Sie können nur noch »Schadensbegrenzung« betreiben.

Was wäre, wenn Sie Ihren Vorannahmenkatalog mal grundsätzlich in Frage stellen würden? Vielleicht fänden sich bei der Durchsicht auch noch andere Antworten als die, die Sie bisher parat haben? Was wäre, wenn Sie eine andere Perspektive einnehmen würden, um sich vorurteilsfrei zunächst einmal einen Überblick über die Mobbingsituation zu verschaffen – sie zu analysieren?

DIE MOBBINGANALYSE

Zusammenhänge werden in dem Moment beherrschbar, da sie enträtselt sind.[1]
(Ulrich Woelk)

Die Situation zu analysieren, bedeutet Fragen zu stellen. Dadurch erweitert sich das Wissen um den Mobbingprozess, gleichzeitig wird ein Abstand zur Situation hergestellt und die durch Druck entstandenen eingefahrenen Denkmuster können verlassen werden.

Der folgende Fragenkatalog bietet die Möglichkeit, Ihre Situation durch gezielte Fragen zu »enträtseln«.

1. Was ist aktuell genau vorgefallen?
2. Wer ist beteiligt? Wer ist der/die »DrahtzieherIn«?
3. In welche Richtung zielen die Angriffe? Auf Sie als Person und/oder Ihre Arbeit(-sleistung)?
3a. Welche Reaktionen löst das bei Ihnen aus?
4. Welche betrieblichen Hintergründe gibt es (z.B. Umstrukturierungsmaßnahmen, Kündigungen, Neueinstellungen, veränderte Aufgabenverteilung, Umsetzungen u.ä.)?
4a. Wie ist das Kräfteverhältnis zwischen MobberInnen, Betroffenen und »ZuschauerInnen«?
5. Welche MOTIVE für das Mobbing vermuten Sie? Sind Ursachen erkennbar?

1 Ulrich Woelk, 1998, S. 16, »FREIGANG«.

6. Wann wurde Mobbing unterlassen?
7. Hat es offene FORDERUNGEN der MobberInnen gegeben? (Haben die MobberInnen Ihnen gesagt, was genau sie von Ihnen erwarten?)
8. Welche BEWEISE gibt es aus Ihrer Sicht für das Mobbing? Welche davon sind für Vorgesetzte, Betriebsrat und KollegInnen nachvollziehbar?
9. Gibt es »Beweise«, die eher die Sicht der MobberInnen bestätigen?
10. Welche Unterstützung gibt es, und welche wäre wünschenswert?

Ist die Situation analysiert, der Ist-Zustand hinreichend beschrieben, geht es um die Frage: »Was will ich in Anbetracht dieser Situation erreichen? Was kann ich erreichen wollen?« Das ist in der Regel weniger als man es sich erträumen würde, aber meistens wesentlich mehr als man sich zugestanden hat.

Auf diese Weise werden Wahlmöglichkeiten ausformuliert, näher geprüft und die jeweiligen Konsequenzen abgewägt, um sich dann fundiert für ein Ziel entscheiden zu können.

»Ich dachte, es kann nicht schlimmer werden … der Gedanke, es ist schon alles absolut versiebt, und egal, was ich jetzt sage, noch mehr versieben geht gar nicht. Deswegen kann ich nun auch mal sagen, was ich dazu meine … Ich habe die verschiedenen Menschen gesehen, und das Spiel gesehen, und auch meine Rolle und wollte nicht mehr mitspielen … Ich hätte sonst nicht bleiben können.

Mit ein bisschen Abstand … ist mir immer klarer geworden, dass das offensichtlich Methode hat. Und als ich dann nicht mehr so viel Selbstmitleid hatte, da kam mein Gefühl von Gerechtigkeit hoch. Ich merkte, ich hab da noch was zu sagen und auch ein bisschen Narrenfreiheit, weil es mir wirklich ganz egal war, ob ich dort noch arbeite oder nicht … obwohl das finanziell extrem schwierig gewesen wäre.«
Helene K., 31 Jahre alt, Lektorin

DIE ZIELFINDUNG IM MOBBINGPROZESS

»›Würdest du mir bitte sagen, wie ich von hier aus weitergehen soll?‹
›Das hängt zum größten Teil davon ab, wohin du möchtest‹, sagte die Katze.
›Ach, wohin ist mir eigentlich gleich …‹, sagte Alice.
›Dann ist es auch egal, wie du weitergehst‹, sagte die Katze.
(Lewis Carroll in »Alice im Wunderland«)

Was hat dieses Beispiel mit Zielen zu tun? Nun: Alice hat scheinbar keines. Sie weiß nicht, wohin sie will. Wenn sie aber nicht weiß, wohin ihre Reise gehen soll, wie soll sie dann wissen, welchen Weg sie gehen kann, und wie wird sie wissen, ob sie angekommen ist? So bleibt ihr Weg beliebig. Vielleicht kommt sie irgendwo an, wo es ihr gefällt, vielleicht erreicht sie aber auch einen Ort, der ihr ganz und gar nicht behagt.

Ziele beschreiben ein Ergebnis, einen Zustand, den wir erreichen wollen. Nicht immer haben wir ein eindeutiges Ziel. Manchmal treiben uns unbestimmte Sehnsüchte oder Wünsche, manchmal auch ein diffuses Unbehagen. Konkrete Ziele werden unsere Wünsche erst dann, wenn wir sie uns klar machen und benennen; dann erst können wir sie bewusst ansteuern. Ziele, die wir nicht konkretisieren, bleiben fast immer in mehr oder weniger unverbindlichen Absichtserklärungen stecken.

Im übertragenen Sinne heißt das: Wenn Sie dem Mobbing seinen Lauf lassen, wenn Sie nicht aktiv mit einer eigenen Zielsetzung eingreifen, wird Ihr Ziel von der mobbenden Partei vorgegeben, auf das Sie vielleicht nur instinktiv mit dem vagen Vorhaben reagieren können: »Ich will diese Demütigungen nicht länger ertragen.«

Das ist allerdings eine sehr pauschale Zielformulierung, die in die Kategorie »Vermeidungsziel« gehört. »Ich will … nicht« führt eher zu einer sich selbst erfüllenden Prophezeiung, in diesem Beispiel zu weiteren Demütigungen.

Denken Sie jetzt mal NICHT an ein blaugelb gestreiftes Zebra – haben Sie es geschafft, NICHT daran zu denken? Die sicherste Methode, an etwas zu denken, ist, sich vorzunehmen, nicht daran zu denken. Um umsetzbar zu sein, sollte ein Ziel demnach eines nicht enthalten: Verneinungen. »Was will ich stattdessen?« (statt der Demütigungen), ist die Frage, die mit der Zielformulierung: »Ich will … nicht« unbeantwortet bleibt. Der Wechsel von der Reaktion in die Aktion verlangt also positiv formulierte Ziele.

Das Angestrebte (zumindest zu mehr als 50%) sollte darüber hinaus in Ihrem Einflussbereich liegen. »Ich möchte, dass die MobberIn in der nächsten Woche kündigt«, das ist zwar positiv formuliert, entzieht sich aber vollständig Ihrem Einfluss. Es ist ein schöner Traum, aber Sie können rein gar nichts dafür tun, um ihn Wirklichkeit werden zu lassen.

Nachdem Sie sich ein Ziel erarbeitet haben, das positiv formuliert ist und für dessen Erreichen Sie etwas tun können, müssen Sie sich darüber klar werden, welche möglichen Konsequenzen sein Erreichen haben könnte. Da gibt es Vorteile, sonst würden Sie es ja schließlich nicht anstreben, aber auch Nachteile. Um nicht vom Regen in die Traufe zu kommen, sind rechtzeitige Überlegungen nötig. Wie ist mit eventuellen Nachteilen umzugehen? Was nützt es Ihnen beispielsweise, wenn Sie erreichen, dass man Ihnen bei einem Auflösungsvertrag eine Abfindung zahlt, wenn Sie erst hinterher feststellen, dass Sie in dem von Ihnen zur Zeit ausgeübten Beruf auf dem Arbeitsmarkt keine Chance haben?

Vor jedem Ziel steht eine Reihe von »Zwischenzielen« oder auch Teilzielen. Aufeinander aufbauend und nacheinander angesteuert, führen sie zu einer Art »Schlussziel« für den Konflikt; dieses Schlussziel kann von einem erreichten Teilziel aus jederzeit neu überprüft und gegebenenfalls korrigiert werden. So kann es sein, dass Sie in einem ersten Ziel formulieren: »Ich möchte diesen Betrieb verlassen«, und sich überlegen, wie das für Sie am günstigsten und ohne unnötige Nachteile für Sie zu bewerkstelligen ist. Ein Teilziel ist: »Bevor ich gehe, erzähle ich meiner Vorgesetzten von den systematischen Schikanen meiner Kollegin«; damit wollen Sie Ihren Kündigungswunsch begründen.

Nach diesem Gespräch ergeben sich neue Möglichkeiten. Die Vorgesetzte bietet Ihnen ihre Unterstützung an, sie will die MobberIn in ihre Schranken weisen. Ihr Ziel lautet jetzt: »Ich werde der MobberIn die Stirn bieten.« Haben Sie und die Vorgesetzte keinen Erfolg, steht es Ihnen frei, dieses Ziel erneut zu verändern und den Gegebenheiten anzupassen.

Um das Erreichen des gesteckten Ziels wahrscheinlicher zu machen, ist es sinnvoll, diesen Teilzielen einen zeitlichen Rahmen zu geben; ist er überschritten, kann man die Ergebnisse und zwischenzeitliche Entwicklungen überprüfen. Was ist kurzfristig, was mittelfristig und was langfristig denkbar? Von null auf 100 in kürzester Zeit ist zwar auf dem Nürburgring möglich, wir aber bewegen uns meistenteils in Städten mit Ampeln, Sackgassen, Einbahnstraßen und Geschwindigkeitsbegrenzungen. Da bedarf es einer genauen Kenntnis der jeweiligen Gegebenheiten und wie damit umzugehen ist. In einer Einbahnstraße gegen die Fahrtrichtung über eine rote Ampel mit 100 Stundenkilometern zu rasen, das bringt uns dem Ziel nicht näher, sondern zieht negative Konsequenzen nach sich in Form von Unfall, Führerscheinentzug und Geldstrafe. Wenn Sie in einer Mobbingsituation von den Möglichkeiten träumen, die sich Ihnen eröffnen, wenn Sie Ihre berufsbegleitende Ausbildung in zwei Jahren abgeschlossen haben werden, können Sie von diesem Ziel im Moment nicht profitieren. Im Gegenteil, in der Zwischenzeit »wegzuschauen« kann Sie teuer zu stehen kommen. Die Situation am Arbeitsplatz könnte sich so weit verschlimmern, dass sie Ihnen höchsten physischen und psychischen Einsatz abverlangt, sodass Sie die Ausbildung gar nicht mehr fortführen können, weil Sie dafür keine Kraft mehr übrig hätten. Sicherer ist es, sich der Realität zu stellen und Handlungsalternativen für die Zeit BIS in zwei Jahren zu haben.

Je fortgeschrittener ein Mobbingprozess ist, desto höher ist die Energieleistung, die erbracht werden muss, um zu einer Lösung zu kommen; gleichzeitig haben die Betroffenen aber immer weniger Kraft, weil ihnen bereits zu viel davon »abgezogen« wurde. Auch bestehen mit fortschreitender Entwicklung de facto immer weniger Möglichkeiten, die genutzt werden könnten. Aber selbst für Frauen, die sich nach einer zermürbenden Mobbingentwicklung zur Kündigung entschlossen haben, ist es wichtig, erhobenen Hauptes zu gehen und diese Kündigung als eigene, aktiv herbeigeführte Entscheidung (nicht aus der »Opferrolle« heraus) zu begreifen. Das Ziel heißt in so einem Fall: »Ich gewinne meine Würde zurück.«

»Also das allerwichtigste für mich war, dass ich nicht einfach so gehe und jeder fragt sich: Warum ist sie denn jetzt gegangen, was ist denn mit der los? … Ich konnte auch den Eltern sagen, dass es hier Probleme gibt mit der Kollegin und dass wir nun durch die Supervision herausgefunden haben, dass wir nicht mehr zusammenarbeiten können. So konnte ich mein Gesicht wahren und mit erhobenem Haupt gehen.«
Annette L., 32 Jahre alt, Erzieherin

»Ich kann da einfach nicht mehr arbeiten, so in der Art und Weise, wie ich das möchte … Ja, ich hatte zwar auch Angst vor einer Kündigung, aber es wurde halt immer deutlicher, so wie ich arbeiten möchte, kann ich da nicht arbeiten … Ich wurde dermaßen eingeschränkt, es wurde mir auch angedroht, dass mir bestimmte Kompetenzen, die ich schon hatte, wieder weggenommen werden sollten und ich dann nur in einem ganz begrenzten Rahmen arbeiten könnte. Und das hätte mir überhaupt nicht gut getan.«
Sabine W., 48 Jahre alt, Sozialpädagogin

STRATEGIE

Mit der Analyse klären Sie die Situation, mit einem Ziel bestimmen Sie, wo Sie ankommen wollen, mit der Strategie setzen Sie es um. Ausschlaggebend ist dabei, dass Ihr Verhalten mit dem Ziel und Ihrer Strategie übereinstimmt, denn mit Ihrem Verhalten unterstreichen Sie Ihr Vorhaben und erhöhen Ihre Glaubwürdigkeit. Grundsätzlich gibt es drei denkbare Strategien, die wir im Folgenden mit dem zugehörigen Verhalten beschreiben.

STRATEGIE A – DIE »KOOPERATIVE« VARIANTE

Damit meinen wir eine von allen Beteiligten akzeptierte und alle Interessen berücksichtigende Gesamtlösung der Mobbingsituation mit letztlich positiven Konsequenzen für die Organisation in ihrer Gesamtheit. Diese Strategie bietet sich an, wenn:
- Sie, nach eingehender Analyse, davon ausgehen, dass es zwischen Ihnen und Ihren WidersacherInnen zu einer Einigung kommen kann,
- Sie sich entscheiden, es zu versuchen, weil Sie Chancen dafür sehen oder die Möglichkeit nicht von vornherein ausschließen wollen oder können,
- Sie zunächst mit Strategie C begonnen, sie dann aber wieder verworfen haben.

Verhalten bei Strategie A:

Sie verwahren sich ausdrücklich gegen diffamierendes Verhalten, behalten aber im Blick, dass es hinter diesem Verhalten einen Konflikt gibt, an dessen Lösung Sie bereit sind, mitzuwirken. Sie sprechen die Mobber an, schalten gegebenenfalls Personalvertretung und Vorgesetzte ein, um Ihre Strategie besser umsetzen zu können. Personalvertretung und Vorgesetzte werden von Ihnen als KooperationspartnerInnen angesehen.

Mal angenommen, Sie entscheiden sich für diese Strategie, streben also eine Lösung an, die die Interessen der MobberInnen berücksichtigt, sofern diese ihre Mobbingattacken unterlassen. Es wäre nicht im Sinne dieser Strategie, wenn Sie nun Ihrerseits gegen die MobberInnen intrigierten, sozusagen zu deren Maßnahmen griffen. Wozu auch? Ihre Ziele sind klar und können laut benannt werden. Ihre Motivation ist offen, je mehr KollegInnen darum wissen, umso besser. Heimliche Absprachen haben Sie nicht nötig, im Gegenteil, indem Sie sich zu Ihren Zielen bekennen, gewinnen Sie MitstreiterInnen, unterlaufen den von MobberInnen beabsichtigten Isolationseffekt. Sie haben nun Ihre eigenen Spielregeln aufgestellt.

STRATEGIE B – DIE »KONFRONTATIVE« VARIANTE

Hierunter verstehen wir eine Strategie, die dann gewählt werden kann, wenn:

- Sie nicht für »Geld und gute Worte« mit den Mobbern an einem Tisch sitzen können und wollen, weil die Angriffe zu massiv wurden und die Grenzen des Zumutbaren für Sie weit überschritten sind,
- jedes Zusammenkommen und jede Thematisierung des Konflikts zu einer weiteren Eskalation führen würde,
- Personalvertretung und Vorgesetzte Ihnen keinen Rückhalt und keine Unterstützung gewähren,
- der Arbeitgeber bereits eindeutig gegen Ihre Interessen handelt,
- Strategie A, der Versuch, eine Übereinkunft zu erzielen, bereits gescheitert ist oder Ihnen Strategie C nicht mehr angemessen erscheint.

Verhalten bei Strategie B:

Auch hier geht es natürlich um die Durchsetzung Ihrer Rechte, allerdings steht für Sie der zugrunde liegende Konflikt nicht mehr unbedingt im Vordergrund. Da von den internen Stellen keine Hilfe mehr zu erwarten ist, schalten Sie gegebenenfalls eine Anwältin ein, die Ihre Interessen vertritt. Dadurch eröffnet sich ein neuer Handlungsspielraum, den Sie mit Ihrem Rechtsbeistand abstecken können. Die Würfel sind gefallen! Wie bei Strategie A beschließen Sie: So nicht! Und setzen (auch) juristische Hebel in Bewegung. Möglicherweise verfolgen Sie diese Strategie, nachdem Sie vergeblich Ihren Vorgesetzten gebeten haben, Ihnen zur Seite zu stehen. Sie sind womöglich auf Ablehnung gestoßen, und/oder haben erkennen müssen, dass der Vorgesetzte die Mobber unterstützt; er hat Ihnen bereits eine Abmahnung geschickt. In dieser Lage dienen Sie Ihrer Sache nicht damit, wenn Sie weiter an seinen »Gerechtigkeitssinn« appellieren und auf eine Kooperation hoffen, die Ihr Vorgesetzter bereits mehrfach abgelehnt hat. Sie sollten Konsequenzen einleiten, indem Sie den nächsthöheren Vorgesetzten einschalten oder sich an Ihre zuständige Gewerkschaft wenden. Es ist an Ihnen, eindeutig zu zeigen, dass Sie nicht bereit sind, dieses Vorgehen länger hinzunehmen. Ihr Wille, eine Lösung mit allen Beteiligten zu finden, ist auf keine Resonanz gestoßen, konsequenterweise folgt darauf eine Verhaltensänderung Ihrerseits. Glaubwürdigkeit ist bei jeder Strategie das oberste Gebot!

Strategie C – die »defensive« Variante

Wir denken, einen eigenen, der Situation angemessenen Weg zu finden, heißt IMMER einen aktiven Weg zu beschreiten, auch wenn wir diese Variante »defensiv« genannt haben. Entscheiden ist schließlich ein aktiver Akt. Diese Strategie bietet sich dann an, wenn:

- Sie Mobbing zu spät erkannt haben und/oder der Prozess weit fortgeschritten und nicht mehr umkehrbar ist,
- Sie krank (geworden) sind und jedes weitere Befassen mit der Mobbingsituation Ihren gesundheitlichen Kollaps herbeiführen würde,
- Sie sicher sind, dass selbst finanzielle Einbußen und drohende Arbeitslosigkeit langfristig Ihrem Selbstbewusstsein und Ihrer Gesundheit zuträglicher sind als weiteres Ausharren,
- Sie Arbeitsalternativen suchen und eine Auseinandersetzung sich nach Ihrem Ermessen für Sie nicht (mehr) lohnt. Ändert sich Ihre Ermessensgrundlage, haben Sie die Freiheit, Strategie A oder B zu verfolgen.

Verhalten bei Strategie C:

Auch diese Variante entbindet Sie nicht von der aktiven Auseinandersetzung mit der augenblicklichen Situation, wenn sich in der Rückschau keine Zweifel an Ihrer Entscheidung einstellen sollen. Da Sie beschließen, Ihrem Betrieb den Rücken zu kehren, müssen damit in Zusammenhang stehende juristische, eventuell medizinische und auch Fragen in Bezug auf Arbeitslosigkeit geklärt werden.

Egal, ob Sie Strategie A, B, C, eine Kombination dieser Strategien oder etwas ganz anderes wählen, wägen Sie gründlich ab, bevor Sie eine weitreichende Entscheidung treffen, und versorgen Sie sich mit den notwendigen Informationen, um Ihrer Entscheidung eine solide Basis zu geben. Setzen Sie sich mit jemandem zusammen, die/der mit der Thematik Mobbing vertraut ist und Erfahrungen mit deren vielfältigen Aspekten hat.

Die Geschichte von Angela Aufstieg

Die bisher vorgestellte Primärstrategie wollen wir nun anhand eines Fallbeispiels darstellen.

Begeben wir uns dazu an den Arbeitsplatz von Angela Aufstieg, die in einer Hauskrankenpflegestation beschäftigt ist. Zur besseren Überschaubarkeit sind die beteiligten Akteure zunächst einmal in nachfolgender Organisationsstruktur dargestellt.

ANGELA UND IHRE KOLLEGINNEN

ORGANISATIONSSTRUKTUR

Herr Boss
Geschäftsführer, 40 Jahre,
Gründer der Einrichtung
vor 10 Jahren

Frau Miniboss
Pflegedienstleitung, 45 Jahre,
10 Jahre im Betrieb

Herr Buch
Buchhalter, 46 Jahre,
8 Jahre im Betrieb

Frau Sozi
Sozialarbeiterin, Konzeption/
»Akquise«, 35 Jahre,
8 Monate im Betrieb

Angela Aufstieg
stellv. Pflegedienstleitung,
30 Jahre, 2 Jahre im Betrieb

Frau Betriebsrat (gehört zum
Pflegepersonal), 36 Jahre,
10 Jahre im Betrieb

Fr. Jung 24 J./3 J.	Fr. Nörgel 41 J./3 J.	Fr. Eilig 32 J./1 J.
Fr. Lustig 56 J./8 J.	Hr. Genau 36 J./3 J.	Fr. Ruhig 38 J./2 J.
Hr. Kumpel 40 J./5 J.	Hr. Schlau 27 J./4 Mon	Fr. Eifer 49 J./5 J.

Der Hintergrund:

Angela Aufstieg hat vor sechs Monaten, nachdem sie bis dahin dem übrigen Pflegepersonal gleichgestellt war, die neu geschaffene Stelle einer stellvertretenden Pflegedienstleitung übernommen. Sie soll Frau Miniboss unterstützen und während ihrer Abwesenheit deren Aufgaben übernehmen. Vorher wurde die Vertretung von Herrn Boss übernommen, der nun aber, durch die Expansion der Einrichtung in den letzten Jahren, keine Zeit mehr dafür hat.

Die Angreiferin:

Frau Eifer hatte sich Hoffnungen auf die Stelle gemacht, zumal sie, seit sie in der Firma ist, sehr viel Einsatz gezeigt und viele Überstunden geleistet hat. In ihrer Wahrnehmung hat Herr Boss doch von Frau Aufstieg nie viel gehalten – oder doch? Frau Eifer fühlt sich ausgehebelt. Die neue Stelle ist mit einer höheren Vergütung verbunden und auch mit mehr organisatorischen Aufgaben, für die Frau Eifer in den letzten zwei Jahren eine Fortbildung gemacht hat. Sie bezweifelt die fachlichen Qualifikationen von Frau Aufstieg und hält sie für zu oberflächlich und für zu jung sowieso.

… und ihr »Team«:

Unterstützung für ihre Ansicht findet Frau Eifer bei Herrn Buch, Frau Nörgel und Frau Lustig, mit denen sie auch privat verkehrt. Diese Gruppe behandelt Frau Aufstieg zunehmend wie Luft. Wenn es zu einem Kontakt kommt, besteht er aus Vorwürfen, abfälligen Bemerkungen und Kritik. Während des Jahresurlaubs von Frau Miniboss eskaliert der unausgesprochene Konflikt. Frau Eifer schreibt die Einsatzpläne nach ihrem Ermessen um (O-Ton Frau Eifer: »Die Kollegin Aufstieg hat doch wirklich gar keine Ahnung!«) und verkleidet diese Einmischung den KollegInnen gegenüber als Unterstützung. Irgendwann werden »die« schon merken, dass da die falsche Frau am falschen Platz ist, glaubt Frau Eifer.

Der Chef:

Herr Boss wird aufmerksam und stuft das Verhalten der neuen Vertretung erst einmal als Umstellungsschwierigkeit ein.

Die Betroffene und ihre Unterstützerin:

Angela sieht das allerdings ganz anders. Sie fühlt sich zunehmend verunsichert, weiß nicht, wem sie vertrauen kann und wem besser nicht. Die

Gedanken kreisen: »Soll ich mich an die Betriebsrätin wenden? Aber dann ist es gleich so offiziell! Herr Boss hat wahrscheinlich gar keine Zeit für ›so etwas‹, er erwartet halt Leistung. Wenn ich da Zweifel aufkommen lasse, bin ich womöglich den Job ganz schnell wieder los. Ich muss mich eben irgendwie durchsetzen.« Einige scheinen gar nicht zu bemerken, was da läuft; die einzige Ausnahme ist Frau Sozi. Ihr vertraut Angela an, wie Frau Eifer und einige KollegInnen für sie die Arbeit immer mehr zum Albtraum werden lassen. Sie nimmt sich vor, einmal mit ihrer Ärztin zu reden. Die Migräneanfälle kommen immer häufiger und an mehrstündigen Nachtschlaf ist auch nicht mehr zu denken.

ANGELA GEHT DER SACHE AUF DEN GRUND ...

Angela war bei ihrer Beförderung vor sechs Monaten am Ziel ihrer Wünsche. Verantwortlich ihrer Arbeit nachzugehen, aber auch ein Auge auf die Gesamtorganisation zu haben, den Ablauf zu sehen und Vorschläge einzubringen, das entsprach schon immer ihrer Vorstellung vom Beruf. Eigentlich kein Wunder, dass Herr Boss auf sie aufmerksam wurde und ihm angesichts ihres Elans die Idee kam, ihr mehr Raum für ihre Fähigkeiten zu geben. Aber irgendetwas lief von Anfang an schief, bloß was?

Ihr kommt es vor, als sei sie unfreiwillige Teilnehmerin an einem grausamen Spiel, dessen Regeln sie nicht kennt; sie weiß nicht, wer dabei welche Rolle spielt und wie der Spielstand ist. Eines weiß sie aber mittlerweile ziemlich sicher: Ihr scheint die Rolle der Verliererin zugedacht zu sein. Welchen »Spielzug« sie auch macht, die anderen scheinen ihn im Voraus zu kennen und in ihrer Strategie berücksichtigt zu haben. Bildlich gesehen, würfeln die KollegInnen die Sechsen, und sie zieht mit einer Eins mühsam hinterher, um sich anschließend wieder einem Sechserwurf gegenüber zu sehen. Was passiert, wenn die AngreiferInnen das Spielbrett einmal umrundet haben und zum »Rausschmiss« ansetzen?

In dieser Situation fällt Angela eine Entscheidung, wenn auch vielleicht nicht bewusst – ebenso wie Sie, wenn sie von Mobbing betroffen sind. Entweder, Sie spielen weiter in der von den anderen vorgegebenen Rolle, oder Sie fangen an, Ihre Rolle selbst zu definieren, den Spielstand zu analysieren, eigene Spielregeln zu entwerfen und nach SpielleiterInnen und SchiedsrichterInnen Ausschau zu halten.

Für Angela bedeutet die Entscheidung, aktiv zu werden und den »Ausstieg aus dem Hamsterrad« zu versuchen, dass sie die Situation zunächst einmal gründlich analysieren muss, um ihre Möglichkeiten abschätzen zu können. Nachdem sie sich mit der entsprechenden Mobbinglektüre auseinandergesetzt hat, wird ihr klar, Phase 2 ist eingetreten, der Konflikt ist bereits eskaliert. Diese Erkenntnis ist zwar einerseits ein Schock für sie, andererseits ist es beruhigend zu wissen, dass ihr noch Möglichkeiten bleiben, den weiteren Verlauf mitzugestalten. Die ersten Fragen, die sie sich stellt, beziehen sich darauf, was im Moment an ihrem Arbeitsplatz passiert.

1: Was ist aktuell genau vorgefallen?

Seitdem Frau Miniboss im Urlaub ist, hat sich die Situation eindeutig verschlechtert. Erst gestern hat Frau Eifer den von Angela so gründlich durchdachten Einsatzplan umgeschrieben. Zwar hat sie Frau Eifer hinterher zur Rede gestellt, aber völlig ergebnislos. Im Gegenteil, Frau Eifer hat es wieder einmal geschafft, sie, Angela Aufstieg, wie eine unqualifizierte Hilfskraft aussehen zu lassen. Am Ende hat sie sich wieder nur noch gerechtfertigt, überhaupt einen Einsatzplan gemacht zu haben.

2: Wer ist beteiligt? Wer ist die Drahtzieherin?

Ganz offensichtlich Frau Eifer und die Gruppe (inwieweit trifft das überhaupt zu?) um sie herum. Eine Clique, zu der Angela noch nie mehr als den unbedingt notwendigen Kontakt hatte (Welche Form von Kontakt ist überhaupt notwendig?). Darüber hinaus gibt es aber noch acht weitere KollegInnen. Machen die nicht alle, mehr oder weniger, mit? Aber sind sie wirklich beteiligt? Vielleicht lohnt es sich, das zu überprüfen, abschreiben kann sie sie ja immer noch. Macht es denn Sinn, sie alle über einen Kamm zu scheren? Wirkt sie nicht dadurch selbst an ihrer Isolierung mit? Spielt sie durch ihren Rückzug nicht nach den Regeln, die Frau Eifer aufstellt?

3: In welche Richtung zielen die Angriffe?

Ganz klar, zum einen auf ihre Person und ihre Arbeit, Frau Aufstieg soll herabgewürdigt werden. Zum anderen sollen Kontakte zu den KollegInnen vereitelt, soll Solidarisierung mit ihr im Keim erstickt werden.

3a: Welche Reaktionen löst das (bei Angela) aus?

Die von Frau Eifer erwarteten: Gegen die Angriffe auf ihre Person wehrt sie sich mit Rechtfertigung ihrer Leistung und Arbeit, sie lässt sich verstricken in endlose Diskussionen, bei denen sie auf der Strecke bleibt. Ihre Gegenstrategie heißt Rückzug, sie glaubt so, die Spannung herauszunehmen. Das Gegenteil ist der Fall, die Situation verschiebt sich immer mehr zu ihren Ungunsten.

In einem nächsten Schritt betrachtet Angela den Betrieb in seiner Gesamtheit.

4: Welche betrieblichen Hintergründe gibt es (für die Angriffe von Frau Eifer), und wie ist das Kräfteverhältnis zwischen MobberInnen, Betroffenen und »ZuschauerInnen«?
Fürs Erste kann Angela das vermutete Verhältnis nur skizzieren. Wer steht denn wo, von ihrem Standort aus gesehen? Gibt es Verbindungen unter den einzelnen und wenn ja, seit wann? Warum ist das so, und was ergibt sich daraus? Wer könnte, außer Frau Sozi, noch AnsprechpartnerIn für sie sein? Angela erstellt ein »Mobbingorganigramm«, aus dem sie ersehen kann, wer mit Frau Eifer an einem Strang zieht; es hilft ihr abzuleiten, warum. Es gibt aber auch KollegInnen, die ganz eindeutig ihr näher stehen als Frau Eifer. Hat sie diese Verbindungen vernachlässigt? Außerdem wird klar, dass Herr Boss und Frau Betriebsrat ihr gegenüber augenblicklich eine neutrale Position einnehmen. Noch ist offen, wie sie sich verhalten werden, wie sie sich positionieren, wenn sie von Angela angesprochen werden. Auch hier wird deutlich: Wenn sie nichts tut, ist die Wahrscheinlichkeit hoch, dass Frau Eifer die beiden auf ihre Seite ziehen wird; bleibt Angela Zuschauerin, überlässt sie es Frau Eifer, Herrn Boss und Frau Betriebsrat von ihrer Sicht der Dinge zu überzeugen. Wenn sie selbst mit ihnen spricht, ist das zwar auch nicht auszuschließen, besteht aber doch auch die Chance, dass Herr Boss und Frau Betriebsrat den wahren Sachverhalt erkennen und bei dem Konflikt intervenieren.

Als nächstes stellt sich Angela der unangenehmen Aufgabe, sich mit der Person von Frau Eifer auseinanderzusetzen.

5: Welche Motive werden vermutet?
Bei genauer Betrachtung liegen die Motive auf der Hand: Frau Eifer neidet Angela die Beförderung, sie wäre selbst gerne stellvertretende Pflegedienstleiterin geworden. Hat sie nicht genau darauf seit Jahren hingearbeitet? Ist nicht – aus ihrer Sicht – Frau Aufstieg in den Schoß gefallen, was

doch sie verdient hätte? Frau Eifer ist die Anerkennung verweigert worden, und das lässt sie Frau Aufstieg nun büßen. Wenn sie sich's recht überlegt, hat Frau Eifer sie schon vor zwei Jahren in eine Konkurrenzsituation hineinmanövriert. Ihr »Karrieresprung« hat das Fass jetzt sozusagen zum Überlaufen gebracht. Aber: wie nachvollziehbar Frau Eifers Motivation auch sein mag, nichts, aber auch gar nichts entschuldigt ihre Art des Vorgehens! Die Gründe zu durchleuchten und zu erkennen bedeutet für Angela nicht, das Handeln von Frau Eifer zu billigen.

6: Wann wurde Mobbing unterlassen?

Immer dann, wenn Herr Boss bei ihren Auseinandersetzungen in der Nähe war. Und wenn es Angela gelungen ist, absurde Kritik und Vorwürfe als das zu behandeln, was sie sind: nämlich absurd. Einmal hat sie Frau Eifer nach einer Tirade nur kopfschüttelnd angeschaut und sich dann abgewendet. Merkwürdigerweise, registriert sie nun im Nachhinein, hatte sie dann zwei Tage Ruhe.

7: Stellte die Mobberin offene Forderungen?

Nein! Jedenfalls nicht, dass Angela wüsste. Ihr gegenüber hat Frau Eifer nie gesagt: »Ich möchte deine Stelle.« Im Grunde ist das ja eine Vermutung, dass es ihr um die Stelle geht. Unlängst hat Angela mal nachgefragt: »Was willst du eigentlich von mir?« Frau Eifer antwortete: »Ich weiß gar nicht, was du hast – mir geht es nur um die Arbeit.« Aha! Das ist wohl eine der Spielregeln: der Wechsel von der Beziehungsebene auf die Sachebene und wieder zurück. Wie kann Angela verhindern, dass Frau Eifer nach Belieben die Ebene wechselt? Ist das vielleicht ein Ansatzpunkt, für eine Gegenstrategie?

Angela überlegt nun, ob das, was Frau Eifer inszeniert, bewiesen werden kann.

8: Welche Beweise gibt es?

Angela hat wenig in der Hand, was sie belegen kann. Viele Mobbinghandlungen sind »unsichtbar«, wie z. B. »hinter ihrem Rücken reden«, »sie wie Luft behandeln«, und können daher leicht ins Reich der Fantasie verwiesen werden. Aber wenn sie anfängt, darauf zu achten, lässt sich vielleicht doch einiges »dingfest« machen. Beispielsweise ist das Umschreiben der Einsatzpläne ein Fakt. Herr Boss bezahlt ihr doch nicht ein höheres Gehalt, damit die Dienstpläne von anderen gemacht werden? Offensichtlich hält er sie doch für am geeignetsten.

Wenn sie mehr Unterstützung in der Arbeitsgruppe hätte, ließe sich auch anderes möglicherweise genauer benennen. Frau Ruhig oder Herr Genau haben sicher mehr Einblick in Frau Eifers »Aktivitäten« als sie und könnten die Beweisliste füllen.

9: Was für Beweise hat die Mobberin?

Frau Eifer hat tatsächlich gar nichts gegen Angela in der Hand. Ist ihr Alter von 30 Jahren etwa ein Beweis? Alles andere sind doch Zuschreibungen, die, auf den Tisch gelegt, wenig Aussagekraft haben dürften. Und: Frau Eifer scheint »siegessicher« zu sein, denn bisher lief für sie ja alles nach Plan. Was aber, wenn sie nun plötzlich einer Frau Aufstieg gegenüberstehen würde, die die Fakten mal unter die Lupe nimmt?

Abschließend wägt Angela ihre Chancen auf Unterstützung innerhalb und außerhalb des Betriebs ab.

10: Welche Unterstützung gibt es, und welche wäre wünschenswert?

Innerhalb der Organisation hat sie (bisher) die Unterstützung von Frau Sozi. Diese Unterstützung ist von Verständnis geprägt, Frau Sozi ist ein Fels in der Brandung. Könnte sie auch noch mehr sein? Was wäre, wenn sie einen Plan hätte, dem Mobbing entgegenzutreten? Könnte Frau Sozi darin eine aktive Rolle haben? Offen ist die Unterstützung von Herrn Boss und Frau Betriebsrat. Aber einfach hingehen und ihr Herz ausschütten reicht vermutlich nicht, um Hilfe in Form von sinnvoller Intervention zu bekommen. Sie werden den Konflikt nicht stellvertretend für sie lösen, sie werden wissen wollen, was sie von ihnen erwartet. Auch die übrigen KollegInnen sind vielleicht bereit, Angela zu unterstützen, aber auch sie werden wissen wollen, wobei.

Mit ihrer Ärztin zu reden wäre schon mal eine gute Idee, und vielleicht weiß die ja auch noch andere, die ihr helfen können, Schritte zu entwickeln, um das Mobbing zu stoppen. Außerdem braucht sie ein »Programm«, wie sie wieder zu Kräften kommen kann, psychisch und physisch. Eine Möglichkeit wäre, ihre sportlichen Aktivitäten wieder aufzunehmen. Immer schon ist sie eine begeisterte Schwimmerin gewesen. Die Situation am Arbeitsplatz hat ihr dazu keine Zeit mehr gelassen. Kann man denn dem eigenen Vergnügen nachgehen, wenn mindestens acht Stunden am

Tag einen derart mitnehmen? Eine Stimme in ihr sagt: »Das nicht auch noch!« Eine andere sagt: »Doch, gerade jetzt!« Die sportliche Enthaltsamkeit hat ihr jedenfalls bisher nicht geholfen.

Angela hat die Mobbingsituation analysiert, hat ein komplexeres Bild von den Zusammenhängen und den Hintergründen gewonnen. Und eines ist ihr klar geworden: Wenn sie von der Defensive (Reaktion) in die Offensive (Aktion) überwechseln, wenn sie eine Handlungsstrategie entwickeln will, muss sie sich in einem weiteren Schritt ein Ziel erarbeiten. WOHIN soll sie die Reise führen, worauf soll alles, was sie unternimmt, HINAUSLAUFEN?

... UND ENTWICKELT HANDLUNGSALTERNATIVEN

Angela könnte sich zurückziehen, Frau Eifer das Feld überlassen, sich wieder eingliedern in den Krankenpflegealltag, wie er für sie bis vor sechs Monaten war, und sich nach einem anderen Arbeitsplatz umsehen. Was würden sich daraus für Vorteile ergeben? Spontan empfindet Angela bei diesen Gedanken Erleichterung.

Vorteile:
- sie muss sich nicht mehr ständig durchsetzen
- sie kann wieder in Ruhe ihrer Arbeit nachgehen
- sie kann auf das zurückgreifen, was sie beherrscht: die Pflege von kranken Menschen
- die Arbeit würde nicht mehr länger auch noch ihre Freizeit bestimmen
- sie könnte woanders einen neuen Anfang machen
- der Druck wäre weg, sie könnte in die Zukunft schauen

Das sieht fürs erste doch schon mal ganz gut aus, trotzdem betrachtet sich Angela auch die Kehrseite der Medaille.

Nachteile:
- sie hätte das Gefühl, aufgegeben zu haben
- die übrigen KollegInnen (und Herr Boss) könnten ihren Rückzug nicht nachvollziehen
- statt mit Frau Eifer hätte sie dann den Konflikt mit anderen
- sie kann nicht sicher sein, wieder eine leitende Stellung zu bekommen
- langfristig hätte sie eventuell auch finanzielle Nachteile

Hin und her gerissen, überlegt Angela, was sie stattdessen auch tun könnte. Wäre es einen Versuch wert, eine Lösung in diesem Konflikt anzustreben?

Vorteile:
- sie könnte deutlich Position beziehen und damit ihrem Herzen Luft machen
- sie hätte das Gefühl, für ihr »Recht« eingetreten zu sein
- sie würde wissen, wie die KollegInnen im Ernstfall zu ihr stehen
- sie wäre im Nachhinein nicht auf Spekulationen angewiesen: was wäre gewesen, wenn ich …?
- wenn sie dennoch ihren Arbeitsplatz aufgeben würde, wüsste sie genau, was und wem sie den Rücken kehrt
- sie will Führungsverantwortung, und diese Arbeit ermöglicht ihr das

Auch bei diesen Gedankengängen entspannen sich ihre Gesichtszüge. Was müsste sie für dieses Ziel in Kauf nehmen?

Nachteile:
- eine längere Zeit der Ungewissheit
- hohen persönlichen Einsatz und Energieaufwand
- die direkte Konfrontation mit Frau Eifer
- das Risiko, dabei den Kürzeren zu ziehen

Sie übertitelt die beiden Möglichkeiten für sich mit »Rückzug« und »Kampf« und sieht sich die jeweiligen Vor- und Nachteile genauer an. Bei der Rückzugsvariante stellt sich die Frage: In welchem Zeitraum? Sie könnte morgen zum nächstmöglichen Termin kündigen und sich bei einem anderen Arbeitgeber bewerben. Wenn es ihr dann aber in drei Monaten nicht gelänge, eine andere Arbeitsstelle zu finden, müsste sie ihre Ersparnisse »anknabbern«, um die Zeit ohne Einkommen zu überbrücken. Oder gibt es eine Möglichkeit, die Sperrfrist, die vom Arbeitsamt bei eigener Kündigung verhängt wird, zu umgehen? Bei Mobbing gilt vielleicht eine Ausnahmeregelung, da muss sie sich mal erkundigen. Dann würden die Vorteile innerhalb kürzester Zeit eintreten. Der Druck, den sie täglich verspürt, wenn sie zur Arbeit muss, wäre weg; anstelle dessen würde sie allerdings den Druck der Arbeitslosigkeit haben. Doch irgendwann kann sie woanders einen neuen Anfang machen, das zumindest steht bei dieser Möglichkeit fest.

Wenn sie sich vornimmt, erst dann zu kündigen, wenn sie eine andere Stelle gefunden hat, kann sie nicht abschätzen, wann das sein wird. Falls es mit ihrer Befindlichkeit weiter so bergab geht – kann sie sich bei anderen ArbeitgeberInnen dann noch als qualifizierte Führungskraft bewerben? Dieses Vorhaben wäre am wenigsten zu überschauen. Verkriechen kann und will sie sich nicht länger, es käme doch immer wieder zu Auseinandersetzungen mit Frau Eifer. Das »Spiel« ginge weiter, ob sie wollte oder nicht. Ist sie dem gewachsen, wenn sie mit ihren Gedanken schon bei anderen KollegInnen ist, eigentlich gar nicht mehr da sein will und doch nicht weiß, wie lange sie noch aushalten muss? Bei dieser Variante des Rückzugs überwiegen aus ihrer augenblicklichen Sicht die Nachteile. Jedenfalls gibt es bei der Alternative »Rückzug« zwei Varianten: »Rückzug sofort« und »Rückzug schleichend«.

Angela wendet sich Möglichkeit zwei, dem »Kampf«, zu. Wie waren dort die Nachteile? Eine Zeit längerer Ungewissheit wird es dabei wahrscheinlich gar nicht geben, es wird sich ja fast täglich etwas entscheiden. Energieaufwand muss sie so oder so betreiben, und die direkte Konfrontation mit Frau Eifer bleibt ihr vermutlich auch dann nicht erspart, wenn sie selbst kündigt.

Angela wird sich zunehmend sicherer, dass die zweite Möglichkeit ihr am ehesten entspricht. Den Ausschlag gibt die Erkenntnis, dass, wenn sie sich fürs Kämpfen entscheidet, der Rückzug immer noch möglich ist und dass sie von sich weiß, sie würde nach einiger Zeit den nicht genutzten Möglichkeiten nachtrauern. Sie ist zuversichtlich, dass, wenn sie gut für sich sorgt, noch einiges zu bewegen ist. Wenn alle Stricke reißen und sie sieht, dass nichts mehr geht, bleibt ihr immer noch der Rückzug. Dann allerdings in dem Wissen: Da war nichts zu machen, und in einem Betrieb, der einer intriganten Frau Eifer den Vorzug gibt, ist für ihre berufliche Zukunft kein Platz.

ANGELA FÄNGT AN, IHR VORHABEN IN DIE TAT UMZUSETZEN

Angelas Entschluss zu handeln bezieht sich von nun an nicht länger nur darauf, einzelnen Aktivitäten von Frau Eifer zu begegnen und sich beispielsweise zu überlegen, wie sie auf deren hämische Bemerkung von heute morgen reagieren könnte. Von nun an setzt sie ihr eigenes Ziel (Verbleib in diesem Betrieb in dieser Position) gegen das von Frau Eifer (Angelas Verschwinden aus diesem Betrieb, zumindest von dieser Position). Dadurch schafft Angela sich eine neue Ausgangsbasis.

DIE ENTWICKLUNG DER HALTUNG VON ANGELA
GEGENÜBER DER POSITION VON FRAU EIFER

Frau Eifer:	Angela:
»Du sollst da weg!«	»Will SIE was?«
»Du sollst da weg!«	»Was will SIE?«
»Du sollst da weg!«	»Das will SIE?«
»Du sollst da weg!«	»ICH MÖCHTE aber NICHT.«
»Du sollst da weg!«	»ICH WILL hier bleiben.«
	»Wie kann ICH das umsetzen?«
	»Wer kann MICH dabei unterstützen?«

Während Angela bislang immer nur bis zum nächsten Schritt gedacht hat (wie schütze ich mich?), hat sie nun ein Gesamtbild vor Augen.

Diese Veränderung der inneren Einstellung spiegelt sich in ihrem Auftreten am Arbeitsplatz wider. Während sie vorher mit gesenktem Kopf, in der Hoffnung, von niemandem angesprochen zu werden, voll banger Erwartung an ihrem Schreibtisch saß, sieht sie zwar jetzt dem Tag nicht völlig gelassen entgegen, hat aber durchaus das Gefühl, gewappnet zu sein, sich auszuprobieren zu wollen. In einem nächsten Schritt muss sie sich um eine dauerhafte Veränderung bemühen. Sie muss heraus aus ihrer Isolation, muss die KollegInnen einbeziehen, wenn sie eine Chance haben will, Frau Eifer Paroli zu bieten. Sie steht nicht länger abseits, wenn die KollegInnen einen Schwatz miteinander halten, nur, weil Frau Eifer auch dabei ist. Warum sollte ausgerechnet sie ihr Gelegenheit geben, ihre Ränke zu schmieden? Sie setzt sich in den Mittagspausen zu Frau Ruhig und Herrn Kumpel an den Tisch, beteiligt sich an Gesprächen über Themen, die nichts direkt mit Arbeit zu tun haben. Sie spürt Sympathie und erfährt, dass die beiden Frau Eifers Handlungsweise ganz und gar nicht gutheißen, sich sogar wundern, warum sie, Frau Aufstieg, sich so viel gefallen lässt. »Die haben gut reden«, denkt Angela bei sich, aber auch, dass sie mit ihrer Einschätzung der Situation nicht so alleine ist wie bisher gedacht. Frau Eilig und Frau Jung tun eher so, als gehörten sie gar nicht dazu. Angela findet heraus, dass beide an ihren vorherigen Arbeitsstellen selbst in Mobbingsituationen waren und nun vermutlich froh sind, nicht selber im Brennpunkt zu stehen. Herr Schlau ist noch in der Einarbeitungsphase und weiß wohl nicht so recht, was er von diesem Betrieb halten soll. Herr Genau hat, von Frau Sozi angesprochen, »Wichtigeres« zu tun, als sich in die »Querelen der Damen« einzumischen.

Angela bespricht sich mit Frau Sozi, Frau Ruhig und Herrn Kumpel. Sie will herausfinden, wie sie weiter »operieren« kann. Es stehen Gespräche an, und zwar mit den unmittelbar Beteiligten. Das sind Frau Eifer, Frau Betriebsrat und Herr Boss, letztere sind allerdings »unfreiwillig« beteiligt, weil aufgrund ihrer Position verantwortlich. Frau Betriebsrat wird erst in der kommenden Woche zurückerwartet, sie hatte sich für vier Monate unbezahlt beurlauben lassen und war durch die USA gereist. Frau Aufstieg, die mit Frau Betriebsrat in deren Eigenschaft als Personalvertretung noch nichts zu tun hatte, denkt mit ihren KollegInnen über einen möglichen Gesprächsverlauf nach. Herrn Kumpel fällt eine alte Faustregel ein: Erst sagst du, was du sagen wirst (Einleitung), dann, was du zu sagen hast (Hauptteil), und dann, was du gesagt hast (Zusammenfassung). »Das können wir besprechen, wenn klar ist, was DAS sein soll«, meint Frau Sozi und schlägt Angela vor, sich erst einmal den Hintergrund der Situation zu vergegenwärtigen und die Gesprächsziele zu überlegen.

1. WORUM SOLL ES IN DIESEM GESPRÄCH GEHEN? DARUM,
a) die Betriebsrätin über die Geschehnisse der jüngsten Zeit zu informieren,
b) darzustellen, dass sie, Angela, durch »Einwirkung« von Frau Eifer ihre Arbeitsaufgaben nicht mehr angemessen erfüllen kann,
c) klarzustellen, dass sie alles in ihrer Kraft stehende dazu beitragen will, ihr Recht auf »Unversehrtheit« am Arbeitsplatz durchzusetzen,
d) die Betriebsrätin um Zusammenarbeit zu bitten.

2. WAS KANN IN DIESEM GESPRÄCH ERREICHT WERDEN?
a) maximal: die Zusicherung der Zusammenarbeit
b) minimal: die genannten Punkte anzusprechen

3. WELCHE URSACHEN SPIELEN BEI DEM KONFLIKT EINE ROLLE?
a) zunächst einmal, dass Angela Frau Eifer nur phasenweise vorgesetzt ist
b) dass Frau Eifer länger im Betrieb ist als sie
c) dass Herr Boss quasi nebenbei von ihr als Stellvertreterin gesprochen hat, nicht sichtbar signalisiert hat, dass er hinter ihr, Angela, steht. Vermutlich hatte er auch gar kein Gespräch mit Frau Eifer? Oder sie mit ihm? Hat er Frau Eifer vor vollendete Tatsachen gestellt? Sie, Angela, ohne Vorbereitung auf die Bühne geschickt? Reagiert Frau Eifer nun an Angela ab, was eigentlich Herr Boss zu verantworten hat und an seine Adresse gerichtet sein sollte? Ist Angela das Opfer mangelhafter Kommunikation?

An diesem Punkt angelangt, wird unter den KollegInnen heftigst diskutiert, wird die bis dahin klar strukturierte Gesprächsvorbereitung unterbrochen und der Hintergrund noch einmal anders beleuchtet. Plötzlich erscheint Herr Boss als Konfliktauslöser, Frau Eifer eher als bemitleidenswert. »Das mag ja alles sein«, meint Frau Sozi, »aber in diesem Gespräch mit Frau Betriebsrat kann es nur darum gehen, WAS Frau Eifer tut, und nicht, WARUM sie es tut, und schon gar nicht, was Herr Boss vielleicht getan hat oder nicht getan hat. Es ist wichtig, das inakzeptable VERHALTEN in den Vordergrund zu stellen; über die Konfliktursachen und die dahinter stehende Motivation kann zu einem späteren Zeitpunkt im Rahmen einer Konfliktlösung verhandelt werden, an der natürlich auch Herr Boss beteiligt sein muss.«

Angela wird jetzt klar, dass erst einmal »Verhandlungsbereitschaft« auf beiden Seiten da sein muss, damit Lösungsmöglichkeiten eine Chance haben. Frau Ruhig schließt sich an: »Bei einem Lösungsversuch im ersten Anlauf kann es nicht um eine endgültige Bereinigung der gesamten Problematik gehen, dafür ist sie zu vielschichtig. Wenn alle Aspekte in einen Topf geworfen werden – Mobbing, das Recht von Angela auf die Anerkennung ihrer Position UND der (berechtigte?) Wunsch von Frau Eifer nach der Anerkennung ihrer Fähigkeiten –, das kann ja gar nicht klappen! Dafür bräuchten wir einen Dompteur, der wahrscheinlich sehr bald fluchtartig die Arena verlassen würde.« »Das wird mir bald alles zu kompliziert«, meint Herr Kumpel, »können wir bis hierher mal alles zusammenfassen?« Frau Sozi versucht wieder eine Linie hineinzubringen: »Mobbing signalisiert, dass es einen Konflikt gibt, in dem zwei Konfliktparteien unterschiedliche Interessen haben. Da gilt es, herauszufinden, was diese Interessen sind, und sie zu benennen; weiterhin, inwieweit diese Interessen verhandelbar und vereinbar sein können. Davor aber ist es notwendig, gegen die Methoden anzugehen, die Frau Eifer einsetzt, um ihr Interesse durchzusetzen. Das heißt, dass sich Angela ganz entschieden gegen die Angriffe von Frau Eifer wehren und sich dagegen verwahren sollte. Wenn Frau Eifer dann ihre Angriffe einstellt, kann Angela sich überlegen, ob und wie sie einen Beitrag zur Lösung des dahinter verborgenen Konflikts leisten kann.« »Puh«, denkt Angela, »schon wieder eine Entscheidung.« Aber die Richtung wird ihr klar:

1. GESPRÄCH MIT FRAU BETRIEBSRAT vor dem Hintergrund der oben besprochenen Inhalte

2. GESPRÄCH MIT FRAU EIFER mit dem Ziel, ihr ihre Handlungsweise klarzumachen und sich dagegen zu verwahren. Aber auch Gesprächsbereitschaft zu signalisieren, was den Konflikt betrifft.

3. Gespräch mit Frau Betriebsrat

a) War das Gespräch mit Frau Eifer erfolgreich, ist der nächste Schritt, eine Basis für eine Konfliktlösung herzustellen. Herr Boss und Frau Miniboss müssen spätestens jetzt über den Stand der Dinge informiert und hinzugezogen werden. Folgende Fragen sind unter anderem zu klären:
- Wie könnte eine »Konfliktlösungskommission« zusammengesetzt sein?
- Wer sollte den Vorsitz führen?
- Sollten externe BeraterInnen eingebunden werden?

b) War das vorherige Gespräch nicht erfolgreich, hat Angela eine Abfuhr bekommen und das Mobbing geht unvermindert weiter, könnte Frau Betriebsrat mit Frau Eifer reden und ihr die Situation mit allem Nachdruck vor Augen führen. Angenommen, auch dieses Gespräch würde scheitern, wäre Herr Boss gefragt, und zwar zunächst nicht als möglicher Vorsitzender einer Konfliktlösungskommission, sondern als Chef. In dieser Funktion könnte er, wenn Frau Eifer immer noch auf ihrem Standpunkt beharrt und ihr Verhalten herunterspielt oder leugnet und dennoch beibehält, Sanktionen aussprechen.

Angela hat den Handlungsfaden, den roten Faden, an dem sie sich entlang hangeln kann, ein Stückchen weitergesponnen. Im weiteren Verlauf sind (mindestens!) zwei Varianten möglich. Eine, die zum Verbleib von Angela in ihrer Position führt, und eine, die trotz intensiver Bemühungen mit ihrem Weggang endet. Wovon wird es abhängen, ob das eine oder das andere eintritt? Vom Verhalten jeder und jedes einzelnen, die mit dieser Entwicklung in irgendeiner Form zu tun haben. Wird es Frau Eifer möglich sein, ihr Verhalten zu reflektieren und den Konflikt offen auszutragen? Werden Frau Betriebsrat und Herr Boss Mobbing in einen lösbaren Konflikt umformen können? Werden die KollegInnen Angela weiter unterstützen? Und wird Angela bereit und in der Lage sein, mit einer »gemäßigten« Frau Eifer zu arbeiten? Oder wird der Konflikt letztendlich weiter personalisiert, bis für eine von beiden nur die Kündigung bleibt?

Alles ist denkbar. Doch ein Ziel wird Angela erreicht haben: Sie hat sich der Situation gestellt und eine Entscheidung getroffen. Und das, was ihr am wichtigsten war, ihre Würde hat sie sich bewahrt, sie ist aktiv geworden und hat sich aus der ihr zugedachten Opferrolle herausbewegt.

»Ich legte mehr Standfestigkeit und Power an den Tag … Ich entwickelte 'ne ganz große Power in mir, dass ich dachte, hier steh ich jetzt und ich lass mich hier nicht mehr klein kriegen. Also, das war ganz enorm! Ich hab für mich selber festgestellt, dass ich plötzlich wuchs innerlich.«
Annette L., 32 Jahre alt, Erzieherin

Die Sekundärstrategie

Während die Primärstrategie eine Struktur anbietet, sich mit der Mobbingsituation auseinanderzusetzen, bietet auch Mobbing – wie jede Krise – Chancen zur persönlichen Weiterentwicklung. Diese Selbstreflexion anhand der Faktoren »Wahrnehmung«, »Überzeugungen« und »Konfliktverhalten« nennen wir Sekundärstrategie.

KRISE UND LÖSUNGSASPEKTE

Das Wort »Krise« kommt aus dem Griechischen (krisis) und bedeutet »Entscheidung«. In den meisten Nachschlagewerken wird Krise außerdem übersetzt mit »Wendepunkt« bzw. »Höhepunkt«.

Setzen wir diese drei Worte in Bezug zueinander, so könnte man sagen: angekommen am Höhepunkt oder Wendepunkt kommt es zu einer Entscheidung, aufgrund derer wir eine Weile »verschnaufen«, um über kurz oder lang einem weiteren Höhepunkt beziehungsweise Wendepunkt zuzustreben, an dem eine weitere Entscheidung fällig ist, und so weiter, und so weiter.

Leben ist also eine ständige Abfolge von Episoden, bestehend aus Wendepunkten und Entscheidungen. Krise gehört zum Leben. Wir aber tun so, als ob das Leben ZWISCHEN den Wendepunkten das Erstrebenswerte ist, und Krisen am besten zu vermeiden seien, denn: »Was kommt danach?« Wir richten also unser Augenmerk auf die Zeit zwischen den Krisen und setzen viel ein, um diese Zeit möglichst lang andauern zu lassen. Allein durch die Dauer dieser Zeit erwerben wir Sicherheit, glauben uns auf sicherem Terrain zu bewegen. Die Qualität im Erleben dieser »Zwischenzeit« verliert mit zunehmender Länge an Bedeutung, wir können uns an eine langjährige bereichernde Beziehung genauso »gewöhnen« wie an eine belastende Arbeitsplatzsituation. Im letzteren Fall »gewöhnen« wir uns so sehr an das Belastende, finden uns damit ab, dass wir sogar unsere innere Stimme ignorieren, die da sagt: »Unternimm etwas!«

»... das ist ja ganz oft der Fall, das Nicht-Ernst-Nehmen und es noch irgendwie zu deckeln, sich selber etwas vormachen. (...) Dieses Verhaftetsein in der Krise

hat ein starkes Motiv, weil es einfach einen starken Gewinn bedeutet, oder umgekehrt, weil es einen nicht zu ertragenden Verlust bedeuten würde, diese Strategie zu verlassen.«[1]

Wir investieren viel Energie, um einem sich abzeichnenden Wendepunkt auszuweichen. Festhalten statt loslassen? Warum ignorieren wir häufig sich anbahnende Krisen? Warum denken wir so häufig: »Wendepunkt« bedeutet eine Wende zum Schlechteren?

»Krise« ist vom Wort her etwas Neutrales. Es bleibt uns überlassen, was wir aus Krisen machen, und wenn sie unvermeidbar sind, uns auf den Umgang mit ihnen einzurichten. Es geht also um sinnvolles Festhalten und rechtzeitiges Loslassen und vor allen Dingen darum, das eine vom anderen zu unterscheiden.

Krisen können uns den Boden unter den Füßen entziehen, sie lösen Angst aus. Warum ist das so, wenn doch Krise keinerlei Aussage über die Zukunft beinhaltet? Genau deswegen, denn Krisen sind Wendepunkte mit ungewissem Ausgang. Diese Ungewissheit erzeugt Angst. Die Angst, die sich auf die gegenwärtige Situation bezieht, wird in der Fantasie auch in die Zukunft hineingetragen und kann zu Panik führen.

In der Krise ist nichts mehr so wie es war. Krise bedeutet dann Verlust von Gewohntem, Verlust von Sicherheit. Krisen können dadurch unser Selbstwertgefühl und unsere Identität bedrohen. Für viele Menschen ist der Beruf die wichtigste Quelle für ihr Selbstwertgefühl, er bildet die Grundlage ihrer Identität. Das Bedürfnis, wichtig und nützlich zu sein, die eigenen Fähigkeiten unter Beweis zu stellen, einer Gruppe anzugehören und dort Anerkennung zu finden, haben wir alle. Stillen wir unser Bedürfnis nach Anerkennung ausschließlich durch Arbeit, besteht die Gefahr, dass der gesamte Selbstwert und die Identität von dort gespeist werden. Identität und Arbeit sind dann untrennbar miteinander verknüpft. Wir SIND sozusagen die Arbeit, und befinden uns (meist unbewusst) in einer Abhängigkeit.

Wenn es nun zu einer krisenhaften Zuspitzung im Berufsleben kommt, beispielsweise zu einer Mobbingsituation, wird die dort erworbene Identität nachhaltig erschüttert und bedroht. Je höher der Grad der Erschütterung, desto mehr konzentrieren wir uns auf den Ist-Zustand und halten an ihm fest. Dadurch steigern wir die Angst und errichten eine immer größere Barrikade, die die Sicht auf positive Zukunftsvisionen versperrt.

1 Rosmarie Priet, Diplom-Psychologin, Beraterin und Koordinatorin der Opferberatungsstellen im Land Brandenburg

Festhalten als Überlebensstrategie? Was macht das Loslassen von Situationen, die als bedrohlich erlebt werden, so schwer? Warum lassen wir nicht mit Begeisterung los, um uns von der Bedrohung zu befreien? Weil die Gegenwart, so bedrohlich und angstauslösend sie auch sein mag, uns bekannt und in gewisser Weise berechenbar ist. Sie ist nach wie vor Bestandteil unserer Identität, sie ist da. Die Zukunft kann noch nicht Bestandteil unserer Identität sein, weil sie schließlich noch nicht da ist, sie ist ungewiss.

Mit dem Höhepunkt einer Krise geht eine Zeit der Orientierungslosigkeit einher. Wenn die Zukunft noch keine Konturen hat, wir uns in einer Art Niemandsland bewegen, wissen, dass etwas zu Ende geht, aber noch keinen Schimmer haben, wie es weitergehen kann, sind wir versucht, diese Zeit so kurz wie möglich zu halten, sie möglichst schnell zu überwinden. Doch sie ist enorm wichtig, sie schafft den so wichtigen Abstand zwischen zwei Lebensabschnitten.

Wir können den vergangenen Krisen-Abschnitt ausleuchten und durch Selbstreflexion mehr über uns erfahren. Wie geht das? Beispielsweise, indem wir über das Geschehene erzählen, es in Worte fassen. Wenn wir das tun, treten wir aus dem passiven Erleben heraus, nehmen eine aktive Haltung ein, wir werden zu Handelnden. Wenn wir in der Gegenwart über die Vergangenheit erzählen, bekommt die Situation außer dem bisherigen krassen Schwarz-Weiß-Bild immer mehr Schattierungen, wir stellen andere, bis dahin noch nicht gesehene Zusammenhänge her und bewerten neu, es stellen sich andere Gefühle ein und wir gewinnen dem vergangenen Geschehen immer mehr neue Aspekte ab. (Einen ähnlichen Effekt haben übrigens auch tagebuchähnliche Aufzeichnungen.)

Irgendwann kommt es dann dazu, dass wir wissen, was wichtig wäre, in die Zukunft hineingetragen zu werden. Wir können, bevor wir das nächste Kapitel aufschlagen, überdenken: Wie soll es weitergehen? Neuanfang, Neubeginn ist nie so neu, wie wir hoffen oder fürchten. Wir nehmen uns und unsere gewachsene Identität immer mit in die neue Lebensphase. Neubeginn heißt, die alte Identität mit der neuen zu verschmelzen und frühere Erfahrungen so zu integrieren, dass sie ein Gewinn sind.

Eine Meisterin von Krisen zeichnet sich nicht durch hartnäckiges Festhalten oder abruptes Loslassen aus, sondern durch das Finden des rechten Maßes von beidem zur rechten Zeit, einem Loshalten im Festlassen gewissermaßen.

Lösung heißt nicht, von einem Tag auf den anderen einen fix und fertigen Ersatz für eine unhaltbare Situation zu haben. Lösung beschreibt vielmehr auch den Abnabelungsprozess von eben dieser Situation. Mit anderen Worten: Lösung braucht ZEIT. Es ist wichtig, den EMOTIONEN Zeit zu geben, den aggressiven, traurigen, verzweifelten und auch den selbstmitleidigen. Statt diesen Gefühlen Zeit und Raum zu geben, verdrängen und übertünchen wir sie, wollen sie so schnell wie möglich in den Griff bekommen, weil wir glauben »für so was« keine Zeit zu haben. Wir investieren stattdessen Zeit in die Suche nach DEM genialen Einfall, nach dessen Umsetzung alles wie früher sein soll, nur noch besser. Emotionen werden als hinderliche Störfaktoren auf der Suche nach einer Lösung betrachtet. Nach landläufiger Meinung stehen Gefühle einer vernünftigen Lösung im Wege. Diese Auffassung ist falsch. Emotionen sind keine lästige Begleiterscheinung, sondern liefern uns wertvolle Informationen. Wer seine Gefühle deutlich erkennen und verarbeiten kann, wer sie angemessen ausdrückt und schließlich zu regulieren lernt, profitiert von ihrer Weisheit. Emotionale Kompetenz beginnt mit Achtsamkeit: Was genau geht in mir vor? Was fühle ich überhaupt? Viele weichen der Aufgabe aus, das eigene Gefühlschaos zu sortieren, sie stürzen sich zu schnell in Aktionismus oder verharren in einer Art Selbstlähmung.

Wenn wir von Lösungen sprechen, ist ein weiteres wichtiges Stichwort VERANTWORTUNG. Krisen gehen oft mit Schuldgefühlen und Selbstanklagen einher. »Hätte ich doch nur …«, »Wäre ich doch damals …« sind beliebte Sätze, die aber zu nichts führen, weil es Ihnen damit noch schlechter geht. Außerdem haben gerade bei Mobbingkrisen andere erstaunlich viel Zeit dazu aufgewendet, Sie glauben zu machen, an ALLEM schuld zu sein. Wollen Sie nun denen glauben, von denen Sie sowieso nichts (mehr) halten? Oder wollen Sie doch lieber wieder auf sich selbst hören? Wenn man erst einmal glaubt, alles Unglück habe man nur sich selbst zu verdanken, kann man auch nicht mehr an die eigene Fähigkeit glauben, Krisen zu meistern.

»Wenn ich erlebe, dass Menschen aus der Krise wieder herausfinden, dann aufgrund einer Zuspitzung, aufgrund eines enormen Drucks. (…) Es geht darum, dass wieder Sätze gesagt werden wie: Ich hab' mein Leben im Griff, ich kann es beeinflussen, ich bin verantwortlich.«[2]

2 Rosemarie Priet

Es gilt, sich auch einmal die externen Faktoren anzuschauen und die Verant-wortung wieder auf alle beteiligten Schultern zu verteilen, um dann mit dem, was man an Eigenverantwortung erkennt, verantwortlich umzugehen. Also raus aus der Opferrolle – wir haben immer den vielbeschworenen eigenen Anteil an einem Szenario, aber wie das Wort schon sagt: eben NUR einen Teil; und für genau diesen Teil, aber auch nur für diesen, die Verantwortung.

Eine »gute« Lösung ist immer INDIVIDUELL. Sie ist genauso gut wie die Krisenbetroffene sie empfindet. Das kann für die eine das Festhalten an dem Arbeitsplatz sein, verbunden mit dem Loslassen von bestimmten An-sprüchen, für die andere das Loslassen des Arbeitsplatzes, aber das Fest-halten an ihren Ansprüchen. Beides ist eine »gute« Lösung, wenn sie von der betreffenden Person, und nur von ihr, als »gut« empfunden wird. Die Frage, die sich in einer Krise stellt, lautet also nicht: »Wie löst MAN das?«, sondern: »Wie löse ICH das?«.

»Als man Ch'hâ fragte: ›Wo ist dein Ohr?‹, da griff er mit seiner rechten Hand über seinen Kopf, berührte sein linkes Ohr und sagte: ›Es ist hier.‹ ›Aber warum nimmst du deinen rechten Arm?‹, fragte man ihn. ›Warum nimmst du nicht deine linke Hand, die sich doch auf der selben Seite befindet wie dein linkes Ohr?‹ ›Wenn ich es machte wie alle anderen‹, antwortete Ch'hâ, ›dann wäre ich nicht mehr Ch'hâ.‹«[3]

Im folgenden Abschnitt nehmen wir vier Aspekte, die wichtig sind, um zu gelingenden Lösungen zu gelangen, genauer unter die Lupe: die Faktoren WAHRNEHMUNG – ÜBERZEUGUNG – KONFLIKTVERHALTEN – ZIELE.

LÖSUNGSFAKTOR WAHRNEHMUNG

»Alles, was uns umgibt, ist so vielseitig, so unergründlich, dass es uns niemals gelingen wird, alles zu erfassen und bis in alle Einzelheiten wahrzunehmen. Deshalb entscheiden wir dauernd, ob bewusst oder unbewusst, was wir wahr-nehmen und was wir übersehen.«[4]

(Carlos Castaneda)

3 Jean-Claude Carrière, 2000, S. 40, »DIE WELT IST WAS SIE IST«
4 zitiert nach: Gundl Kutschera, 1995, S. 236, »TANZ ZWISCHEN BEWUSST-SEIN & UNBEWUSST-SEIN«

Der Begriff »Wahrnehmung« enthält das Wort »wahr«. Oft glauben wir, dass das, was wir wahrnehmen, wahr und demnach »richtig« sei. Stellen Sie sich vor, einige Freundinnen verbringen einen Tag an der See. Nach einer zweistündigen Strandwanderung kehren sie in ein Gasthaus ein. Bei einer Tasse Tee lassen sie die vergangenen Stunden Revue passieren. Heide schwärmt von dem satten, von den Schafen kurz gehaltenen Rasen im Deichvorland, auf dem sich sicherlich wunderbar Golf spielen ließe. Gabi, die schon mit Urlaubsplänen beschäftigt ist, hat mehr oder weniger die ganze Zeit die Fähre von Cuxhaven nach Harwich beobachtet, bis sie sie aus den Augen verlor. »Was Ihr so alles seht! Habt Ihr überhaupt mitbekommen, wie wundervoll würzig die Luft riecht?«, fragt Marlene. »Würzig findest du das? Ich finde, hier stinkt's ziemlich nach Fisch!«, meint Christa. Für sie war das Schönste an diesem Spaziergang, im warmen Sand nach Muscheln zu suchen. »Wo hast du die denn alle gefunden?« – »Ja, wenn ich immer nur nach imaginären Golfplätzen oder Schiffen Ausschau hielte ...«

An diesem Beispiel wird deutlich, dass jede der Freundinnen ihre Wahrnehmung in eine bestimmte Richtung lenkt. Die Frauen konzentrieren ihre Wahrnehmung auf das für sie jeweils Wesentliche, gleichzeitig entgehen ihnen andere mögliche Eindrücke. Im Laufe unseres Lebens gewöhnen wir uns daran, unsere Wahrnehmung zum Dreh- und Angelpunkt zu machen und neigen dazu, diese Sichtweise für die einzig mögliche und damit auch einzig wahre, und sowieso für die einzig richtige zu halten.

Wahrnehmen an sich ist zunächst ein neutraler, wertungsfreier, aber höchst komplexer Vorgang. Über unsere Sinnesorgane nehmen wir Reize auf, die an unser Gehirn weitergeleitet werden. Dort werden sie sortiert, zugeordnet und mit bereits vorhandenem Wissen abgeglichen. Es findet eine Reizauswahl statt. So schützen wir uns davor, von der Menge an größtenteils unnützen, belanglosen Reizen und Informationen überwältigt und verwirrt zu werden. Und das ist auch gut so. Das Risiko besteht allerdings darin, Situationen nicht mehr umfassend sehen zu können. Was wir für DIE Wahrnehmung halten, ist letztendlich UNSERE, sehr subjektive Wahrnehmung. Sie ist zu achtzig Prozent das Produkt unserer spezifischen Verarbeitung und beruht nur noch zu zwanzig Prozent auf den ursprünglich erhaltenen Reizen und Informationen.

Warum unterscheidet sich unsere Wahrnehmung aber auch dann von der Wahrnehmung anderer, wenn unsere Aufmerksamkeit sich mit denselben Dingen beschäftigt? Im Laufe unseres Lebens machen wir Erfahrungen, die sich zu bestimmten Einschätzungen verdichten. Diese Einschätzungen werden zu Überzeugungen, die sich verfestigen, und je stärker sie sich verfestigen, desto mehr filtern wir die Informationen heraus, die uns an unseren Urteilen zweifeln lassen könnten ... weil nicht sein kann, was nicht sein darf.

Nehmen Sie an, Rosemarie und ihre Freundin besuchen eine andere Freundin auf dem Land, die sich gerade einen Schäferhund zugelegt hat. Beim Gang durch den Garten springt der plötzlich um die Ecke und kommt schwanzwedelnd auf Rosemarie und ihre Begleiterin zu. Bei Rosemarie schrillen sofort sämtliche Alarmglocken. Stocksteif bleibt sie stehen, wohingegen ihre Freundin Entzückensrufe ausstößt und anfängt, mit dem Hund herumzutollen. Wie kommt es zu solch unterschiedlichen Reaktionen? Blitzschnell und ohne es bewusst zu steuern trifft die Wahrnehmung »Hund« bei Rosemarie auf eine bei anderer Gelegenheit gemachte Erfahrung »Hund = beißen = Gefahr«. Sie verknüpft also ihre Wahrnehmung »Hund« mit einer für sie emotional bedeutsamen Erfahrung, nämlich mit »Angst«. Ihre Begleiterin hat andere Erfahrungen mit Hunden, vielleicht »Hund = spielen = Freund«. Beide Besucherinnen hatten zwar die gleiche Ausgangssituation im Garten der Freundin (Wahrnehmung »Hund«), aber beide nehmen die Situation so wahr, wie sie sie immer wahrgenommen haben. Sie verknüpfen ihre Wahrnehmung mit guten bzw. schlechten Erfahrungen und reagieren entsprechend. Sie sorgen also dafür, dass die Wahrnehmung zu ihren jeweiligen »Hundeweltbildern« passt.

Was hat Wahrnehmung mit Veränderung zu tun? Unsere Vorstellungen, die wir über die Welt haben, bestimmen unser Handeln. Mit unserem Handeln wiederum bestätigen wir unsere Vorstellungen. Indem wir unsere Wahrnehmung durch die immer wieder gleichen Filter passieren lassen, machen wir uns unempfindlich und möglicherweise sogar immun gegenüber Veränderungen. Wir sehen, was wir sehen wollen und hören, was wir hören wollen. So hindern wir uns daran, Dinge neu zu sehen oder zu hören, neu in dem Sinne, dass sie von dem bisher Wahrgenommenen abweichen und zu anderen Erfahrungen führen würden. Dadurch vermeiden wir auch, dass wir mit unseren Überzeugungen konfrontiert werden. Werden wir nicht mit unseren Überzeugungen konfrontiert, brauchen wir uns auch nicht zu ändern. Jede Veränderung würde eine Neubewertung beziehungsweise Neukonstruktion von Überzeugungen nach sich ziehen. Da unsere

Überzeugungen wiederum unsere Wahrnehmung beeinflussen, ist es hilfreich, sich dieses Vorganges bewusst zu werden. Wenn wir Veränderung anstreben, macht es Sinn, unsere Wahrnehmungsfähigkeit zu erweitern. Erweitern wir unsere Wahrnehmung, können wir Situationen flexibler interpretieren, zu veränderten Überzeugungen gelangen, unsere Konfliktfähigkeit erhöhen und unsere Ziele freier wählen.

»Die besten Entdeckungsreisen macht man nicht in fremden Ländern, sondern indem man die Welt mit neuen Augen betrachtet.«
(Marcel Proust)

LÖSUNGSFAKTOR ÜBERZEUGUNGEN

»Ein Psychiater behandelte einen Mann, der glaubte, er sei eine Leiche. Trotz allen logischen Argumenten des Psychiaters hielt der Mann an seinem Glauben fest. Dem Blitz einer plötzlichen Eingebung folgend, fragte der Psychiater den Mann: ›Können Leichen bluten?‹ Der Mann antwortete: ›Das ist doch lächerlich! Natürlich können Leichen nicht bluten.‹

Nachdem er um Erlaubnis gefragt hatte, ritzte der Psychiater dem Mann in seinen Finger und drückte einen Tropfen Blut heraus. Der Mann schaute äußerst verwundert auf seinen blutenden Finger und rief: ›Verdammt noch mal, Leichen bluten doch!‹«[5]
(Abraham Maslow)

Was sagt uns diese Geschichte? Die Überzeugung des Mannes, er sei eine Leiche, ist so manifest, dass selbst sein Wissen, dass Leichen nicht bluten können, ihn nicht von seiner Überzeugung abzubringen vermag.

Unsere Überzeugungen, wir können sie auch als Glaubenssätze bezeichnen, sind die verschiedensten Leitideen, die wir für wahr halten und als Grundlage für unser Verhalten benutzen. Einige Glaubenssätze teilen wir mit anderen Menschen, wir müssen uns beispielsweise nicht immer wieder neu bestätigen, dass Feuer brennt oder Wasser nass ist. Aber nicht alle Erfahrungen sind so universell wie die Naturgesetze. Überzeugungen haben unterschiedlichste Quellen, unter anderem speisen sie sich aus bereits

5 zitiert nach: Monika Kalins, Doris Röschmann: ICEBREAKER. WEGE BAHNEN FÜR LERNPROZESSE, Hamburg: Windmühle Verlag und Vertrieb, 1. Auflage, 2000, S. 87

gemachten Erfahrungen, aus Vergangenheitstraumata und aus unserer Erziehung. Wir kommen nicht darum herum, Überzeugungen zu entwickeln. Viele helfen dabei, im Leben zurecht zu kommen und es zu genießen, manche können uns aber auch behindern. Es gibt also weder gute noch schlechte Überzeugungen, es gibt Überzeugungen, die jeweils IN BEZUG zu einem gegebenen Kontext für uns hilfreich sind oder uns einengen.

Überzeugungen sind Glaubenssätze und haben mit Glauben zu tun. Wir verwenden das Wort »glauben« auf unterschiedliche Art:
- Glauben im Sinne von VERTRAUEN HABEN: Ich glaube an einen Menschen.
- Glauben im Sinne von FÜR GEWISS HALTEN: Ich glaube, dass es ein Leben nach dem Tod gibt.
- Glauben im Sinne von VERMUTEN: Ich glaube, es wird regnen.

Unsere Überzeugungen können sich beziehen auf:
- die Wahrnehmung unserer Mitmenschen: BeamtInnen sind faul. Papa hat immer Recht.
- uns selbst: Ich werde nie allein klarkommen. Irgendwie schaffe ich es immer.
- die Beurteilung von Situationen oder des Lebens ganz allgemein: Das Leben ist hart, aber ungerecht. Das Leben bringt mir immer wieder wunderbare Erfahrungen.
- das, was frau tun oder lassen soll: Frau soll anderen Leuten nicht auf die Nerven gehen. Frau muss anderen entgegenkommen.

Haben wir aus diesen Hintergründen heraus einschränkende Überzeugungen entwickelt (»Ich bin wieder mal ein Opfer der Umstände.«), blockieren wir uns möglicherweise in Krisensituationen. Wir machen gar nicht den Versuch, die Situation auf eine andere Art und Weise zu betrachten. Offene und damit veränderbare Überzeugungen (»Ich hinterfrage die Umstände.«) mobilisieren dagegen unsere Fähigkeiten. Es gibt ein Sprichwort, das besagt: »Ob du glaubst, dass du etwas tun kannst, oder ob du das nicht glaubst ... DU HAST IMMER RECHT.«

Aus der Wahrnehmung heraus entwickeln wir unsere Überzeugungen, die wir bezüglich Konflikten haben. Wir können uns Wahrnehmung als zentralen Punkt vorstellen, der umkreist wird von den Polen Überzeugung und Konfliktverhalten. Jeder dieser Pole steht mit dem jeweils anderen in einer Wechselbeziehung.

Aus der Wahrnehmung heraus entwickeln sich auch unsere Ziele, denn wir können nur das anstreben, was uns unsere Wahrnehmung zugänglich macht und unsere Überzeugung uns »erlaubt«. Wenn wir etwas erreichen wollen, gehen wir bestimmte Wege, wir verhalten uns so, wie wir meinen, am besten dorthin kommen zu können. Stellt sich diesem Ziel ein Konflikt in den Weg, versuchen wir manchmal ihn zu ignorieren, wir »meiden« ihn, doch dummerweise stellt er sich nun umso störrischer in den Weg. Manchmal »tragen wir ihn aus«, in dem Wissen, dass er bereinigt werden muss, damit wir weiter auf unserem Weg gehen können. Wir legen dazu ein ganz bestimmtes Konfliktverhalten an den Tag, und richten es nicht immer danach aus, ob es Erfolg versprechend ist. Unsere Überzeugung weist uns den Weg und schränkt unsere Wahrnehmung umso mehr ein, je auswegloser unsere Versuche werden.

Es ist, als ob wir mit dem Kopf gegen eine Wand rennen. Wir sehen die Wand, haben eine Vorstellung davon, wie es hinter dieser Wand aussehen könnte, ignorieren ihr stabiles Aussehen, und trotzdem weichen wir nicht zurück und versuchen immer wieder, die Wand zu durchdringen: unser Wunsch kollidiert mit der unnachgiebigen Realität. Enttäuschung ist die Folge. Wie viel Enttäuschung sind wir nun bereit hinzunehmen?

Haben wir uns eine besonders schlimme Beule geholt, nehmen wir zwar zunächst Abstand, holen uns Zuspruch von Menschen, die mit uns der Meinung sind, das müsste doch zu schaffen sein, pflegen unsere Wunden, holen tief Luft, nehmen diesmal einen größeren Anlauf, und doch, an der Wand blättert noch nicht einmal ein bisschen Putz ab. Wie kann das sein?

Erst, wenn uns die Kraft fehlt und wir davon ausgehen, dass wir einen weiteren Versuch nicht durchstehen können, halten wir inne und überdenken die Konsequenzen unseres Tuns. Uns geht sozusagen die Puste aus. Jetzt fangen wir an, unsere Einstellung zum Geschehen, unsere Überzeugungen zu hinterfragen, und erkennen zwei Möglichkeiten. Entweder, wir suchen uns ein anderes Ziel als ausgerechnet diesen Raum hinter dieser Wand, oder wir überprüfen die Methode, mit der wir bisher versucht haben, die Wand zu überwinden. Wir fragen also nun: Was ist an dem Raum hinter der Wand so erstrebenswert, dass wir Verletzung auf uns nehmen, um hineinzugelangen? Oder wir überlegen, ob es vielleicht mit anderen Methoden gelingen könnte. In Krisensituationen fangen wir also an, unser Konfliktverhalten, sozusagen unsere Lösungsmethoden zu hinterfragen.

Um das tun zu können, brauchen wir Abstand, eine mentale Ruhepause. Einige erkennen schon im Vorfeld ihrer Planung, dass das bisher angewandte Verhalten nicht angemessen ist, manchen reicht dazu eine kleine Beule, andere wiederum halten erst inne, wenn die erlittenen Blessuren ihnen keine andere Wahl mehr lassen. Letztere erleben die dann erzwungene Ruhepause im Kampf mit der Wand als Niederlage, ziehen sich zurück, fühlen sich unfähig, versuchen sich damit abzufinden, dass ihre Methoden untauglich sind. Leichen bluten eben doch?

Was kann in dieser Ruhepause, ob nun geplant oder unfreiwillig, passieren? Wir beginnen, nach einem Ausweg zu suchen.

Möglicherweise, und sei es, weil es einfach zu blöd ist, immer nur auf diesen einen Punkt an der Wand zu starren, oder, weil wir es nicht länger ertragen können, uns so ausschließlich mit unserer vermeintlichen Niederlage zu befassen, fangen wir an, uns mit anderen Dingen zu beschäftigen. Dingen, die in Vergessenheit geraten waren, weil wir ausschließlich damit befasst waren, der Wand auf eine ganz bestimmte Art und Weise zu Leibe zu rücken. Die Folgen:
1. Unsere Sicht auf das Geschehen erweitert sich;
2. Aus dieser erweiterten Wahrnehmung heraus können wir andere Entscheidungen treffen.

Wir nehmen wieder wahr, was wir vorher übersehen hatten, nicht (mehr) sehen konnten.

Erschöpft lehnen wir uns zurück und sehen eine kleine Tür, etwa fünf Meter von der Stelle entfernt, gegen die wir angerannt waren. Misstrauisch nähern wir uns, wahrscheinlich ist sie abgeschlossen und zudem noch aus Stahl. Aber vielleicht auch nicht? Selbst wenn sie abgeschlossen ist, gibt es vielleicht einen Schlüssel? Es könnte sich lohnen, an dieser Stelle neue Versuche zu wagen. Zunächst einmal gehen wir zum Ausgangspunkt zurück, und schauen, ob es noch andere Möglichkeiten gibt, hinter die Wand zu gelangen. Der Blick wandert hoch, und wir entdecken doch tatsächlich, dass die Wand in etwa drei Meter Höhe aufhört. Wir könnten uns also auch nach einer Leiter umschauen, mithilfe derer die Wand zu überwinden wäre.

Warum können wir »plötzlich« Möglichkeiten sehen, die uns vorher verborgen waren? Die Überzeugung »Es gibt nur diesen Weg« hat sich verändert. Wir können Dinge wahrnehmen, die wir im Eifer des Gefechts völlig außer Acht gelassen haben. Erst mit dem mehr oder weniger erzwungenen

Innehalten haben wir uns die Chance gegeben, den Mut gefunden, unsere Überzeugungen und unser Konfliktverhalten zu überprüfen. Und in dieser »Denkpause« wurden wir wieder offen für die Wahrnehmung von Alternativen, um daraus eine Überzeugung zu entwickeln, die die Überwindung der Wand ermöglicht.

»›Das kann ich nicht glauben!‹, sagte Alice.

›Nein?‹, sagte die Königin mitleidig. ›Versuch es noch einmal: tief Luft holen, Augen zu …‹

Alice lachte. ›Ich brauche es gar nicht zu versuchen‹, sagte sie. ›Etwas Unmögliches kann man nicht glauben.‹

›Du wirst eben darin noch nicht die rechte Übung haben‹, sagte die Königin. ›In deinem Alter habe ich täglich eine halbe Stunde darauf verwendet. Zuzeiten habe ich vor dem Frühstück bis zu sechs unmögliche Dinge geglaubt.‹«[6]

(Lewis Carroll)

LÖSUNGSFAKTOR KONFLIKTVERHALTEN

Wir haben alle unsere Erfahrung mit Konflikten, aber nicht allzu viele sind begeistert, wenn sie sich vor der Aufgabe sehen, Konflikte anzugehen. Konflikt ist ein Wort, das meist zwiespältige Reaktionen hervorruft. Und genau das bedeutet es auch: Zwiespalt.

Wir unterscheiden zwei Formen von Konflikten: innere, auch seelische Konflikte und zwischenmenschliche oder soziale Konflikte. Bei inneren Konflikten wirken Kräfte in uns, die in zwei verschiedene Richtungen streben. Dazu ein Beispiel:

Sabine bemerkt Freitag zur Feierabendzeit ihren kratzigen Hals und legt sich frühzeitig zu Bett. Am Samstagabend hat sie Fieber, die Nase läuft, die Bronchien rasseln, und sie fängt an, sich Gedanken zu machen, ob sie am Montagmorgen wohl zur Arbeit gehen kann. Einerseits müsste sie ihre Ärztin aufsuchen, sich aus dem Verkehr ziehen lassen, andererseits wartet ein Stapel von Akten auf ihrem Schreibtisch, um den sich dann die Kollegin kümmern müsste. Sie weiß nicht, was sie tun soll, schwankt zwischen der

---

6 zitiert in: Joseph O'Connor, John Seymour, 1998, S. 138, »Neurolinguistisches Programmieren: Gelungene Kommunikation und persönliche Entfaltung«

Sorge um sich und ihre Gesundheit und der Sorge um die Konsequenzen, die ein Wegbleiben nach sich ziehen würde.

Letztendlich führt sie ihr innerer Konflikt zu der Entscheidung, zur Arbeit zu gehen. Ein bisschen erwartet Sabine ja, dass die Kollegin ihren Arbeitseinsatz würdigt, indem sie ein wenig Rücksicht auf ihren Zustand nimmt. Aber nein, nachdem sie bis zur Mittagspause nicht allzu viel geschafft hat, schnauzt die Kollegin sie sogar an: »Trag deine Bazillen gefälligst woanders hin, du kommst doch eh nicht zu Potte vor lauter Schniefen.«

Das darf ja wohl nicht wahr sein, denkt Sabine, jetzt schleppt sie sich schon fiebrig zur Arbeit, und das ist nun der Dank! Wenn sie wie die Kollegin bei jeder Kleinigkeit zu Hause bliebe, dann säßen sie jetzt noch bei den Vorgängen vom letzten Jahr!

Aus Sabines innerem Konflikt hat sich ein zwischenmenschlicher Konflikt entwickelt, der mit neuen inneren Konflikten einhergeht. Einer davon könnte die Beschäftigung mit der Frage sein, wie sie sich im sich anbahnenden Konflikt mit der Mitarbeiterin und dessen Auswirkungen auf ihre kollegiale Beziehung verhalten soll.

Wie schon in den vorangegangenen Abschnitten beschrieben, ist unsere Reaktion auf Konflikte abhängig von unserer Wahrnehmung. Und wie nehmen wir Konflikte wahr? Betrachten wir sie als Herausforderung und nutzen sie als Chance, oder verleugnen wir die Signale und reagieren ängstlich und hilflos? Das wiederum hängt ab von unseren Einstellungen und Überzeugungen, die wir mit Konfliktbearbeitung erworben haben. Gelingende Konfliktbearbeitung lässt uns mutig werden und eher zu der Überzeugung gelangen, dass es sich lohnt, Konflikte aktiv anzugehen. Wenn die Konfliktbearbeitung dagegen misslingt, reagieren wir in den kommenden Konfliktsituationen eher ausweichend. Die Überzeugung, dass Konflikte etwas sind, dem man besser aus dem Weg geht, verfestigt sich. Wahrnehmung und Überzeugung verstärken sich also gegenseitig. Lohnt es sich überhaupt, aktiv zu werden? Ist mein Ziel erstrebenswert genug, um mir dafür einen »Schubs« zu geben, auch wenn meine Erfahrungen mit Konfliktbewältigung vielleicht nicht gerade positiv sind? Das würde möglicherweise etwas an der bisherigen Überzeugung »Konflikt führt zu Zerwürfnis« verändern und auch die Wahrnehmung in eine andere Richtung lenken.

Wenn Sie sich entschließen, in einem schwelenden Konflikt Position zu beziehen, können Sie auf sechs verschiedene Arten reagieren:

1. In den Kampf gehen

Das Ziel im Konflikt heißt: durchsetzen um jeden Preis
- weil der eigene Standpunkt so wichtig ist, dass Sie nicht bereit sind, ihn durch andere hinterfragen zu lassen.

2. Fliehen

Das Ziel im Konflikt heißt: damit nichts zu tun haben zu wollen
- weil es Ihnen nicht wert erscheint, sich mit dem Konflikt zu befassen;
- weil es nicht der richtige Zeitpunkt ist;
- weil Sie andere, für sich selbst wichtigere Interessen verfolgen.

3. Einen Kompromiss machen

Das Ziel im Konflikt heißt: Positionen entschärfen
- weil Sie hoffen, die Gegenseite kommt Ihnen in bestimmten Punkten entgegen, wenn Sie selbst von Ihrer Position ein wenig abrücken. Es findet also ein Tauschgeschäft statt.

4. Nachgeben

Das Ziel im Konflikt heißt: Sie möchten sich in jedem Fall einigen
- weil es Ihnen nichts ausmacht, eigene Ziele (vorläufig) hintenan zu stellen.

5. Delegieren

Das Ziel im Konflikt heißt: Sie wollen eine Lösung mit Hilfe anderer voranbringen
- weil Sie weder sich noch der Konfliktpartei zutrauen, konstruktiv mit dem Konfliktpotenzial umzugehen.

6. Einen Konsens erarbeiten

Das Ziel im Konflikt heißt: Eigene Interessen, wie auch die der anderen, in eine Lösung einfließen zu lassen
- weil Sie glauben, dass beide Seiten betroffen sind und durch eine neue Problemdefinition Vorteile haben werden.

Jedes der oben genannten Verhalten kann »richtig« sein; worauf es ankommt, ist, sich überhaupt zum Konflikt zu verhalten. Schon am Beginn der Überlegung »Wie reagiere ich?« nehmen Sie eine aktive Haltung ein, und das ist der springende Punkt! Es geht hierbei um das Abwägen von

Vor- und Nachteilen, das Überdenken der möglichen Konsequenzen, wenn Sie überlegen, wie Sie sich verhalten. Hier noch einige Fragen, die frau sich stellen kann, bevor Sie sich für ein Konfliktmuster entscheidet.

Kampf:
Ist die andere Konfliktpartei relativ friedlich und gesprächsbereit? Dann würde frau mit dem Konfliktmuster »Kampf« vielleicht mögliche Türen zuschlagen, die dann nicht wieder zu öffnen sind.

Flucht:
Ist das die angemessene Lösung? Stehen Sie auch in der Zukunft zu dieser Entscheidung?

Kompromiss:
Ist die Lösung nur das Ergebnis von langem »Hin und Her«, bei dem frau womöglich den Kürzeren ziehen wird?

Nachgeben:
Ist das nötig und sinnvoll? Ist Ihre eigene Position nicht doch stark genug, um mehr zu erreichen?

Delegation:
Ist es der richtige Zeitpunkt? Ist die Vermittlerin die »richtige« Person?

Konsens:
Das ist sozusagen der Königinnenweg für Konfliktlösung. Die Win-Win-Lösung bietet die Voraussetzung dafür, dass bei niemandem ein schaler Nachgeschmack bleibt.

Wenn wir das Gefühl haben, unmittelbar handeln zu müssen, sind es natürlich nicht in erster Linie Überlegungen, die unser Verhalten bestimmen. Wir alle haben sogenannte »bevorzugte Konfliktstile«, die wir unter Stressbedingungen einsetzen. Wir neigen dann dazu, in vertraute Muster zu fallen. Diese sehr vereinfachten Grundmuster sind nicht dazu gedacht, Menschen in Schubladen zu packen, sondern sensibel für unsere Unterschiedlichkeit zu werden und respektvoll und unterstützend damit umzugehen. Um Ihrem »Muster« näher zu kommen, lesen Sie bitte folgendes Märchen.

DAS MÄRCHEN VON DER SUCHE NACH DEM KÖNIGSSOHN[7]

Es waren einmal ein König und eine Königin, die lebten mit ihrer kleinen Tochter Flora glücklich und zufrieden; und alle, die mit ihnen im Schloss wohnten, hatten Teil an diesem Glück. Und alle Menschen, die in diesem kleinen Königreich lebten, liebten ihre gütige Königin und auch ihren treu sorgenden König.

Vor allem aber liebten sie ihre kleine, fröhlich lachende Prinzessin. Wenn Flora Geschichten von fremden Ländern las und sich die Bilder dazu anschaute, konnte es sein, dass sie zu ihren Eltern sagte: »Es gibt viele schöne und interessante Dinge auf dieser Welt, aber am allerschönsten ist es hier bei uns. Niemals werde ich von hier weggehen.« Wenn dann die Eltern zu ihr sagten: »Einmal wird dir unsere kleine Welt nicht mehr genügen. Einmal wird jemand dir begegnen, und der wird dir wichtiger sein als deine Eltern und als das Schloss mit allem, was dazu gehört. Dann wirst du uns verlassen.« Da lachte Flora nur laut und rief: »Das wird niemals geschehen!« So vergingen die Jahre und nichts trübte ihr Glück.

Als Flora fast erwachsen war, sollte ihr Geburtstag mit einem großen Fest gefeiert werden. Dazu musste viel auf dem Markt eingekauft werden. Flora machte es großen Spaß, den Koch bei seinen Einkäufen zu begleiten. Sie ließ sich dabei mit den vielen Menschen wie in einem Strom dahintreiben und lauschte dem Durcheinander der Stimmen.

Inmitten dieses lauten Stimmengewirrs hörte sie auf einmal eine traurige Melodie. Ein fahrender Sänger beklagte in seinem Lied das schlimme Schicksal eines jungen Königssohnes, der von einem mächtigen und grausamen Zauberer entführt worden war und nun von ihm festgehalten wurde. Nur eine junge Frau könnte ihn retten. Aber von den vielen, die sich auf die Suche gemacht hatten, war keine jemals zurückgekommen.

Als Flora sich dann durch die Menschenmenge gedrängt hatte, fiel ihr Blick auf das Bild, das der Sänger zu seinem Lied zeigte, und von diesem Augenblick an hatte nichts anderes mehr für sie Bedeutung. Nichts zählte mehr, nicht das große Fest, nicht das Schloss mit allem, was dazu gehörte, nicht Mutter und Vater, die in ihrem Leben bisher so wichtig waren. Was allein zählte, war dieser fremde und doch so vertraute Mensch, den es zu retten galt, und sollte es das Leben kosten.

»Gib mir das Bild«, bat sie den Sänger, »ich will dir dafür alles geben, was du verlangst!« Und angerührt von ihrer dringlichen Bitte, schenkte dieser ihr das Bild. Als die Eltern von ihrem Vorhaben erfuhren, erschraken sie sehr und wollten sie von ihren Plänen abbringen, aus Angst ihr einziges Kind und ihre einzige

   7 Quelle: Jahrestagung Mediation, nach Vortrag von Tilman Moser

Erbin zu verlieren. Bald spürten sie, dass Flora diesen Weg gehen musste und es würde ihnen nicht gelingen, sie gewaltsam zurückzuhalten.

Als die Stunde des Abschieds kam, nahm die Mutter sie noch einmal in die Arme und sprach: »Du gehst einen gefährlichen Weg. Du wirst zerstörerischen Kräften begegnen. Und wenn dich darüber Zorn und Wut erfasst und dein Inneres dich zum Kampf drängt, dann sollst du dafür gerüstet sein!« Und sie reichte Flora ihr eigenes kostbares Schwert.

Auch der Vater gab ihr ein Abschiedsgeschenk mit auf den Weg, sein eigenes pfeilschnelles Pferd und sprach dazu: »Wenn die Angst dich überwältigt, dann ist es manchmal klüger, zunächst die Flucht zu ergreifen und aus dem sicheren Abstand heraus alles Weitere zu planen, um so das Ziel zu erreichen.«

Am Tor begegnete Flora ihrer alten Hauslehrerin, und auch sie gab ihr noch einen Rat mit auf den Weg: »Du bist schön und klug und liebenswert – benutze deine Gaben, um dein Ziel zu erreichen. Wenn dich Schwermut und Hoffnungslosigkeit angesichts einer großen Gefahr überfallen, dann gehe auf die, die dich bedrohen zu, lass dich auf sie ein, pass dich ihnen an und bringe sie auf deine Seite!«

Nun hielt Flora nichts mehr zurück, nicht der Schmerz ihrer Eltern, nicht die Erinnerung an all die glücklichen Jahre, nicht der Gedanke an die Gefahren, die sie erwarteten. Und der Weg war weit und gefährlich. Hunger und Durst, Hitze und Kälte waren ihre Begleiter, reißende Flüsse und steile Berge behinderten ihren Weg, wilde und böse Menschen bedrohten sie, aber sie überwand alle Gefahren. Und wenn sie einmal mutlos und verzagt war, dann schaute sie das Bild ihres Prinzen an, und mit neuem Mut und neuer Kraft setzte sie ihren Weg fort.

Als sie endlich das ferne Zauberschloss erreicht hatte, umfing sie eine unheimliche Stille. Kein Vogelgezwitscher war zu hören, kein Summen der Insekten, kein Rauschen der Blätter. Und selbst ihr Pferd, das sie am Zügel führte, setzte lautlos die Hufe auf. Langsam ging Flora weiter und schien fast selbst den Atem anzuhalten. Und da, von einem Augenblick auf den anderen, schien all ihre Sehnsucht in Erfüllung zu gehen. Im Schatten eines Baumes saß der, den ihr Herz so lange gesucht hatte. Doch in diesem Moment der höchsten Glückseligkeit, als sich ihre Blicke trafen, geschah das Schreckliche. Plötzlich, wie aus dem Nichts gekommen, stand der Zauberer zwischen ihnen, und es schien, als ginge von ihm die Bosheit der ganzen Welt aus. Bei ihm waren bewaffnete Soldaten. Einige zerrten den Prinzen weg, andere richteten ihre tödlichen Waffen auf Flora. Bedrohlicher als ihre Waffen schienen ihr die Unbarmherzigkeit und Grausamkeit, die sie in den Gesichtern dieser Männer wahrnahm.

Finden Sie nun für sich die Fortsetzung dieses Märchens. Greifen Sie spontan und voller Wut zum Schwert und nehmen den Kampf auf? Oder versuchen Sie den Mächtigen auf Ihre Seite zu bringen und durch Diplomatie Ihr Ziel zu erreichen? Oder bringen Sie sich lieber auf dem Pferd in Sicherheit, um sich aus sicherem Abstand Ihre weitere Strategie zu überlegen?

Beziehen Sie Ihre FreundInnen mit ein und tauschen Sie sich aus, versuchen Sie die anderen von Ihrer Entscheidung zu überzeugen und prüfen Sie die Argumente der anderen. Wenn Sie diese Fortsetzungs-Übung öfter durchspielen, versuchen Sie ruhig einmal, eine andere Position einzunehmen. So können Sie spielerisch einmal ausprobieren, wie es ist, wenn Sie gegen Ihre ursprüngliche Überzeugung handeln.

Die Sekundärstrategie im Selbstmanagement

Um zu zeigen, wie man praktisch mit den Lösungsfaktoren »Wahrnehmung«, »Überzeugung« und »Konfliktverhalten« umgehen kann, haben wir sie in vier Fallgeschichten eingebracht.

Aus einer Unzahl von Verhaltensmöglichkeiten haben wir vier »Typen« herauskristallisiert, an denen exemplarisch bestimmte »Muster«-Verläufe verdeutlicht werden, die sich an einem mehr oder weniger vorläufigen Endergebnis orientieren. Dabei geht es uns nicht darum, Menschen in Schubladen zu packen oder zu bewerten. Und schon gar nicht bedeutet es, dass eine bestimmte Art zu denken zwangsläufig eine bestimmte Art zu handeln nach sich zieht, was dann unweigerlich in einem bestimmten Ergebnis mündet. Bestimmte Einstellungen befördern zwar ein bestimmtes Verhalten, aber das heißt nicht, dass eine Bettina Bleibtreu nie Neuland entdecken oder eine Frau Wende sich nie trennen wird. Es gibt immer eine unendliche Vielfalt an Kombinationsmöglichkeiten, in denen wir denken, fühlen und handeln, und jede von uns wird sich bei den vier »Typen« meist nicht nur in einem wiederfinden, sondern auch etwas von den anderen bei sich entdecken. Nach jeder Fallgeschichte haben wir Frauen zu Wort kommen lassen, die durch ihr persönliches Erleben veranschaulichen, was die vier Protagonistinnen erleben.

Jede von uns reagiert in der ihr eigenen spezifischen Art und Weise auf Krisen, jede verändert sich individuell und im Rahmen ihrer Möglichkeiten.

Dieser Rahmen jedoch ist erweiterbar. Deswegen ist es sinnvoll, mehr über handlungsleitende Faktoren in Krisensituationen zu wissen. Uns liegt also weniger daran, Frauen einem wie auch immer gearteten (Krisen-)Typus zuzuordnen, als vielmehr, das Augenmerk auf die Faktoren zu lenken, die unserer Meinung nach das Verhalten in Krisensituationen beeinflussen, also die bereits aufgeführten Faktoren »Wahrnehmung«, »Überzeugungen« und »Konfliktverhalten«. Auch hier möchten wir deutlich machen, dass es natürlich nicht nur EINE Wahrnehmung, EINE Einstellung gibt. Wenn wir also beispielsweise in einem Fall die handlungsleitende Überzeugung »Ich muss andere immer zufrieden stellen« herausarbeiten, so dient das der Anschauung. (Die Vielzahl der Möglichkeiten ist immer auch mitgedacht.) Manche Frau mag das verkürzt finden, und für manche Leserin wirkt es vielleicht sogar provokativ. Beides ist beabsichtigt.

Wir wollen unsere Leserinnen anregen, sich mit diesen Faktoren auseinanderzusetzen, sie zu hinterfragen, sie (neu) zu sortieren und in der persönlichen Auseinandersetzung vielleicht zu anderen Gedanken zu kommen. Wir wollen ermutigen, eingefahrene Denkmuster infrage zu stellen und altbekannte Wege zu verlassen und Pfade in neues unbekanntes Terrain zu wagen.

Bettina Bleibtreu

DIE GESCHICHTE

»Wie oft hab ich euch schon gesagt, dass Ihr eure Sachen wegräumen sollt!« Schwer bepackt mit Einkäufen stolpert Bettina Bleibtreu über die Inline-Skates ihres siebenjährigen Sohnes in die Küche und schaut sich suchend nach einem Abstellplatz für die Lebensmitteltüten um. Auf dem Küchentisch steht noch immer das Frühstücksgeschirr, und auf den Arbeitsflächen türmen sich undefinierbare bunte Brocken aus Knetmasse. Entnervt lässt Bettina die Tüten einfach fallen.

Freudestrahlend stürzt Lilly, ihre Jüngste, in die Küche. »Guck mal, Mama, die bunten Tiere da habe ich heute mit Knete gemacht. Die musst du jetzt nur noch in den Backofen stellen, damit sie hart werden, dann können wir morgen im Kindergarten damit spielen.«

Mühsam beherrscht ringt Bettina sich ein Lächeln ab. »Ja fein – aber nimm sie jetzt bitte mit in dein Zimmer. Ich muss hier erst mal Ordnung reinbringen. Wo ist eigentlich Papa?«

»Der guckt mit Tobias Fußball. Hast du mir was mitgebracht?«

»Hör zu Lilly, du gehst jetzt nach oben zu Sarah zum Spielen. Ich rufe dich, wenn das Abendessen fertig ist.« Widerstrebend zieht Lilly ab. Wenn ihre Mutter diesen bestimmten Tonfall an sich hat, ist es besser, sich unsichtbar zu machen.

Bettina beschließt, sich erst einmal einen Tee aufzubrühen, als das Telefon klingelt. Nach dem fünften Klingeln ist sie sich sicher, dass wohl niemand anderes ans Telefon gehen wird und greift zum Hörer. »Hi Bettina – was haben denn die Karten gekostet?«, hört sie die gut gelaunte Stimme ihrer Freundin.

»Ach du meine Güte, Anke, stimmt, wir wollten ja ins Theater, tut mir leid, das hab ich völlig vergessen. Ich musste heute wieder länger bleiben. Bei uns gab's heute einen Buchungsfehler, und ich war mal wieder schuld. Herr Bollmann ist überhaupt nicht auf meine Einwände eingegangen und hat verlangt, dass ich mich darum kümmere. Deswegen weiß ich auch gar nicht, ob ich das Donnerstag überhaupt schaffen kann, und außerdem ist mir sowieso nicht danach, auszugehen.«

»Du immer mit deiner Bank. Das geht ja jetzt schon mindestens seit einem Jahr so. Ich glaube ja, das fing mit deinem neuen Gruppenleiter, diesem Bollmann, an. Ich fand's ja schon komisch, dass sie dich nicht für den Posten vorgeschlagen haben, du hast doch viel mehr Berufserfahrung als der. Seit über fünfzehn Jahren ackerst du schließlich für die Typen.«

»Aber das habe ich doch gar nicht gewollt. Wie hätte ich denn das auch schaffen sollen mit den Kindern?«

»Ich kann mir nun wirklich nicht vorstellen, dass man als Gruppenleiterin mehr arbeiten muss als du jetzt.«

»Ist ja auch egal. Bis vor einem halben Jahr war jedenfalls noch alles okay. Erst da fing er an, mir immer die schwierigsten Fälle zuzuschieben und ständig kurz vor Feierabend mit angeblich ganz wichtigen Sachen anzukommen.«

»Merkst du denn nicht, worauf der es abgesehen hat? Der macht dich doch völlig fertig. Du kannst ja nachts schon gar nicht mehr schlafen, hast ständig Kopfschmerzen. Jeden Schnupfen nimmst du mit, und es würde mich nicht wundern, wenn deine ständigen Kreislaufeinbrüche auch mit deinem Job zu tun haben …«

»Nun hack du nicht auch noch auf mir rum. Es reicht mir schon, wenn Bernd mir ständig sagt, wie ich mich seiner Meinung nach verhalten soll. Du kannst dir gar nicht vorstellen, wie das ist, wenn du morgens ankommst und nur noch darauf warten kannst, was der Bollmann sich heute wieder ausgedacht hat. Dem kann ich ja nichts mehr recht machen. Ständig lässt er sich was Neues einfallen, um mich zu schikanieren. Und die anderen halten es noch nicht mal mehr für nötig, mich zu grüßen. Stattdessen tuscheln sie untereinander. Wenn überhaupt mal einer mit mir spricht, dann so ganz von oben herab. Wahrscheinlich sind alle nur froh, dass der Bollmann nicht sie auf dem Kieker hat.«

»Und wie soll das eigentlich weitergehen? Das wird ja langsam zum Dauerzustand.«

»Was soll ich denn machen? Als ich das letzte Mal beim Abteilungsleiter was angedeutet habe, kam ja auch prompt die Abmahnung. Da möchte ich mir nicht noch mal die Finger verbrennen. Ich kann froh sein, dass die mich nicht gleich rausgeschmissen haben. Heutzutage muss man doch froh sein, mit neununddreißig überhaupt einen festen Job zu haben. Da muss man eben gute Miene zum bösen Spiel machen.«

»Und wenn du dich wenigstens mal für ein, zwei Wochen krankschreiben lässt?«

»Um Gottes Willen, dann muss ich das hinterher nur ausbaden. Du glaubst doch nicht, dass jemand meine Arbeit übernimmt?«

Ihre Freundin Anke seufzt auf. »Also Bettina, da komm ich allmählich nicht mehr mit. Einerseits jammerst und klagst du ständig, wie sehr dich die Arbeit fertig macht, und andererseits scheint es dir egal zu sein, dass du gesundheitlich vor die Hunde gehst. Ehrlich gesagt, ich bin so langsam ratlos. Ich weiß nicht, wie ich dir da helfen kann. Den Theaterabend kannst du dir ja noch mal überlegen. Vielleicht telefonieren wir nächste Woche wieder.«

Resigniert legt Bettina den Hörer auf und merkt, wie sich ein dumpfes Gefühl im Kopf ausbreitet, mit dem sich üblicherweise ein Migräneanfall ankündigt. Sie stellt fest, dass auch dieser Feierabend für sie wieder mal gelaufen ist. Die Freundin verärgert, Mann und Sohn vergnügen sich vorm Fernseher, die Tochter spielt bei den Nachbarskindern, und an ihr bleibt wieder alles hängen. Aber nun gut, es hilft ja nichts, das Abendbrot muss schließlich noch gemacht werden, und für morgen ist auch noch nichts vorbereitet. Aus dem Wohnzimmer dröhnt ihr die Werbemusik von der Biersorte entgegen, die mit Quellwasser gebraut wird, ein Zeichen dafür, dass die erste Halbzeit beendet ist. Und schon steht ihr Mann in der Küche und begrüßt sie mit einem Kuss auf die Wange.

»Hallo Schatz, na, wie war dein Tag?« Er geht zum Kühlschrank, um sich eine Flasche Bier zu holen. »Hast du auch an die Chips gedacht? Tobias und ich sind am Verhungern.«

Bettina unterdrückt ihren Unmut und holt die Chips aus einer der Tüten. Sie überlegt, ob sie Bernd von ihrem Tag erzählen soll, doch das würde ja keinen Sinn machen, weil das Fußballspiel ja in fünfzehn Minuten weiter geht. »Aber stopft euch nicht so voll. In einer Stunde gibt es Abendbrot.«

Bernd nimmt sie in den Arm. »Du siehst ziemlich geschafft aus. Willst du dich nicht erst mal zu uns setzen?«

»Und dann gibt's das Essen um zehn? Nein, nein, geh mal wieder rüber, ich mach das hier schon.«

Gegen Mitternacht sinkt Bettina endlich erschöpft ins Bett, wo Bernd schon seit geraumer Zeit friedlich vor sich hinschlummert. Eine Stunde wälzt sie sich unruhig hin und her, nur um dann noch einmal aufzustehen und zwei weitere Kopfschmerztabletten einzunehmen, nachdem die drei vorherigen nicht die gewünschte Wirkung gezeigt haben.

Als am nächsten Morgen der Wecker klingelt, sind die Kopfschmerzen zwar weg, aber Bettina fühlt sich wie gerädert. Wahrscheinlich hat sie wieder höchstens vier Stunden geschlafen. Der Blick in den Spiegel bestätigt ihr das: tiefe dunkle Ringe zeichnen ihr Gesicht. Nach einer Katzenwäsche macht sie im Eiltempo für Bernd und die Kinder das Frühstück, ihr selbst reicht ein Becher schwarzer Kaffee. Um sieben Uhr dreißig ziehen die drei endlich ab, und wohltuende Ruhe umgibt sie.

Am liebsten würde sich Bettina jetzt wieder ins Bett legen, und sie überlegt einen Moment lang, wie es wäre, wenn sie heute tatsächlich einmal zu Hause bliebe, um sich eine kurze Verschnaufpause zu gönnen. Vielleicht könnte sie am Nachmittag zum Italiener gehen und ein Eis essen … Erschrocken hält sie inne, geradezu ungeheuerlich erscheinen ihr diese Gedanken. Was ihre Freundin Anke aber auch für Vorstellungen hat, als wenn man einfach so wegbleiben könnte. Was wäre, wenn sie jemand von der Bank sehen würde? Gar nicht auszudenken, was das für Folgen hätte.

Also greift Bettina ihre Tasche und macht sich auf ihren persönlichen »Gang nach Canossa«.

Zehn Uhr: Bettina fängt an, ihren Stapel Post durchzuarbeiten. Unter anderem enthält er einen Brief von Herrn Dreher, in dem er für die Rückzahlung des vor einiger Zeit bewilligten Kredits von 200 000 Euro einen weiteren Aufschub der Ratenzahlungen beantragt. Na bitte, denkt sich Bettina, das war ja zu erwarten. Sie hatte damals vor einem Jahr bei der Bearbeitung der Antragsunterlagen zu bedenken gegeben, dass die Sicherheiten von Herrn Dreher nicht ausreichten. Doch Herr Bollmann hatte ihre Vorbehalte vom Tisch gewischt und dafür gesorgt, dass Herr Dreher (sein Squash-Partner, wie sie einige Zeit später erfuhr) das Geld bekam.

Was nun? Eigentlich müsste sie diese Anfrage abweisen, aber dann bekäme sie Ärger mit Herrn Bollmann. Würde sie die Anfrage gleich an ihn weiterleiten und dieser würde – was zu erwarten wäre – seinem Spezi den Zahlungsaufschub bewilligen, säße sie da mit dem Wissen, dass ihr direkter Vorgesetzter unkorrekt verfährt. Wie sie es auch dreht und wendet, sie fühlt sich in einem Dilemma.

Mitten hinein in ihre Überlegungen klingelt ihr Telefon. Die Sekretärin von Herrn Marckendorff, dem Abteilungsleiter für Kreditwesen, teilt ihr mit, dass sie sich bitte umgehend bei ihm einzufinden habe.

Auch das noch, denkt Bettina, ausgerechnet jetzt. Der lässt mir ja noch nicht mal Zeit, mir die Nase zu pudern. Sie lässt alles stehen und liegen, um in das oberste Stockwerk zu hasten.

»Die Herren erwarten Sie schon«, begrüßt sie die Sekretärin im Vorzimmer. »Gehen Sie bitte gleich durch.«

Bettina stutzt. Die HERREN? Am großen Konferenztisch sitzt Herr Marckendorff, zu seiner Rechten Herr Bollmann. Der Abteilungsleiter begrüßt sie freundlich und bittet sie, Platz zu nehmen.

»Wie geht es Ihnen denn, Frau Bleibtreu?«

Bettina ist irritiert. Seit wann interessiert die das?, wundert sie sich. »Ganz gut«, antwortet sie.

Herr Marckendorff fährt fort: »Herrn Bollmann ist aufgefallen, dass Sie sich gar nicht wohl zu fühlen scheinen. Außerdem höre ich, dass Ihnen in der letzten Zeit immer häufiger Buchungsfehler passieren und die Anzahl der von Ihnen zu bearbeitenden Vorgänge rapide sinkt. Ich kann nicht erkennen, dass sich Ihre Arbeitsleistung seit der letzten Abmahnung erkennbar verbessert hat. Vor drei Monaten hatten Sie sich beklagt, dass die Arbeitsbelastung für Sie, im Vergleich zu Ihren Kolleginnen, zu hoch sei. Ich habe das damals überprüfen lassen, und das Ergebnis war, dass Sie nicht nur weitaus weniger leisten als Ihre Kolleginnen, sondern auch sehr fehlerhaft arbeiten, was uns einige Beschwerden von Kunden eingebracht hat. Nun höre ich von Herrn

Bollmann, dass sich daran nicht das Geringste geändert hat. Wir sehen daher keine andere Möglichkeit, als Ihnen erneut eine Abmahnung zu erteilen. Ich brauche Ihnen wohl nicht zu sagen, was das bedeutet. Ab heute wird Herr Bollmann alle Ihre Vorgänge gegenzeichnen. Außerdem werden Sie keine Kundengespräche mehr führen und damit hoffentlich die Zeit finden, zu der Leistung Ihrer Kolleginnen aufzuschließen.«

Bettina verschlägt es die Sprache. Sie ist so erschüttert, dass sie nur noch ein kraftloses Kopfnicken zustande bringt.

»Gut, Frau Bleibtreu, dann gehen Sie jetzt zurück an Ihren Arbeitsplatz. Wir sprechen uns in vier Wochen wieder. Herr Bollmann wird mir in der Zwischenzeit Bericht erstatten.«

Nur mühsam kann Bettina ihre Gefühle beherrschen, sie kämpft mit den Tränen. Wortlos verlässt sie den Raum und stürzt durch das Vorzimmer an der verdutzten Sekretärin vorbei. Hoffentlich sieht mich jetzt keiner, denkt sie und flüchtet sich in den Toilettenraum, wo sie ihren Tränen ungehindert freien Lauf lassen kann. Sie fragt sich, wie es nur so weit kommen konnte. Ist das der Dank für ihren jahrelangen Einsatz? Dafür, dass sie immer auf der Matte stand und erst im letzten Sommer klaglos ihren Urlaub wegen dringender Terminarbeiten in der Abteilung verschoben hatte, obwohl andere Kolleginnen ohne Kinder das wesentlich bequemer hätten bewerkstelligen können? Sie überlegt zum wiederholten Mal: Warum bin ich immer schuld, wenn irgendwas schief läuft?

Nachdem sie sich ein wenig beruhigt hat, geht Bettina wieder an ihren Schreibtisch zurück und versucht, so normal wie möglich zu wirken. Aus den Augenwinkeln beobachtet sie, wie die KollegInnen in der Teeküche die Köpfe zusammenstecken und mal wieder die Pause weidlich ausdehnen. Die haben's gut, denkt sie. Die müssen sich nicht mit solchen Problemen rumschlagen. Was hat der Bollmann eigentlich gegen mich? Und jetzt macht der Marckendorff auch noch mit? Was hat der Bollmann ihm bloß erzählt? Dass ich weniger schaffe als die anderen, das stimmt einfach nicht. Ich weiß gar nicht, wie der an diese Zahlen kommt. Und die Buchungsfehler, die in letzter Zeit passieren; woher will der wissen, dass ich daran schuld bin? Die haben mich ja noch nicht mal gefragt, wie ich mir das erkläre. Und jetzt auch noch keine Kundengespräche mehr. Das ist doch hier die einzige Möglichkeit für mich, überhaupt mal mit anderen zu reden. Die KollegInnen haben sich ja auch immer mehr zurückgezogen.

Susi Fiedler, die ihren Arbeitsplatz gegenüber hat, unterbricht ihre trüben Gedankengänge. »Du musstest zum Chef? Was war denn los?«

In Bettina steigt ein Panikgefühl auf. Will die mich jetzt aushorchen? Die glaubt doch nicht, dass ich hier noch irgendjemandem traue.

»Ach, nichts Besonderes«, antwortet sie ausweichend.

Susi blickt sie überrascht an. Irgendwie bringt sie es nicht zusammen. Sie registriert die verweinten Augen von Bettina. Ganz offensichtlich hat es ein unangenehmes Gespräch gegeben, an dem Herr Bollmann auch beteilt war, denn der ist den ganzen Morgen nicht in der Abteilung aufgetaucht. Aber Bettina tut einfach so, als sei nichts geschehen. Den Bollmann würde sie ja auch nicht gerade als Menschenfreund bezeichnen, aber in letzter Zeit scheint seine Hauptaufgabe ja nur noch darin zu bestehen, Bettina zu schikanieren.

»Du, wenn es irgendwas mit unserem tollen Chef zu tun hat, dann geh doch mal zum Betriebsrat, die sind ganz nett da, und die kommen auch mit, wenn du noch mal zu einem Gespräch musst.«

»Wenn ich mit dem Betriebsrat aufkreuze, fällt bei dem doch die Jalousie ganz runter. Und wirklich was machen können die doch auch nicht.«

»Na ja, war ja nur ein Vorschlag«, antwortet Susi und geht zu den KollegInnen in die Teeküche.

»... Und? Was ist los?«, wird sie anschließend von Annegret, die seit dreißig Jahren in der Filiale arbeitet, gefragt.

»Angeblich nichts Besonderes. Aber sie sieht völlig fertig aus.«

»Kein Wunder«, meint Thomas, »... so wie der Bollmann mit ihr umspringt. Ich verstehe nicht, warum sie sich da nicht wehrt. Erst gestern hat er einfach behauptet, dass sie den Buchungsfehler verbockt hat. So weit ich das überblicke, kann sie das gar nicht gewesen sein ... und ich würde mich nicht wundern, wenn das auf seinem eigenen Mist gewachsen ist, und er mal wieder einen Sündenbock braucht. Ich frage mich nur, warum er sich dazu Bettina ausgesucht hat.«

Da schaltet sich Birgit ein. »Na, irgendetwas wird da schon sein. Wer weiß, was sie angestellt hat.«

»Ach, hör doch auf, du bist doch nur froh, dass du nicht so im Rampenlicht stehst ...«, entgegnet ihr Susi, doch Birgit fällt ihr ins Wort.

»Sie hat's ja noch nicht mal nötig, mit uns zu reden. Heute morgen ist sie wieder ohne Gruß an mir vorbeigerauscht.«

»Na, so wie du auch morgens drauf bist ...«, entgegnet Susi.

»Kinder, jetzt hört doch auf«, greift Annegret beschwichtigend ein. »Ist doch egal, jede hat eben so ihre Art. Und jetzt lasst uns lieber wieder an die Arbeit gehen, sonst können wir demnächst auch bei Marckendorff antanzen.«

DER KOMMENTAR

Bettina Bleibtreu, pflichtbewusst sorgt sie für ihre Familie, pflichtbewusst begegnet sie ihren Vorgesetzten. Sie nimmt Arbeit und Vorwürfe entgegen wie ein übergroßer Müllschlucker, in den alles hineingestopft, der aber niemals entsorgt wird. Klaglos tut sie das nicht, ein wenig Entlastung muss schon sein, aber nur so viel, dass wieder ein bisschen nachgeschoben werden kann. Alle wollen etwas von ihr, die Chefs, die KollegInnen, der Ehemann, die Kinder, die Freundin, sie fühlt sich zunehmend hilflos ausgeliefert. Sie begegnet den anderen wie ein Fass ohne Boden und ignoriert, dass auch sie einen Boden, eine Grenze hat. Antriebslosigkeit, ständiges Gedankenkreisen, Frustrationserlebnisse und auf der körperlichen Ebene Kopfschmerzen, Schlaflosigkeit und eine erhöhte Infektanfälligkeit gehören mittlerweile zu ihrem Leben. Ein Tag, an dem Bettina einigermaßen glimpflich davonkommt, scheint ihr ein guter Tag, Anspruch auf »mehr« hat sie sich abgeschminkt. Sie akzeptiert diesen Zustand als unabänderlich. Sie glaubt, durch eine immer höhere Anpassungsleistung von ihrer Seite, die Situation einigermaßen im Griff behalten zu können, gibt ihre ganze Energie in die Bewältigung der Aufgaben, die sie für die ihren hält.

Aber was sind Bettinas Aufgaben? Die lässt sie sich von anderen definieren. All das, was an sie herangetragen wird, egal, ob ausgesprochen oder unausgesprochen, nimmt sie auf und erfüllt sie, ungeachtet ihrer eigenen Bedürfnisse. Fragen danach, wo sie denn dabei bleibt, wenn sie den Wünschen anderer nachkommt, stellt sie sich gar nicht erst, sie hat sie sozusagen nicht auf der Rechnung. Sie kümmert sich erst einmal um »die anderen«, wer immer diese sind.

Bettinas Überzeugung

Mit ihrer Überzeugung: Ich muss alle anderen zufrieden stellen wird Bettina früher oder später in einer Sackgasse landen. Irgendwann nützt alles »Nachschieben« nichts mehr, dann muss ein »Recyclingprogramm« oder zumindest eine »getrennte Müllentsorgung« her. Aber dieser Erkenntnis weicht sie aus. Solange es irgendwie geht, wird weitergemacht. Damit kennt sie sich aus. Alles andere widerspricht ihrer Überzeugung, mit Alternativen kann man ihr nicht kommen. Bettinas Logik sagt ihr: Wenn alle anderen zufrieden sind ... bin ich es auch. Diese Überzeugung hat aber (in ihrer Situation) einen Haken, und der heißt: Wenn die anderen nicht zufrieden sind, bin ich es auch nicht. Also bleibt ihr nichts anderes übrig, als alles daranzusetzen die Ansprüche ihres Umfeldes zu befriedigen, alle zufrieden zu stellen, damit auch sie zufrieden sein kann. Wenn aber nun, wie für Mobbing charakteristisch, die Protagonistin mit ihren Mitteln den Mobber gar nicht zufrieden stellen kann, weil sein Ziel nicht Zufriedenheit MIT ihr, sondern Zufriedenheit OHNE sie heißt? Dann steckt die Betroffene in einem Konflikt, den sie mit ihrer Überzeugung nicht mehr lösen kann.

Vor lauter Eifer im »Nachschieben« macht Bettina auch gar keine Unterscheidung mehr zwischen Anforderungen, die zu erfüllen ihr schaden und solchen, denen nachzukommen ihr gut tun würde. Anforderungen sind Anforderungen, Gradmesser für deren Erfüllbarkeit setzen andere, nicht Bettina selbst. Die anderen machen – sie lässt machen, die anderen agieren – sie reagiert. Sie fühlt sich als ein Opfer der Umstände. Veränderung kann sie sich noch nicht einmal mehr denken, geschweige denn herbeiführen. Ist das Gehirn in Krisensituationen womöglich »kein Erkenntnis-, sondern ein Überlebensinstrument«?[8]

Gefangen in ihrer Überzeugung verschwimmen für Bettina allmählich nicht nur die Unterschiede in der Art der Anforderung, sondern auch die zwischen den einzelnen Handelnden, die ihr etwas abverlangen. Der Chef ruft – Bettina stürzt (voll banger Ahnung) hin; die Kollegin erkundigt sich nach ihrem Befinden – sie wittert Spionage; die Freundin will mit ihr ins Theater – sie glaubt, die will sie noch mehr stressen. Alle wollen etwas von ihr, etwas, das sie Energie kostet, und genau davon hat sie so wenig. Bettina erkennt, dass sie nicht mehr alle und alles bedienen kann und setzt Prioritäten. Wer oder was hat welche Wichtigkeit? Die Bedürfnisse des Chefs sind wichtiger als die der Freundin, in der Konsequenz flitzt sie hin, wenn er ruft. Ruft die Freundin, ist schon eher ein wenig Abgrenzung erlaubt. Nicht, dass Bettina das in einem klaren »Nein« äußert, aber so ein bisschen Unwillen lässt sie da schon mal erkennen.

Irgendwann wird Bettina aufgeben müssen. Spätestens dann, wenn aus den »Vorsicht«-Signalen massive Stoppzeichen werden, und sie körperlich und seelisch so am Boden ist, dass es einfach nicht mehr weitergeht.

8 zum Beispiel in Heinrich Meier (Hrsg.), 1988, »DIE HERAUSFORDERUNG DER EVOLUTIONSBIOLOGIE«

Was könnte sie tun, um es gar nicht erst so weit kommen zu lassen? Was könnte sie gewinnen, wenn sie sich die Chance gibt, die Überzeugung, die sie leitet, zu hinterfragen? Hinterfragen heißt noch lange nicht, Überzeugungen zu verändern. Hinterfragen bedeutet erst einmal, genau hinzuschauen:

- Welche Überzeugung leitet mich?
- Ist die Überzeugung tauglich, um mich aus der Krise herauszubringen, oder ist sie eher hinderlich?
- Hätte ich eine andere Überzeugung, würde ich dann andere Entscheidungen treffen?
- Welche Überzeugung könnte das sein?
- Zu welchen Entscheidungen würde das führen?
- Was könnte bestenfalls/schlimmstenfalls passieren?

Schon wenn Bettina sich diese Fragen stellt, wird aus ihrer passiven Haltung eine aktive. Das fraglose Hinnehmen hat ein Ende gefunden. Dadurch, dass sie hypothetisch »schaut«, erkennt sie die paradoxe Gegebenheit an, dass zwar die Möglichkeit destruktiver Verstrickung besteht, Leben aber auch bedeutet, sich die eigene Wirklichkeit zu konstruieren. Wir sind Gestaltete, aber immer auch GestalterInnen. Bettina könnte erkennen, dass eine Überzeugung, so sinnvoll sie auch in vielen Zusammenhängen sein mag, nicht die ultimative Antwort auf alle Wechselfälle des Lebens sein kann und auch nicht ist.

»Schau, was folgt, wenn du dies (oder jenes) annimmst«.[9] Dieser Satz von Ludwig Wittgenstein kann als »Denkanweisung« gelten, wenn wir die Überzeugung, die uns so handeln lässt wie wir handeln, hinterfragen.

Bettina Bleibtreu ist über einen langen Zeitraum einem stetig anwachsenden Druck ausgesetzt. Sie hat sich diesem sukzessive angepasst und konnte in der sich Stück für Stück verschärfenden Situation ihre Überzeugung mitnehmen – bis dahin, wo diese sie nicht mehr trägt, sich aber keine Alternative zum Weitermachen anzubieten scheint. Und genau da gilt es für sie anzusetzen: Ist das wirklich so? Die durch Druck entstandenen eingefahrenen Denkmuster und verfestigten Überzeugungen zu hinterfragen

9 Ludwig Wittgenstein, 1993, S. 277, »PHILOSOPHISCHE UNTERSUCHUNGEN«

– und zwar »häppchenweise« und probehalber – ist eine der wenigen, aber entscheidenden Möglichkeiten, eine Krise als Chance zu nutzen. Überzeugungen sind Konstrukte, keine objektiven Tatsachen.

BETTINAS WAHRNEHMUNG

Wenn Bettina Bleibtreu die Überzeugung hat: »Ich muss alle anderen zufrieden stellen«, lenkt sie ihre Aufmerksamkeit und ihre Beobachtungen, gerade in dieser Krisenzeit, auf das, was ihre Überzeugung stützt. So wird sich, je mehr sich die Mobbingsituation zuspitzt, ihre Überzeugung verfestigen und sich ihre Wahrnehmung fokussieren – oder umgekehrt, was auf das Gleiche hinausläuft.

Wahrnehmung und Überzeugung bedingen einander – wir sind überzeugt aufgrund einer bestimmten Wahrnehmung, und wir nehmen wahr aufgrund einer bestimmten Überzeugung. Im Akt der Wahrnehmung ist immer Interpretation mit enthalten. Besonders in der Krise verschmilzt beides zu einem »Kuddelmuddelprodukt«[10]. Wir interpretieren schon fast, noch bevor wir überhaupt wahrnehmen, und das hat zur Folge, dass wir den anderen bestimmte Absichten unterstellen. Wir laufen Gefahr, unserem Gegenüber einen zielgerichteten Willen zu unterstellen, den der möglicherweise überhaupt nicht hat. Handlungen der anderen werden sozusagen passend gemacht, damit wir das hineininterpretieren können, was wir interpretieren wollen. Wir nehmen das Ergebnis quasi vorweg, damit es zu unserer Überzeugung passt. Interpretationen können richtig sein – aber auch falsch! Bettinas Kuddelmuddelprodukt bestätigt ihr, dass so ziemlich alles im Argen liegt. Vom Ärger in der Bank wird auch ihr Privatleben in Mitleidenschaft gezogen.

Bettina sieht das Chaos in der Küche und folgert daraus, dass die Organisation im Haushalt bei ihr liegt. Die Familie hat sich vor dem Fernseher versammelt, während das Geschirr darauf wartet, von ihr abgewaschen zu werden. Nicht nur ist es ihre Zuständigkeit, das Abendessen zuzubereiten, sie stimmt die Mahlzeit überdies auf das Fußballspiel ab, damit Vater und Sohn ihrem Vergnügen nachgehen können. Von dem Wunsch der Tochter nach Aufmerksamkeit fühlt sie sich überfordert, sie setzt ihr eine Grenze, schickt sie weg, sorgt aber letztlich wieder dafür, dass diese zufrieden ist.

10 Friedemann Schulz von Thun, 1993, S. 73, »MITEINANDER REDEN«

Die Freundin begreift Bettina als eine, die sie hindert, ihren Überzeugungen gerecht zu werden, weil diese ihr widerspricht. Statt sie zu unterstützen, erdreistet Anke sich sogar, ihr vorzuschlagen, doch mal ein bisschen kürzer zu treten. Sie weist Bettina auf ihren Gesundheitszustand hin und versucht, sie ins Grübeln zu bringen. Aber Bettina hält tapfer an ihrer Überzeugung fest: »Das ist nun mal so … Ich kann doch nicht …« Letztlich nimmt sie wahr, dass es Anke anscheinend an Verständnis mangelt, dass die Freundin zudem noch ärgerlich ist.

Ihren Ehemann nimmt Bettina so wahr, dass er sich fröhlich gibt. Er fragt zwar nach ihrem Tag, aber bei Bettina kommt an, dass er das nur halbherzig tut. Sie sieht sich als Opfer der Umstände, wird zunehmend handlungsunfähig, und bekommt keine Zuwendung in der Form, die ihr das Gefühl geben würde, unterstützt zu werden. Wenn sie es recht bedenkt, ist sie von IgnorantInnen umgeben, und da soll sie keine Kopfschmerzen bekommen!

Am nächsten Morgen macht sich Bettina ein paar für sie eigentlich unerlaubte, ja fast schon revolutionäre Gedanken. Aber kaum sind die Gedanken bewusst, lenkt sie ihre Wahrnehmung wieder auf die Erwartungen der KollegInnen, und schwupps, ist sie wieder im gewohnten Trott. Es kommt dann so, wie es kommen muss: Die Situation eskaliert und auch hier erlaubt sich Bettina nicht, die Dinge beim Namen zu nennen. Sie behält ihre Gedanken für sich und überlegt, warum SIE schuld ist. Im Kontakt mit den Kolleginnen in der Abteilung verhält sie sich so zugeknöpft, dass jedes Miteinander zum Scheitern verurteilt ist. Die Abgrenzung, die sie den Vorgesetzten gegenüber nicht vornehmen konnte, bekommt nun Susi zu spüren. Bettinas Überzeugung geht mit ihrer Wahrnehmung eine weitere unselige Allianz ein: »Susi spricht mich an, sie will also etwas von mir«, und Bettinas Interpretation nach bestimmt nichts Gutes. Sie unterstellt ihrer Kollegin somit, dass diese sie aushorchen will, und alles, was Susi sagt, wird entsprechend interpretiert. Auch hier geht Bettina auf die Anregung, doch mal mit dem Betriebsrat zu sprechen, nicht ein.

Was wäre, wenn Bettina ihre Wahrnehmung in eine andere Richtung, oder besser noch, in andere Richtungen lenken würde? Wenn sie sich trauen würde, die »blinden Flecken« anzuschauen? Was könnte sie bemerken? Was gäbe es wahrzunehmen, außer dem, was sie wahrnimmt? Was ignoriert sie? Könnte es Bettina schaden, zu versuchen herauszubekommen, was ihre Freundin, ihr Mann, ihre Arbeitskollegin wirklich beabsichtigen, anstatt sich auf für sie feststehende Fantasien und Erwartungen zu verlassen? Was ist, wenn Susi wirklich interessiert, was Bettina in der obersten Etage erlebt hat, weil sie ihr helfen möchte? Dadurch, dass Bettina diese Fantasie nicht zulässt, vereitelt sie mögliche Hilfe. Das Fatale an ihrer Interpretation ist, dass sie nicht erfahren wird, ob sie damit richtig lag oder nicht, stattdessen findet sie in allem eine Bestätigung und richtet ihr weiteres Verhalten danach aus. Nach dem Muster der sich selbst erfüllenden Prophezeiung lenkt sie ihre Wahrnehmung immer wieder in die Richtung, die ihr bestätigt: »Die Kollegin will mich ja doch nur aushorchen.«

Paradoxerweise verhält sich Bettina gegenüber Herrn Bollmann, der ziemlich sicher nicht zu ihrem Besten handelt, anders. Hier ist sie abwartend, zurückhaltend, lässt ihm alle Möglichkeiten, das Heft in der Hand zu behalten. Sie deckt ihn sogar noch, als sie hinter seine unlauteren Machenschaften kommt. Sie handelt hier nicht gemäß ihrer Wahrnehmung: »Der hat doch bestimmt nichts Gutes im Sinn«. Die Überzeugung: »Ich muss alle anderen zufrieden stellen«, schließt auch Herrn Bollmann mit ein und versperrt ihr die Möglichkeit zu einem anderen Handeln. Also wird auch hier die Wahrnehmung »angepasst«, vermutlich so lange, bis Bettina an der Tatsache, dass das, was geschieht, auf ihre Kündigung hinauslaufen wird, nicht mehr vorbeisehen kann. Um wieder »mehr« zu sehen, um umfassender wahrzunehmen, braucht Bettina Zeit und Ruhe, also genau das, was sie sich nicht zugesteht.

Veränderungen geschehen in Wechselwirkung mit anderen, trotzdem müssen wir selbst den Anfang machen, und sei es, dass wir unsere Wahrnehmung erweitern und damit unsere Sicht auf die Dinge verändern. Ähnlich, wie das alternative Dornröschen die Dinge schlussendlich selber in die Hand nimmt:

»Nach vielen Jahren langen Schlafes wacht Dornröschen eines Tages auf, doch niemand ist da, um sie zu erlösen. So schläft sie wieder ein. Jahre vergehen, und Dornröschen wacht erneut auf. Sie wendet ihren Blick nach links, nach rechts, nach oben und unten, doch wiederum ist keiner da, weder ein Prinz noch ein Gärtner, um sie zu retten. Und so schläft sie weiter. Schließlich wacht sie zum dritten Mal auf. Sie öffnet ihre schönen Augen und sieht abermals niemanden. Da sagt sie zu sich selbst: ›Jetzt reicht's!‹, steht auf und ist erlöst.«[11]
(nach Norbert Mayer)

11 zitiert nach: Elmar Hatzelmann, 1997, »KEINE MACHT DEM STRESS«

Mögen die Veränderungen bei Bettina zunächst auch minimal sein, auf Dauer können sich größere Wandlungen ergeben. Statt auf das große Wunder zu warten, kann Bettina kleine Veränderungen anstreben, beginnend damit, ihr Augenmerk auf mögliche positive Absichten ihrer Umgebung zu richten. Stellen diese sich doch nicht als positiv heraus, ist sie nicht schlimmer dran als vorher, als sie nur das Schlechteste vermutete.

Wahrnehmung will trainiert werden. Ist sie in einer Krise eingeschränkt, gilt es, sie sich wieder zugänglich zu machen, sich empfänglich zu machen für ALLES, was geschieht und sich nicht zu beschränken, um mit Wahrnehmungen, die alle in die gleiche Richtung zielen, die Lieblingsüberzeugung bedienen zu können. Wer mehr sieht, hat auch mehr Auswahl, kann sich seine Wirklichkeit aus viel mehr Faktoren zusammensetzen, um das sinnvollste für die jeweilige Situation herauszufiltern.

BETTINAS KONFLIKTVERHALTEN

Bettina verhält sich so, wie es für sie am nahe liegendsten ist, abwartend und unbestimmt. Sich an ihre Überzeugungen klammernd, versucht sie sich »durchzulavieren«. Mit ihrem Konfliktverhalten trägt sie in gewisser Weise sogar zu einer eskalierenden Entwicklung bei. Sie möchte es allen »irgendwie« recht machen und gerät dabei immer mehr unter Druck. Dadurch bleibt es auch nicht bei einem zentralen Konflikt, denn er weitet sich aus, vergleichbar mit einem Waldbrand, der zunächst einen Herd hat, sich dann aber auf die Umgebung ausbreitet und zur Feuerwalze wird. Bettina weiß nicht mehr so recht, wo sie mit dem Löschen überhaupt anfangen soll. Sie hält den Wasserschlauch hier ein bisschen und da ein bisschen hin, und die Flammen werden wohl auch kleiner, wenn sie den Wasserstrahl direkt darauf hält, aber kaum, dass sie ihnen den Rücken zugedreht hat, lodern sie umso mächtiger wieder auf. Sie hat sich ja schließlich auch noch um die anderen Brandherde zu kümmern. Da mit dieser Strategie das Feuer nie wirklich gelöscht werden kann, kommt sie irgendwann an den Rand der psychischen und auch physischen Erschöpfung, fühlt sich von einer Katastrophe zur nächsten getrieben, merkt immer wieder, nicht wirklich Herrin der Lage zu sein: »Da kann man nichts machen, ihr seht ja selbst, ich mache und tue, aber es hört einfach nicht auf ... ich bin ein Opfer der Umstände.«

Bettina macht und tut, das ist nicht zu leugnen, allerdings nach dem Rezept: Immer mehr vom Gleichen. Und je weniger es nützt, desto mehr

Energie gibt sie hinein. Sie verfängt sich in dem Programm »Ich habe keine Wahl«. Der Preis ist hoch, die Selbstbestimmung und der Selbstrespekt bleiben auf der Strecke. Bettina seufzt unter der Last der Pflichterfüllung, sie versucht sich den Umständen anzupassen – genau die Strategie, die bei Mobbing keine Chance hat. Aufgrund ihrer Überzeugung, die ihr von ihrer Wahrnehmung auch immer wieder bestätigt wird, verhält sie sich so, wie sie sich immer verhalten hat: »Wenn ich mein Umfeld zufrieden stelle, werden sie schon Ruhe geben, die müssen doch merken, dass ich mir die allergrößte Mühe gebe«. Ihr eigenes Verhalten ist für Bettina nur folgerichtig und die Mobbingsituation erlebt sie als etwas, das ihr vom Schicksal auferlegt wurde. Sie glaubt, wenn etwas ungerecht ist, müssen die anderen sich ändern, nicht sie. (Das Feuer hat gefälligst sich selbst zu löschen, wieso brennt es überhaupt? Sie hat es doch schließlich nicht entfacht.)

Für Bettina wird Pflicht zur Ausrede, weil ihr somit erspart bleibt, ihre Überzeugungen zu hinterfragen, ihre Wahrnehmung zu überprüfen und ihre Ziele in Anbetracht der Lage neu zu definieren. Das könnte nämlich bedeuten, unangenehme Entscheidungen treffen zu müssen. Da erscheint es Bettina leichter, sagen zu können: »Meine Pflicht erlaubt es mir nicht ...« Und sie glaubt aus dieser selbst auferlegten Pflicht (»Ich mache das, was von mir erwartet wird«) das Recht ableiten zu können, gerecht behandelt zu werden, sodass irgendjemand (wer soll das sein?) dem Geschehen Einhalt gebieten wird. Außerdem kann sie mit ihrem Verhalten andere moralisch erpressen.

Dem Konflikt mit Herrn Bollmann stellt sich Bettina nicht. Sie versucht stillschweigend seine Anschuldigungen zu widerlegen, geht den Dingen aber nicht auf den Grund, forscht nicht nach den Ursachen, und kann demzufolge auch ihre eigenen Interessen nicht berücksichtigen, weil sie sie gar nicht kennt. Er agiert, sie reagiert, dadurch weitet sich der Konflikt aus und wird nach den Regeln von Herrn Bollmann ausgetragen. Das einzige Mittel, das Bettina zur Verfügung steht, nämlich der Glaube an die ihr zustehende Gerechtigkeit, greift nicht, und so kann sie nur hilflos zuschauen, wie in der Bank auch Herr Marckendorff sich den Ansichten ihres Vorgesetzten anschließt. Sie überlässt Herrn Bollmann die Regie, er schreibt das Drehbuch, sie nimmt darin die ihr zugewiesene Rolle ein. Die Fehlschläge, die sie dabei erlebt, führen nun aber keineswegs zur Ernüchterung und zu einer Neuorientierung in ihrem Konfliktverhalten, sondern zur Desillusion. Bettina entwickelt Misstrauen, das sie pauschal (sie würde sagen »aus Sicherheitsgründen«) den KollegInnen entgegenbringt. Damit beraubt sie sich noch zusätzlich der Möglichkeit, »MitspielerInnen« in der Mobbing-Inszenierung für sich zu gewinnen. Sie bewegt sich in einem Hamsterrad, wobei das Motto heißt: nicht aussteigen, sondern schneller laufen.

So außer Atem geraten, bleibt nicht mehr viel Luft für Familie und Privates, und es ist eine Frage der Zeit, wann der Brand auch auf diesen Bereich übergreift. Wann die Freundin genug hat von dieser Art von Telefongesprächen, die Kinder sich nicht mehr einfach wegschicken lassen, und der Ehemann sich nicht von Fußball ablenken lässt. Es ist die Angst vor dem Unbekannten, die Bettina davon abhält, Veränderungen zu riskieren. Sie ist vor lauter Angst wie hypnotisiert, und je länger sie Angst hat und je größer diese wird, desto stärker wird die hypnotische Wirkung von Mobbing. Man möchte Bettina zurufen: »Nun mach doch mal …«, aber für sie ist so ziemlich alles leichter als das. Soll sie etwa ihre Überzeugung hinterfragen, die ihr schon jahrzehntelang Sicherheit gibt, und mit der sie doch bisher gute Erfahrungen gemacht hat? Über den Tellerrand hinausschauen? Da sieht sie womöglich etwas, das ihr Weltbild ins Wanken bringen könnte, und die Verunsicherung wäre noch größer. Soll sie sich die Frage der Zielsetzung ihres Verhaltens stellen? Das ergibt sich doch wohl von allein: Alles soll so bleiben, wie es vor einem halben Jahr war. Genau da liegt das Problem: die Situation hat sich verändert und verlangt von Bettina ebenfalls Veränderung. Verweigert sie sich dieser Einsicht, wird sie Schiffbruch erleiden.

Für Veränderung ist Selbstvertrauen nötig, für große Veränderungen viel Selbstvertrauen, für kleinere nicht ganz so viel. Die Verhaltensebene wäre eine Ebene, an der Bettina anfangen könnte, ein ganz klein wenig »herumzubasteln«, indem sie kaum wahrnehmbare Details verändert. Das hat dann zwar keine gravierenden Auswirkungen auf den Mobbingprozess, macht aber auch nicht so viel Angst. Mit kleinen Veränderungen kann Bettina ihr Selbstvertrauen wieder aufbauen, um dann »Größeres« in Angriff nehmen zu können. »Fang mit dem Notwendigen an, dann tu das Mögliche – und siehe: plötzlich kannst du Unmögliches«, sagte Franz von Assisi.

Es geht zunächst darum, dass Bettina sich die Chance gibt zu merken, dass die Welt nicht untergeht, wenn sie etwas anderes tut, als das, wovon sie glaubt, dass es von ihr erwartet wird. Beispielsweise könnte sie sich, wenn sie zum Chef gerufen wird, so viel Zeit nehmen wie sie braucht, um nicht außer Atem anzukommen. Und was würde es schaden, dem Chef zu sagen, dass sie seine Ansichten nicht teilt?

Bettina könnte ihre Kollegin Susi nach deren Erfahrungen mit dem Betriebsrat fragen, ohne ihr gleich ihr Herz ausschütten zu müssen. Auch oder vielleicht gerade unverbindliches Erzählen kann eine Vertrauensbasis schaffen, um in schwierigen Situationen auf die KollegInnen zurückgreifen zu können.

Was könnte passieren, wenn sich Bettina eine kurze Auszeit nehmen würde? Wenn sie ohnehin glaubt, dass alle gegen sie sind, was könnte das dann noch zum Schlimmeren verändern? Auch der Theaterbesuch mit ihrer Freundin würde höchstens für eine Ablenkung sorgen, aber wohl kaum zu einer Kündigung führen. Übermäßige Anpassung an ein Szenario, das andere gestalten, bringt Bettina jedenfalls nicht weiter.

Hoffen wir, dass Bettina es schafft, Veränderungen bei sich zuzulassen, bevor sie »zwangsweise« verändern muss, weil ihre Kraft nicht mehr reicht.

SCHLUSSFOLGERUNGEN

Bettinas Ziel ergibt sich aus ihrer Überzeugung, andere zufrieden stellen zu müssen. Sie verfolgt es hartnäckig, ungeachtet der Tatsache, dass sich die Umstände verändert haben. Es ist geradeso, als nähme man sich abends nach einem sonnigen warmen Tag vor, den kommenden Tag im Freibad zu verbringen, um dann am nächsten Morgen, ungeachtet der Tatsache, dass die Temperatur auf fünfzehn Grad gefallen ist und es Bindfäden regnet, mit Bikini und Sonnenschutzmittel loszuziehen, und sich dann zu wundern, dass es so nass und kalt ist.

Angenommen, Bettina will ihren Arbeitsplatz behalten, dann wäre es für sie wichtig zu erkennen, dass ihr »Weiter so!«-Verhalten genau zum gegenteiligen Ergebnis führt, nämlich zum Verlust des Arbeitsplatzes. Das ist schließlich das Ziel von Mobbing, personifiziert durch Herrn Bollmann. Falls sie also bei der Bank bleiben möchte, wäre es notwendig, durch ihr Verhalten sein Ziel nicht noch zu unterstützen, sondern sich zu überlegen, auf welchem Weg sie IHR EIGENES Ziel erreichen kann. Wir können also nicht sagen, dass ihr Ziel, den Arbeitsplatz zu behalten, nicht angemessen wäre, aber wir können sagen, dass der Weg, den sie eingeschlagen hat, nicht zum gewünschten Ergebnis führen wird.

Ginge Bettina noch einen Schritt zurück, könnte sie sich fragen: »Will ich überhaupt hier bleiben?« Sie muss ja nicht automatisch in der Bank bleiben wollen, nur weil es jemanden gibt, der das offensichtlich nicht will.

Gäbe sie sich die Chance, alle zumindest denkbaren Optionen anzuschauen, würde sie vielleicht eine für sie attraktivere Möglichkeit entdecken und sich für diese entscheiden können. Vielleicht wäre es möglich, sich bei einer anderen Filiale zu bewerben. Vielleicht kann sie sich aber eher vorstellen, statt unter diesen Stressbedingungen vorübergehend gar nicht zu arbeiten. Wie auch immer, was nun ansteht ist »innehalten« und zu überlegen »Wie soll es JETZT weitergehen?«, um sich neu zu orientieren. Damit würde sich Bettina aus ihrem Muster herausbewegen.

Mobbing ist ein Prozess, der Menschen unter Druck setzt und dazu verleitet, diesen Druck anzunehmen und in Aktivität umzusetzen, die oft an »blinden Aktionismus« grenzt. Wie denn nun? Aktivität oder Innehalten? Das scheint ein Widerspruch zu sein. Aber: Das Aktivwerden soll sich eben nicht auf das von anderen vorgegebene Ziel beziehen, sondern meint, sich eigene Ziele zu wählen und zu schauen, ob es eine Überzeugung gibt, die uns dorthin bringt. Es bedeutet, die Wahrnehmung zu erweitern und unser Konfliktverhalten so zu gestalten, dass wir damit unser Ziel erreichen. Innehalten bedeutet, sich genügend Zeit für diesen Prozess zu nehmen.

PERSÖNLICHE ERFAHRUNGEN

»Ich war der Typ, der immer durchhalten will und hab gedacht, ich schaff das. Es musste erst sehr viel passieren, damit ich aufgewacht bin. Es war eigentlich der Tag, an dem ich vor dem Haus einen Unfall erlitt und hinfiel, als ob mir einer die Beine weghaut. Da hab ich mir gesagt, was muss denn nun noch passieren?«
Marianne G., 42 Jahre, Angestellte im Theaterbereich

»Ich war wegen den Rückenschmerzen dreimal in der Woche in Behandlung, sehr viel Migräne gehabt hab ich in der Zeit. (…) Was ich noch gut erinnere ist, dass ich ein unglaublich schlechtes Gewissen hatte, es war alles sehr moralisch irgendwie, dass ich nicht arbeiten gehe, dass ich meine Kollegin im Stich lasse. (…) Und was noch dazu kam, war die Angst davor, dass ich arbeitslos werde.«
Siba P., 38 Jahre, Sozialpädagogin

»Also ich stand richtig in der Box, es ging nicht vor und nicht zurück (…) und ich hab auch ganz anders ausgesehen, das was mich ausmacht, irgendwie ein

Strahlen ... eigentlich habe ich sonst gute Laune und bin auch ein freundlicher Mensch – und das alles war weg, ich hab mich wenig wiedererkannt.«
Daniela O., 48 Jahre, Chefsekretärin

»Ich hab's erst ja auch gar nicht begriffen, wie systematisch die ganze Geschichte war (...) ich war die ganze Zeit damit befasst, wie soll ich mich in Gottes Namen jetzt wieder morgen verhalten, was kommen da alles wieder für fiese Sachen ...«
Ada E., 33 Jahre, Mitarbeiterin im Bereich Öffentlichkeitsarbeit

»Früher habe ich mich zurückgezogen. Da war ich so gekränkt, dass ich nicht mehr sprechen konnte, dass ich sprachlos wurde, dass ich mich dann zurückgezogen habe ... Entweder war ich dann zum Abschuss freigegeben: Die ist ja so gekränkt, die können wir jetzt ganz niederknüppeln, oder, es war so ein völliges Unverständnis: Mein Gott, ist DIE *empfindlich.«*
Marie S., 45 Jahre, Sekretärin

»Ich war beim Arzt und der wollte mich krankschreiben, und ich habe die Krankschreibung weggeschmissen, weil ich dachte, nee, ich strenge mich an, ich zeig's denen, ich kann das. Und ich bin weiter hingegangen.«
Lisa M., 38 Jahre, Angestellte in der Filmbranche

»Irgendwie habe ich mich so zurückgezogen, ich wollte dann auch gar keinen mehr sehen und hören. Und das ist das Falscheste, was man machen kann, glaube ich. (...) Ich hab mich in dieser Opferrolle selber bedauert. Jetzt, mit dem Blick auf das letzte halbe Jahr denke ich: Holla, da habe ich nicht aufgepasst. Ich habe einfach gelernt: ich muss viel deutlicher das, was ich will, zum Ausdruck bringen.«
Susanne R., 52 Jahre, Lektorin

»Mir ging's so, dass diese Berufssituation auf mein ganzes Leben ausgestrahlt hat. Ich konnte nicht mehr abschalten, ich konnte nicht mehr rausgehen und sagen, ›das lasse ich jetzt hinter mir‹, und meine Freizeit genießen. Ich hab mich einfach irgendwie so richtig als Verliererin gefühlt. Auch mein ganzes Selbstbewusstsein war weg ... und ich hab auch gemerkt, dass ich alleine da nicht mehr rauskomme. (...) Für mich war es immer so dieses Pflichtdenken: Ich muss zur Arbeit. Das hab ich nie infrage gestellt, das war irgendwie klar. Ja, wenn man Arbeit hat, muss man da hin, egal, was X (der Mobber) macht.«
Gabi B., 43 Jahre, Architektin

Waltraud Wende

DIE GESCHICHTE

»Fit-im-Alter e.V., Wende, guten Tag.«

»Hi Mama, Daniela hier. Na, was macht die Kunst?«

»Hallo Daniela. Was soll ich sagen – ich bin ziemlich im Stress. Was willst du denn?«

»Ich wollte dich fragen, ob du morgen Abend vielleicht auf Till aufpassen kannst, ich müsste mich mit Karoline und Katja treffen, um das Referat zu besprechen.«

»Ist in Ordnung, ich bin dann morgen Abend da.«

»Ich ruf dich morgen noch mal im Verein an …«

»Nee, lass mal, Dani, falls was dazwischen kommen sollte, melde ich mich auf deinem Handy.«

Am nächsten Abend findet Daniela bei ihrer Heimkehr ihre Mutter und den kleinen Till einträchtig auf dem Sofa schlafend vor dem Fernseher. Nachdem sie ihren Sohn ins Bett gebracht und einen Tee aufgebrüht hat, weckt sie ihre Mutter.

»Was ist denn mit dir los? Du bist doch sonst so eine Nachteule?«

»Ach, ich weiß auch nicht, in letzter Zeit bin ich abends ziemlich geschafft. Die neue Stelle ist wohl doch nicht so das, was ich gedacht habe.«

»Aber du warst doch zu Beginn so begeistert …«

»Ja, die Arbeit an sich gefällt mir sehr gut, mit den alten Leutchen komme ich gut aus, aber die Büroarbeit wächst mir langsam über den Kopf. Ich habe das Gefühl, außer mir kümmert sich zum Beispiel keiner darum, dass in zwei Wochen die Finanzierungsanträge abgegeben werden müssen. Ich finde es ja auch wichtig, die alten Leute zu mobilisieren, aber wenn der Geldhahn zugedreht wird, dann war's das. Ich versteh nicht, wie die Leiterin da so ruhig bleiben kann. Eigentlich müsste SIE doch den Kolleginnen auf die Füße treten. Stattdessen schiebt sie mich vor und ich krieg dann die Quittung. Gestern hat doch tatsächlich die eine Kollegin gemeint, ohne mich wäre alles viel besser gelaufen – ich würde so richtig Stress reinbringen.«

»Hast du denn erwartet, dass sie dir dankbar sind?«

»Was heißt dankbar«, erwidert Waltraud, »aber wenigstens kollegial könnten sie˙ sein. Mir ständig Steine in den Weg legen und dann noch erwarten, dass ich ihre Arbeit mitmache, während sie ihr sozialtherapeutisches Konzept verwirklichen, das kann's doch nun wirklich nicht sein!«

»Was für Steine meinst du denn?«, fragt Daniela.

»Na ja, ich weiß auch nicht, ob es zum Beispiel Zufall war, dass ich in der vergangenen Woche den Entwicklungsbericht einer meiner Klientinnen in einem Ordner wieder gefunden habe, wo ich ihn ganz bestimmt nicht abgeheftet habe. Oder dass ich die Kaffeemaschine anmache, und als ich nach einer viertel Stunde wiederkomme, ist sie plötzlich aus und von Kaffee keine Spur.«

»Na, in deinem Alter kann man das eine oder andere auch schon mal vergessen …«, neckt sie ihre Tochter.

»Ja gut, aber was am letzten Freitag passiert ist, das lässt sich wohl kaum mit Schusseligkeit erklären. Da wurde ich zur Leiterin zitiert, die mir dann eröffnet hat, sie hätte vom Team gehört, dass es Beschwerden von Klienten gäbe, ich würde immer so unfreundlich sein. Ich habe sie gefragt, wer das behauptet hätte, aber das wollte sie mir nicht sagen. Sie meinte nur, ich solle mir mehr Mühe geben. Alles in allem habe ich den Eindruck, da ist was im Gange, aber ich weiß nicht, warum eigentlich.«

»Gibt's denn da eine, die die anderen aufstachelt?«

»Ich weiß nicht, aber bei der Barbara hatte ich von Anfang an den Eindruck, dass sie mir gegenüber voreingenommen ist.«

»Und warum?«

»Ich weiß auch nicht genau, aber sie ist mir gegenüber sehr aggressiv, sie ist partout immer gegen das, was ich vorschlage, wenn ich ›hüh‹ sage, sagt sie garantiert ›hott‹ oder fährt mir in den Teamsitzungen über den Mund und erklärt den anderen, dass das großer Blödsinn sei, was ich erzähle. Immer findet sie etwas, womit sie mich triezen kann. Neulich meinte sie, wir sind doch hier nicht auf einer Modenschau, als ich mein graues Kostüm anhatte. Sie selbst läuft eher im Schlabberlook herum.«

»Ach du meine Güte, und das lässt du dir gefallen?«

»Was soll ich denn machen? Ich hab ja keine Unterstützung. Die anderen halten sich bedeckt oder kichern mit ihr hinter meinem Rücken. Ich traue mich dadurch schon gar nicht mehr, mich zu den anderen in den Pausenraum zu setzen.«

»Aber so kann's doch nicht weitergehen. Ich denke, du musst was unternehmen.«

»In einer Woche hab ich ja Urlaub, da werde ich mir das alles mal durch den Kopf gehen lassen.«

Waltraud hat sich in einer Pension an der Ostsee einquartiert. Sie genießt das schöne Wetter und die langen Strandspaziergänge, und die Versuchung ist groß, Arbeit Arbeit sein zu lassen. Dennoch nimmt sich Waltraud Zeit, um sich mit dem unerquicklichen Thema »Konflikt am Arbeitsplatz« zu befassen. Waltraud weiß aus Erfahrung, dass Konflikte nicht von allein verschwinden, im Gegenteil, sie haben die Tendenz, sich auszuweiten und zu verschärfen, wenn man sich ihnen nicht stellt. Ihr wird außerdem klar, dass es mit Reaktionen ihrerseits auf die Aktionen von Barbara nicht getan ist, dass sie dadurch in dem ewigen Kreislauf »Aktion – Gegenreaktion« gefangen bleibt. Damit würde sie den Part der Reagierenden dauerhaft übernehmen, also stellt sie sich zunächst die Frage: »Wie drehe ich den Spieß um? Wie komme ICH in die Rolle der Agierenden?«

Sie kommt zu dem Schluss: »Ich brauche einen eigenen Plan und muss mir erst mal die Frage beantworten, ob ich überhaupt an der Stelle festhalten will.« Waltraud stellt fest, dass sie nichts zu verlieren hat. Sie gestaltet ihren Plan mit dem Ziel, eine Konfliktlösung anzustreben im Sinne von »Ich möchte dort weiterarbeiten im Einvernehmen mit Leiterin und Kolleginnen.« Ihre Handlungsschritte zielen also auf Kooperation. »Wie kann das gehen?«, überlegt sie. Erst einmal sollte sie vielleicht nicht alle Kolleginnen pauschal als Komplizinnen von Barbara sehen. Sie macht sich klar, dass es sinnvoll ist, auch darüber nachzudenken, was Barbara eigentlich will, womöglich gibt es sogar gemeinsame Interessen, die sich unter einen Hut bringen ließen. Was also konkret tun, um auszuloten, was möglich ist? Waltraud nimmt sich vor, die Kolleginnen anzusprechen, nicht allein und isoliert zu bleiben mit ihrer Wahrnehmung, zu schauen, ob es auch Gemeinsames gibt. Sie will auch mit der Leiterin über ihre Arbeit und ihre Zusammenarbeit im Team reden. Was wird von ihr erwartet, wie lässt sich das umsetzen, stimmen ihre Vorstellungen von der Projektarbeit mit denen der anderen überein? Wenn die Leiterin sie abblockt und ihr zu verstehen gibt, dass sie bei »Fit im Alter e.V.« überflüssig sei, kann sie ihren Plan auf »Konfrontation« umstellen.

Wieder zurück am Arbeitsplatz, ergibt sich mit Christa, einer Kollegin, ein Gespräch, in dem sich herausstellt, dass beide aus der gleichen Kleinstadt stammen, ja sogar gemeinsame Erinnerungen an die Schulzeit haben. Waltraud merkt, dass sie sich nach diesem Gespräch besser und auch ein wenig ungezwungener fühlt, dadurch verändert sich allmählich auch die Basis der

Zusammenarbeit. Christa entwickelt Verständnis für Waltrauds Dilemma, mit der Verwaltungsarbeit bei den anderen auf Desinteresse zu stoßen und vertraut ihr an, dass sie glaube, Barbaras Feindseligkeit ihr gegenüber würde sich aus Neid speisen. »Weißt du eigentlich, dass Barbara eine Quereinsteigerin ist und längst nicht so fit in Finanzierungsfragen wie du? Sie hat sich aber im Laufe der Zeit durch ihren Einsatz eine Position erarbeitet, die sie nun durch dich gefährdet sieht. Wahrscheinlich hat sie schlicht und einfach Angst, dass du ihr auf Dauer das Wasser abgräbst.«

Waltraud wird nachdenklich, sie stellt sich in die Schuhe von Barbara und kommt zu der doch recht erstaunlichen Erkenntnis, dass sie an Barbaras Stelle auch zumindest große Vorbehalte gegenüber einer hätte, die immerzu auf einem Thema rumhackt, das zu den eigenen Schwächen gehört.

Mit all diesen Erkenntnissen im Hinterkopf versucht sie nun in ihrem Gespräch mit Frau Schmidt, der Leiterin, herauszustellen, dass es für alle letztendlich ein gemeinsames Ziel gibt, alle wollen, dass die Einrichtung weiterfinanziert wird, und alle wollen, dass die alten Menschen sich in dieser Einrichtung wohl fühlen. Beide Interessen, das an den Finanzen und das an der Sozialarbeit sind zwei Seiten der gleichen Medaille. Frau Schmidt sagt Waltraud zu, in diesem Sinne mit Barbara ein Gespräch zu führen, in dem es nicht um Vorwürfe und Schuldzuweisungen gehen soll, sondern um einen Ausgleich dieser Interessen. Wenn Barbara dann zusagen sollte, mit an diesem gemeinsamen Strang zu ziehen und sich bereit zeigt, ihre unfairen Angriffe gegen Waltraud zu unterlassen, will sie eine Schlichtung zwischen beiden einleiten. Diese Initiative gibt Waltraud das Gefühl, alles in ihrem Einflussbereich Mögliche getan zu haben, um den Dingen eine Wende zu geben. Nun wird frau ja sehen ...

Waltrauds Tochter ist doch ein bisschen überrascht, dass ihre Mutter so geradlinig (so kommt es ihr zumindest vor) ihren Weg geht. »Woher hast du bloß den Mut genommen?«, will sie wissen.

»Na ja, weißt du, mir ist klar geworden, dass durch Abwarten nichts gewonnen ist, im Gegenteil, ich kam mir vor, als wenn ich darauf warte, dass die Falle zuschnappt. So gehe ich zwar ein Risiko ein, aber ich kann gewinnen. Lasse ich den Dingen ihren Lauf, verliere ich in jedem Fall. In Ruhe drüber nachdenken, alles abwägen, das hat mir klar gemacht, dass die Reihe an mir ist, Stellung zu beziehen.«

DER KOMMENTAR

Waltraud Wende versteht die Welt nicht mehr. Sie hat eine neue Arbeit, die ihr gefällt, sie nimmt den Kolleginnen unliebsame Arbeit ab, und was passiert? Die zeigen sich nicht etwa kollegial, sondern ganz im Gegenteil, sie halsen ihr noch mehr Arbeit auf und legen ihr zudem noch »Steine in den Weg«, wie Waltraud es bezeichnet. Aus ihrer Sicht tut sie etwas absolut Notwendiges (sie kümmert sich um den Finanzierungsplan) und erntet dafür keine Akzeptanz, geschweige denn Anerkennung, sondern Häme, Gemeinheiten und Vorwürfe wegen angeblicher Fehler. Die positive Arbeitssituation verkehrt sich ins Gegenteil. Die Kolleginnen weisen Waltraud die Rolle derjenigen zu, die Stress macht, anstatt sie als Unterstützerin zu sehen. Waltraud merkt, dass sie zunehmend angespannt ist und dass sie mit der ihr zugewiesenen Rolle unzufrieden ist. Sie ist, so scheint es ihr, in einem Stück gelandet, in dem sie so nicht mitspielen will. Sie akzeptiert diesen Zustand nicht. Sie glaubt auch nicht, dass sich an ihrer Situation etwas zum Besseren verändern ließe, wenn sie versuchte, es allen recht zu machen. Die Interessen und Bedürfnisse der Kolleginnen bleiben in ihren Überlegungen zwar nicht unberücksichtigt, aber sie stehen gleichberechtigt neben ihren eigenen. Anders formuliert: sie räumt sich ein Mitspracherecht ein, wenn es um ihre ureigenen Belange geht.

WALTRAUDS ÜBERZEUGUNG

Ihre Überzeugung: ICH ANALYSIERE MEINE MÖGLICHKEITEN UND BIN BEREIT, (NACH GRÜNDLICHER ABWÄGUNG) KALKULIERBARE RISIKEN EINZUGEHEN führt Waltraud zu einer aktiven Auseinandersetzung mit ihrer Lage und zu einer Haltung, die ihr ein Eingreifen in die von anderen aufgestellten Spielregeln erlaubt.

»Fantasie ist wichtiger als Wissen«, behauptete schon Einstein. Nun kommt es darauf an, WELCHE Fantasien frau hat, beziehungsweise, welche sie sich erlaubt zu entwickeln. Waltraud hat keine einschränkende Überzeugung, sie erlaubt sich, in alle Richtungen zu denken, kann also auch darüber nachdenken, wie sich ihre Lage positiv verändern ließe. Sie könnte natürlich zu dem Schluss kommen, dass das an diesem Arbeitsplatz nicht möglich ist; die Konsequenzen, die sie daraus ziehen würde, kennen wir nicht. Aber sie glaubt, sicherlich auch gestützt durch die Tatsache, dass sie noch nicht allzu lange bei dem Verein ist, dass sich dort vielleicht etwas bewegen ließe. Nach der Standortbestimmung »Will ich dort etwas bewegen?« schließen sich logisch die Fragen »WAS will ich bewegen?« und »WIE will ich das tun?« an. Waltraud wird zur Gestalterin.

Waltrauds entscheidender Erkenntnisgewinn ist, dass ihre Interessen und die Barbaras sich durchaus ergänzen und vielleicht sogar in einem gemeinsamen Ziel zusammenfinden könnten. Bisher schätzen beide ihre eigene Arbeit wichtiger ein als die der jeweils anderen. Wenn alle Aufgaben als gleich wichtig eingeschätzt würden, bräuchte Barbara die Verwaltungsaufgaben, die Waltraud in ihren Augen vertritt, nicht ständig abzuwerten. Unter diesen Voraussetzungen kann sich Waltraud eine Zusammenarbeit vorstellen. Aber kann Barbara das auch? Waltraud muss mehr darüber wissen und fängt an, Kontakt zu Kolleginnen aufzubauen. Warum sollte sie sich auch zurückziehen? Sie fragt sich, WARUM Barbara eine Gegnerinnenschaft aufbaut, und erfährt, dass Neid dahinter steckt. Anscheinend weiß Barbara sich nicht anders zu helfen, als sie zu attackieren. Das kann und will Waltraud nicht entschuldigen, sie glaubt noch nicht einmal, dass eine direkte Auseinandersetzung mit Barbara Erfolg versprechend wäre. Also bezieht sie die Leiterin mit ein. Waltraud gelingt es, Frau Schmidt zu motivieren, in ihrem Sinne einzugreifen, und damit stehen die Chancen gut, die Situation zu verändern. Wodurch ihr das gelingt? Lassen Sie uns schauen, wie Pu der Bär die Sache mit der Motivation versteht:

»›Was ist Moti – Motivi – oder so?‹, fragte Pu.

›Motivieren. Dabei geht es um den Grund, warum jemand etwas tun will. Wenn du (…) möchtest, dass jemand einen Job übernimmt oder dir dabei hilft, ein Ziel zu erreichen, musst du einen Grund finden, warum er oder sie dir dabei helfen sollte, und du musst ihm oder ihr diesen Grund auch mitteilen.‹

›Ich habe Christopher Robin von dem Honig erzählt.‹

›Da du wusstest, dass er Honig mag, hatte er somit einen Grund oder ein Motiv, dir dabei zu helfen, ihn zu bekommen. Er wusste, falls er dir half, hätte er auch etwas davon, wenn du dein Ziel erreichen würdest. Du hast ihn motiviert, dir zu helfen.‹«[12]

Welche Interessen von Frau Schmidt müsste Waltraud ansprechen, um sie zu motivieren? Wir wissen nicht im Einzelnen, welche Frau Schmidts ureigene Interessen sind, aber wir können davon ausgehen, dass die rechtzeitige Abgabe des Finanzierungsplanes wohl dazugehört. Und kann Frau Schmidt nicht davon ausgehen, dass das auch ein Interesse von Barbara ist? (Denn sie kann ihr sozialpädagogisches Konzept ja nur verwirklichen, wenn die Finanzierung der Stellen gesichert ist.) Es gilt also, diese gemeinsamen Interessen

12 Roger E. Allen, 1999, S. 30, »Pu in Nadelstreifen – Bärenstarkes Management«

in den Vordergrund zu stellen und über diese Motivation das Ziel »Schluss mit der Schikane« zu erreichen. Waltraud kann nach ihrem Gespräch mit der Leiterin einen »Etappensieg« verbuchen. Sie hat Frau Schmidt motiviert, nun wird sie sehen, mit welchem Ergebnis die weiteren Gespräche verlaufen.

Wir können uns vorstellen, dass Waltrauds Überzeugung nicht in jedem Fall hilfreich ist. Beispielsweise, wenn schnelles Handeln erforderlich ist, wie bei Verkehrsunfällen etwa. Auch Mobbing vermittelt den Betroffen oft den Eindruck, ganz schnell etwas tun zu müssen. Den Überlegungen »Was genau?« und vor allen Dingen »Wozu?« wird wenig Zeit eingeräumt. Zwar bekommt man auch so Resultate, aber eben auch nur IRGENDEIN Ergebnis infolge IR-GENDEINES Handelns. Warum ist das so? Seitens der MobberInnen wird ein enormer Druck ausgeübt, der zu schnellem und damit unüberlegtem Handeln provoziert. Dieser Druck muss aber nicht angenommen werden. Letztendlich nützt er den MobberInnen, die dadurch ihre Ziele mit Unterstützung der Betroffenen noch schneller erreichen. Gegenwehr bedeutet, MobberInnen ein eigenes Ziel entgegenzusetzen, ihnen nicht den Gefallen zu tun, in ihrem Stück die zugewiesene Rolle einzunehmen, sondern sich selbst um die Dramaturgie und die eigene Rolle zu kümmern. Waltrauds Überzeugung erlaubt es ihr, die Geschehnisse mit einem gewissen Abstand zu betrachten, sie erlaubt sich, alles Denkbare zu denken. Dadurch landet sie nicht in einer Sackgasse, sondern auf einer mehrspurigen Allee. Das ist es, was Mut erfordert, wie ihre Tochter ein wenig überrascht feststellt. Nicht so sehr das Handeln als solches ist mutig, sondern das Denken neben der vorgegebenen Spur.

Diese Art, mit Krisen umzugehen bezieht sich natürlich nicht nur auf Mobbingsituationen und ist schon von Epiktet (50-125 n. Chr.) beschrieben worden:

»Zuerst lass dich nicht durch die Vorstellung fortreißen, sondern sage zu dir selbst: warte ein wenig auf mich, Vorstellung, ich möchte sehen, wer du bist und worum es sich handelt; ich will dich erst prüfen! Und dann lass sie nicht weiterschweifen und sich alles ausmalen, denn sonst reißt sie dich mit fort, wohin sie will. Vielmehr setze ihr eine andere, schöne und edle Vorstellung entgegen und treibe die schmutzige hinaus. Und wenn du dich daran gewöhnt hast, dich so zu üben, dann wirst du sehen, was für Arme du bekommst, was für Sehnen und was für eine Spannkraft.«[13]

13 zitiert nach: Rudi Ott, 1999, S. 73 »WERTVOLLER ALS ALLES GOLD IST DIE SEELE«

WALTRAUDS WAHRNEHMUNG

Waltraud Wendes Aufmerksamkeit richtet sich zunächst auf die Steine, die ihr im Weg liegen. Sie zweifelt, ob sie die Kaffeemaschine wirklich angemacht hat, bemerkt, dass der Entwicklungsbericht nicht richtig abgeheftet ist. Sie sucht das Versäumnis AUCH, ABER NICHT NUR bei sich. Spätestens, als sie von der Leiterin hört, dass es Beschwerden über sie gegeben hätte, ist sie sich sicher: »Hier liegt etwas im Argen!« Der Ärger im Verein hat Auswirkungen auf ihr Privatleben, sie mag sich von ihrer Tochter nicht mehr auf der Arbeit anrufen lassen, ist nach Feierabend erschöpft, kommt ins Grübeln. Aber: aufgrund ihrer Überzeugung nehmen die Geschehnisse einen anderen Verlauf als bei Bettina Bleibtreu. Deren Überzeugung suggeriert ihr »Weiter so – nur besser, ich muss mir halt mehr Mühe geben«, während Waltrauds Überzeugung ihr vorschlägt: »Jetzt wollen wir doch erst mal sehen – ich schaue mir die Sache in Ruhe an.« Sie weiß, dass die Ereignisse Konsequenzen haben werden, und die möchte sie nicht dem Lauf der Dinge (in Gestalt ihrer Kollegin Barbara) überlassen, sondern sie will sie aktiv mitgestalten. Ihre Wahrnehmung trifft auf ihre Überzeugung: »Es gibt was zu tun, packen wir's (in Ruhe!) an.« Und aufgrund dieser Überzeugung kann sie wahrnehmen, dass die Ereignisse durchaus auch anders betrachtet werden können.

Waltraud fällt es auch nicht leicht, hinzuschauen. Sie verfällt nicht gerade in Begeisterung, nach dem Motto: »Konflikt, wo bist du? Ich kann's kaum abwarten, mich auseinanderzusetzen!« Aber, wenn sie sieht, dass etwas nicht in Ordnung ist, handelt sie nach ihrer Überzeugung »ICH ANALYSIERE MEINE MÖGLICHKEITEN«. Sie bekommt dadurch Sicherheit, denn sie weiß, sie kann etwas tun. Ob es etwas nützt, steht auf einem ganz anderen Blatt. Was sie dann tut, beschert ihr neue Eindrücke. Dabei nimmt sie weder einen Misserfolg noch einen Erfolg vorweg, sie ist schließlich keine Hellseherin.

Waltraud wird nach gründlicher Abwägung aktiv. Sie geht auf eine Kollegin zu, und es ergibt sich eine Gemeinsamkeit (es könnte genauso gut auch die gemeinsame Begeisterung für Zierfische oder Bergwandern sein), die sie wahrscheinlich nicht entdeckt hätte, wenn sie bei ihrer Wahrnehmung »Die kichern doch hinter meinem Rücken« geblieben wäre. Sie macht den Anfang, und das ist das Entscheidende.

Was riskiert sie dabei? Sie könnte die Entdeckung machen, dass sich alle gegen sie verschworen haben. Aber dann wird sie mit diesem Ergebnis die Situation neu bewerten und andere Wege gehen.

Durch ihre Offenheit kann Waltraud auch die Situation aus der Sicht ihrer Widersacherin wahrnehmen und damit einschätzen. Verständnis für andere bedeutet nämlich nicht, eigene Interessen aufzugeben und am eigenen Handeln gehindert zu werden. Vielmehr werden eigene Interessen leichter durchsetzbar, weil sie – wie hier im Gespräch mit Frau Schmidt – berücksichtigt werden können. Die Leiterin kennt vermutlich Barbaras Interessen und ihre Motivation ziemlich genau, besser also, wenn Waltraud sie auch kennt, um ihre Gesprächsstrategie entsprechend aufbauen zu können. Mit dieser Haltung ermöglicht sie sich eine weitere Wahrnehmung: Frau Schmidt ist gar nicht so entschieden auf Barbaras Seite, wie es den Anschein hatte. Ob die Leiterin das, was sie zu tun beabsichtigt, auch so umsetzen kann, wissen wir nicht, aber das, was Waltraud dazu tun konnte, hat sie getan. Sie differenziert. Statt zu sagen: NICHTS liegt in meiner Macht, weiß sie: Nicht alles, aber EINIGES liegt in meinem Einflussbereich. Dadurch baut sie Selbstbewusstsein auf, wohingegen die Einstellung »Seht ihr ... es bringt ja doch nichts; es wird alles nur schlimmer«, ihr Selbstbewusstsein vermindern würde. Waltraud erlebt sich als Handelnde statt als Opfer der Umstände. Das setzt Energien frei, geht über den Erhalt des Status quo hinaus (der bei Mobbing ohnehin nicht aufrecht zu erhalten ist), und zielt in Richtung »Wende«.

Vielleicht denken Sie jetzt: »Das ist doch nun aber so gar nicht frauentypisch. Analysieren, Handeln und dann auch noch selbstbestimmt ...«

Wir möchten hier einen Unterschied machen: Es ist eine Sache, was Frauen nachgesagt wird, und eine andere, was Frauen tatsächlich tun. Dass Frauen dazu neigen, abzuwarten, bis sie von anderen wahrgenommen werden und eine Chance bekommen (und wenn sie dann keine bekommen, haben sie auch keine), entspricht einer Vorstellung, die manchmal auch von Frauen selbst geschildert wird. Doch Frauen in Mobbingsituationen widerlegen diese Ansicht oft genug und beweisen, dass sie nicht darauf angewiesen sind, von anderen wahrgenommen zu werden, um dann aus der Krise »herausgeführt« zu werden. Frauen können sich durchaus als »selbstbewusst« wahrnehmen, oder in der Situation eine solche Wahrnehmung erlernen, um damit aus der ihnen zugedachten Opferrolle herauszutreten.

WALTRAUDS KONFLIKTVERHALTEN

Auch Waltraud verhält sich so, wie es ihr entspricht, erst abwartend und unschlüssig, dann aber aktiv und bestimmt. Sie trägt damit, so weit es in ihrem Einflussbereich liegt, zu einer deeskalierenden Entwicklung bei. Um bei dem Beispiel des Waldbrandes zu bleiben: Sie macht sich zielstrebig daran, den BrandHERD zu löschen, und das relativ zeitig. Waltraud verhindert damit eine Ausbreitung des Feuers in die Umgebung und gerät so nicht in die Ausweglosigkeit, spürt keine lähmende Erschöpfung. Sie akzeptiert, dass sie sich um den Konflikt kümmern muss, auch wenn sie sich selbst nicht als Verursacherin sieht. Sie übernimmt selbst Verantwortung für ihr Wohlergehen und überlässt sie nicht den anderen. Das definiert sie als Aufgabe, als Pflicht sich selbst gegenüber.

Jede Konfliktsituation löst Gefühle aus, für die Konfliktbewältigung sind alle Komponenten wichtig. Mag sein, dass Waltraud von Gedanken heimgesucht wird wie: »Mein Gott, sind die blöd!«, »Wie kann frau nur so uneinsichtig sein!?«, »Warum muss ausgerechnet ich in so einen Haufen hineingeraten?« Diese Gedanken (und auch Worte!) sind erlaubt, ja geradezu notwendig. Denken und Fühlen gehören zusammen. Das Gefühl zugunsten des Verstandes ausblenden zu wollen, würde zu einer destruktiven Konfliktbewältigung führen, weil sich beides nicht voneinander trennen lässt. Wenn Waltraud schon in ihrem Inneren »trennend« mit dem Konflikt umgeht, kann sie auf der zwischenmenschlichen Ebene, auf der es ja ungleich schwieriger ist, alle Seiten anzuerkennen, kaum zu konstruktiven Lösungen kommen. Waltraud weiß, dass sowohl Denken als auch Fühlen notwendig ist, und sie gibt beidem Raum.

Dem Konflikt mit ihrer Kollegin Barbara stellt Waltraud sich aktiv. Aktiv im Sinne von »Ich bin dabei«. Sie akzeptiert, dass sie ein Teil dieses Konflikts ist. Aus diesem Bewusstsein heraus organisiert sie sich selbst, statt in Pseudoaktivitäten zu verfallen oder sich in äußeren Interaktionen zu verlieren. Sie kann mit eigenen Vorstellungen, sozusagen mit eigenen »Spielregeln« ihren Platz im Geschehen einnehmen. Sie überlässt die Regie nicht länger der Kollegin, sondern versucht, ein eigenes Drehbuch zu schreiben und zu verwirklichen.

Es ist ein weit verbreiteter Irrtum, zu glauben, dass, weil man etwas nicht selbst angezettelt hat, damit auch der Verantwortung enthoben ist, sich Gedanken um mögliche Lösungen zu machen. Etwa nach dem Motto: »Sollen doch die sich darum kümmern, die das heraufbeschworen haben.« Erstens ist jede von dem Zeitpunkt an »dabei«, an dem sie realisiert, dass etwas im Argen liegt (mag ihr das auch noch so überflüssig und ärgerlich vorkommen), und zweitens führt das Ignorieren dieser Tatsache dazu, dass die eigenen Interessen auf der Strecke bleiben. Wenn wir warten, bis andere uns an die Hand nehmen, können wir unter Umständen sehr lange warten. Selbst wenn sich jemand finden sollte, geht es womöglich in eine Richtung, die uns gar nicht behagt.

Wenn wir uns noch einmal DAS MÄRCHEN VON DER SUCHE NACH DEM KÖNIGSSOHN in Erinnerung rufen (S. 84) und auf Waltrauds Konfliktlösungsstrategie beziehen, dann wählt Waltraud den Weg der Diplomatie, um ihr Ziel zu erreichen. Sie versucht eine Konsenslösung, eine Lösung, bei der sich alle Beteiligten als Gewinnerinnen fühlen können. Doch diese Strategie muss nicht zwangsläufig zu dem angestrebten Ziel führen. Beispielsweise könnte Barbara »auf stur« schalten und meinen, ausschließlich ihre Sichtweise sei die maßgebliche, sodass ihr dafür die einhundertprozentige Zustimmung aller gebührt. Oder die Leiterin könnte in der Konfrontation mit Barbara in ihrem Verhalten unsicher werden und letztendlich doch Waltraud zum »Stressfaktor« erklären, den man besser loswerden sollte.

Doch auch wenn die Dinge nicht so positiv laufen, hat Waltraud immerhin alles getan, um es nicht dahin kommen zu lassen. Die Frage, was sie als nächstes tun kann, lässt sich nur schematisch beantworten. Um im Märchen zu bleiben: Sie könnte das Pferd nehmen, um aus sicherem Abstand heraus ihre weitere Strategie zu überlegen, oder sie könnte zum Schwert greifen und kämpfen. Es wäre nicht ratsam, diese Strategien in umgekehrter Reihenfolge anzuwenden, beispielsweise erst anzugreifen und dann den Konsens zu suchen. Niemand würde mit Waltraud verhandeln wollen, nachdem sie »mit den Ketten gerasselt« hat.

Auf eine Konsenslösung hinzuwirken ist unter Stressbedingungen nur schwer bis gar nicht möglich. In unserem Beispiel hat Waltraud Glück, dass sie gerade zur rechten Zeit Urlaub hat, doch es wäre auch ihre Verantwortung, dafür zu sorgen, einen Umstand herzustellen, der ihr eine Pause, einen Abstand zum Geschehen erlaubt, um die Dinge in Ruhe zu durchdenken. Auch wenn Waltraud nicht zufällig Urlaub hätte, wäre sie mitverantwortlich für den Verlauf, den der Konflikt nimmt. Etwas Neues hat nur dann eine Chance, eine »Wende« im Verlauf der Geschehnisse kann nur dann passieren, wenn wir NICHT die Umstände (oder andere Menschen) für eine Situation verantwortlich machen und ihnen die Schuld zuweisen. Die Wende passiert ab dem Punkt, an dem Waltraud sich aktiv mit der Situation auseinandersetzt und bereit ist, ihren Beitrag zum Geschehen zu leisten. Damit setzt sie Ressourcen frei, die Veränderungen möglich machen.

»Gewiss, man kann scheitern, und man kann das Scheitern fürchten. Aber wer nur das Scheitern fürchtet, scheitert sicherlich, denn er kommt nicht dazu, überhaupt auch nur irgendwas zu tun. Man kann sich verspekulieren, und man kann etwas falsch machen, das ist wahr; aber wer in seinem Leben nur alles richtig machen will, macht niemals etwas richtig, und wer grundsätzlich sich davor schützen möchte, dass ihm am Ende eine Chance entgeht oder er auf das falsche Pferd gesetzt hat, wird nie zu einem Gewinn kommen.«[14]

SCHLUSSFOLGERUNGEN

In der alltäglichen beruflichen Hektik an ihrem Arbeitsplatz ist sich Waltraud gar nicht so klar darüber, was sie eigentlich genau will. Erst der Abstand, den sie sich durch ihren Kurzurlaub verschafft hat, versetzt sie in die Lage, sich mit ihren zunächst noch von Ärger, Irritationen und Unverständnis geprägten Gefühlen und diffusen eigenen Wünschen auseinanderzusetzen. Einen Kurzurlaub dazu nutzen zu können, ist natürlich toll – aber nicht zwingend notwendig. Wichtig ist es vielmehr, einen Moment lang innezuhalten, sich bewusst eine Auszeit zu erlauben, um den eigenen Bedürfnissen und Wünschen näher zu kommen. Das hat Waltraud getan.

Waltraud hat vor einiger Zeit ihre Stelle gewechselt und bei »Fit-im-Alter« angefangen, weil sie eine neue Herausforderung suchte und der Verein ihr genau die Art von Aufgabe bot, die sie schon länger suchte. Die neue Arbeit begeisterte sie anfangs, doch im Laufe der Zeit schlich sich ein Unbehagen ein. Die Begeisterung schwand und der Frust nahm zu, bis ein Punkt erreicht war, an dem Waltraud sich sagte, dass es so nicht mehr weitergehen kann. Eher noch intuitiv setzte sie sich ein erstes Ziel: »Schluss mit der Schikane! Mein Wohlbefinden und meine Gesundheit sind mir wichtig.«

Sie hält sich nicht lange damit auf, darüber nachzugrübeln, wie schlimm das alles für sie ist, und was sie alles NICHT will, denn diese Art zu denken führt in eine Sackgasse, weil es sich ja immer wieder um den Status quo dreht, was eher dazu beiträgt, an Bestehendem festzuhalten. Stattdessen macht sie sich konkret daran, darüber nachzudenken, WAS genau sie will und was ANDERS WERDEN SOLL.

14 Eugen Drewermann, 1985, S. 751f., »TIEFENPSYCHOLOGIE UND EXEGESE, Bd. II«

Zunächst macht Waltraud sich Gedanken darüber, ob ihr überhaupt so viel an ihrer jetzigen Arbeitsstelle liegt, dass sie sich vorstellen kann, dort weiterhin zu bleiben und vor allem Zeit und Energie in die Lösung des Konflikts zu stecken. Diese Frage hat Waltraud schnell beantwortet. Sie hatte ja gute Gründe, sich vor einiger Zeit um die Stelle zu bewerben. Warum sollte sie nun, wo es schwierig wird, gleich die Flinte ins Korn werfen? Das widerspricht auch ihrer Lebenserfahrung. Ihr fallen einige Situationen in ihrem Leben ein, die auch nicht einfach waren, und die sie trotzdem gemeistert hat. Waltraud erinnert sich: Was ihr immer geholfen hat, war, sich Klarheit über ihre Wünsche zu verschaffen, zu diesen zu stehen und den Mut zu haben, die Sache anzupacken.

Waltraud will ihre Arbeit behalten. Sie fragt sich allerdings, inwieweit dort eine Veränderung erreicht werden kann. Liegt es im Bereich des Machbaren oder ist es womöglich verlorene Liebesmüh? Ihr wird klar, dass es kein einfaches Unterfangen sein wird, Veränderungen herbeizuführen. Es wird ihr einiges an Energie abverlangen, doch sie will es angehen. Das ist ihr die Sache wert. Und sie weiß, wenn Dinge angesprochen und geklärt sind, wenn sie sich wohl fühlt, wenn die Atmosphäre stimmt, dann wird ihr die Arbeit auch wieder Freude machen und auch ihr Privatleben positiv beeinflussen. Bei dieser Vorstellung glättet sich Waltrauds Stirn, und auf ihrem Gesicht erscheint sogar ein kleines Lächeln. Waltraud stellt sich vor, wie sie entspannt ihre Arbeit machen kann, in den Pausen mit den Kolleginnen ein Pläuschchen hält, und ihr wird klar, dass sie bereit ist, sich dafür zu engagieren.

Waltraud ist es wichtig, mit anderen Menschen einvernehmlich zu arbeiten, dabei ist sie realistisch genug zu wissen, dass es immer Menschen geben wird, mit denen sie nicht viel am Hut haben wird (und umgekehrt diese mit ihr ebenso wenig), dennoch sollte es möglich sein, respektvoll (und einigermaßen offen) miteinander umzugehen, sich andere Meinungen anzuhören und andere Ansichten zuzulassen. Dafür will sie sich einsetzen und überlegt sich, was sie dazu beitragen kann. Ihr ist klar geworden, dass sie sich angesichts der Atmosphäre und der offenen und auch indirekt geäußerten Vorwürfe in den letzten Wochen mehr und mehr zurückgezogen hat und sie nun aufpassen muss, sich nicht selbst ins Abseits zu manövrieren. Um der drohenden Isolation entgegenzuwirken, will sie Schritt für Schritt auf die Kolleginnen zugehen. Sie nimmt sich vor, gleich nach ihrem Kurzurlaub mit ihrer Kollegin Christa, die ihr am sympathischsten ist, ein unverfängliches Gespräch anzufangen.

Um der Situation eine Wende zu geben, ist es aber ebenso notwendig, mit der Leiterin, Frau Schmidt, ein Gespräch zu führen. Diese Vorstellung verursacht Waltraud ein wenig Magengrimmen. Sie weiß aber, wenn sie gut vorbereitet ist und vor allem das im Auge behält, was alle Beteiligten verbindet, dann ist das schon die halbe Miete. Auf den Mund gefallen ist sie ja auch nicht – und wenn sie das bevorstehende Gespräch noch einmal mit ihrer Tochter vorher durchgeht (die kennt sich ja gut mit Kommunikation aus) und auf mögliche Stolperfallen und Fettnäpfchen achtet, kann eigentlich nicht mehr viel schief gehen. Wenn es ihr dennoch nicht gelingen sollte, die Leiterin zu überzeugen, weiß sie wenigstens, woran sie ist und kann dann neu überlegen, wie es weitergehen kann.

PERSÖNLICHE ERFAHRUNGEN

»Abstand halte ich erst einmal für sehr wichtig. Und ich denke, dass es auch ein Stück weit sein muss, dass man's eben annimmt: Es ist jetzt so passiert und ich kann es jetzt nicht ändern. Aber was mache ich jetzt daraus? Eben nicht in dieser Opferrolle bleiben und sich da immer betroffen fühlen, sondern, dass man aktiv wird, dass man aus der Passivität in eine Aktivität kommt.«
Marianne G., 42 Jahre, Angestellte im Theaterbereich

»Was noch dazu kam, war, dass ich vorher im Urlaub war, und für mich klar wurde: ›So, wie's jetzt ist, kann es da für mich nicht weitergehen. Ich muss sozusagen gestärkt und verändert zurückgehen.‹ Ja, das war so ein bisschen wie das Ende von einer Sackgasse: ›Jetzt musst du dich irgendwie umdrehen.‹«
Siba P., 38 Jahre, Sozialpädagogin

»Ich habe eine andere Richtung gebraucht, und deshalb musste ich für mich klarmachen, wie ICH mich verhalte, welchen Platz ich habe.(…) Ich bestimme meine Wege gerne selber, und ich glaube an den Spruch: ›Wer sich nicht bewegt, der wird bewegt.‹ (…) Ich glaube, es ist auch ganz wichtig, dass man sich Plan B aufstellt, wie immer der aussehen mag.«
Daniela O., 48 Jahre, Chefsekretärin

»Ja, ich wollte natürlich nicht gleich wieder aufgeben, ich habe mich ja gefreut auf diese Stelle, ich dachte: ›Wow, das ist die Selbstverwirklichungsstelle

schlechthin, ja, hier kann ich alles einbringen, was ich kann und gerne machen will und noch für'n sinnvollen Zweck.‹«
  Ada E., 33 Jahre, Angestellte im Bereich Öffentlichkeitsarbeit

»Ich hab immer versucht, besonders gut zu arbeiten und besonders korrekt zu sein. Das ist eine starke Wesensart von mir, und das kann sein, dass ich dadurch auch mal auf Neid stoße. Und dann kommen eben noch die äußeren Konflikte, die in der Firma schon sind, dann potenziert sich das ganz schnell, und da muss man unbedingt ansetzen.«
  Marie S., 45 Jahre, Sekretärin

»Wenn es in eine Richtung geht, die nicht mehr gut für mich ist, dann Konsequenzen ziehen, zum Beispiel, indem man den anderen gegenüber tritt. (…) Und zu sehen, was dahin geführt hat. Es geht jetzt nicht um Schuld, sondern darum, zu erkennen, wie eins zum anderen führt; man ist ja auch aktiv.«
  Lisa M., 38 Jahre Angestellte in der Filmbranche

»Ich muss was anders machen, war mein Empfinden. (…) Abstand ist in jedem Fall erst mal gut, ich muss mich auch neu sortieren. Und ich muss auch mit ein wenig Abstand noch mal auf die Vorgänge gucken, auf mich gucken, auf Kollegen gucken.«
  Susanne R., 52 Jahre, Lektorin

»Wenn ich früher etwas über Mobbing im Fernsehen gesehen habe oder etwas darüber gelesen habe, dann dachte ich immer: ›Wieso ziehen die sich den Schuh an? Wieso lassen die das eigentlich an sich ran? Wieso gehen die nicht einfach?‹ Und plötzlich … intellektuell habe ich immer gewusst, das müsste ich eigentlich denken, aber emotional konnte ich das nicht, ich hab mir den Schuh angezogen und hab das an mich rangelassen.«
  Gabi B., 43 Jahre, Architektin

Tanja Trenner

DIE GESCHICHTE

Tanja sitzt bei ihrer Hausärztin im Wartezimmer. Sie ist unruhig. Das ist für sie nichts Besonderes, aber in der letzten Zeit sind zu ihrer ständigen Nervosität verschiedene Symptome hinzugekommen. Migräneanfälle, die sie für mindestens zwei Tage regelmäßig aus der Bahn werfen, ihr Magen scheint verrückt zu spielen, sie hat sich in der vergangenen Woche öfter übergeben müssen. Trotz dieser konkreten Beschwerden weiß sie nicht so recht, was sie der Ärztin gleich sagen soll. Sie weiß, dass sie dringend Hilfe braucht, sie weiß auch, dass es kein Wundermittel gegen Beschwerden gibt, die aufgrund von übermäßigem Stress entstehen. Sie vermutet, dass die beste Hilfe wohl darin bestünde, sie für ein paar Tage aus dem Verkehr zu ziehen, aber im Hinterkopf mahnt eine Stimme: »Du darfst jetzt nicht schlappmachen!« Die anderen PatientInnen blättern entspannt in den herumliegenden Zeitschriften. Tanja hat zwar eine Zeitung in der Hand, merkt aber gar nicht richtig, was sie da eigentlich liest, bis sie auf einen Artikel stößt: »Mobbing am Arbeitsplatz – so wehren Sie sich richtig.« – »Treten Sie dem Mobber entschlossen gegenüber«, liest sie da, »dann wird der schon merken, dass er nicht alles mit Ihnen machen kann!« Wie sie das tun soll, dass DER was merkt, steht da leider nicht. Schon allein die Vorstellung, dass sie morgen mit Herrn Barsch die Planung für die kommende Woche machen soll, lässt sie befürchten, eine weitere Kopfschmerzattacke zu bekommen.

»Die Nächste bitte.« Tanja geht ins Sprechzimmer, die Zeitung immer noch in der Hand. »Guten Tag, Frau Trenner«, begrüßt sie Frau Wohl, »Sie habe ich ja lange nicht gesehen, aber das ist meistens ein gutes Zeichen!«

»Ich fürchte, diesmal nicht«, beginnt Tanja, »mir geht es ziemlich mies, ich habe mittlerweile mindestens einmal in der Woche einen Migräneanfall, außerdem ist mir fast ständig übel. Selbst am Wochenende grüble ich ständig über die Situation in meiner Firma nach, und das lässt mich auch nicht mehr richtig schlafen, nach etwa drei Stunden liege ich für den Rest der Nacht wach und mache mir Gedanken, ob ich wohl morgen mit heiler Haut nach Hause komme. Ich weiß nicht mehr, was ich tun soll.« Sie fängt an zu weinen.

»Nun mal langsam, Frau Trenner. Sie sagen, an Ihrem Arbeitsplatz hat sich einiges zusammengebraut? Und deswegen können Sie schon gar nicht mehr richtig schlafen?«

»Ja, so kann man das sagen, es ist alles so total verfahren, ich weiß nicht mehr, wie ich das alles wieder geradebiegen kann.«

Frau Wohl hört ihr zu und schlägt Tanja vor, erst einmal eine Woche zu Hause zu bleiben, denn Migränemittel, Schlaf fördernde Medikamente und Magen stabilisierende Präparate allein würden nicht dafür sorgen können, dass es ihr langfristig wieder besser ginge.

»Das habe ich mir schon gedacht«, meint Tanja, »aber ich muss da morgen hin!«

»Aber, Frau Trenner«, entgegnet die Ärztin, »Sie sind krank, und in diesem Zustand schaden Sie sich eher, als dass Sie in der Lage wären, etwas ›geradezubiegen‹. Im Gegenteil, womöglich machen Sie irgendeinen Fehler, und dann eskaliert die Situation noch mehr.«

»Aber die glauben doch, ich drücke mich, wenn ich nicht komme, und außerdem hat Herr Barsch dann noch etwas, was er gegen mich ausspielen kann.«

»Erstens scheint Ihrem Kollegen ja wohl jedes Mittel recht zu sein, um Sie ins Unrecht zu setzen, also ist es egal, ob Sie sich hinquälen, oder besser für sich selbst sorgen, und zweitens können Sie, ohne ein wenig Abstand zu gewinnen, sowieso nichts ausrichten!«

Tanja spürt, dass ihr die Argumente ausgehen und irgendwie ist da auch was dran. Geht sie hin, wird man ihr wieder jedes ihrer Worte im Mund herumdrehen und ihr hinterher schleichen, um zu sehen, ob sie nicht irgendetwas falsch macht. Und die Gefahr, dass sie tatsächlich etwas falsch macht, wird in der momentanen Atmosphäre und in ihrem Zustand von Tag zu Tag größer. Zu Hause zu bleiben, vielleicht ein wenig im Park spazieren zu gehen, könnte ihr ganz gut tun. Und wenn die Ärztin schon meint … »Gut«, sagt sie, »vielleicht ist es besser so.«

»Ich sehe Sie dann am Donnerstag wieder, und passen Sie gut auf sich auf!«, wird sie von Frau Wohl verabschiedet.

Die nächsten zwei Tage wird es nichts mit dem Spaziergang. Tanja hat das Gefühl, als würde es ihr noch schlechter gehen, und überdies hat sie nun auch noch Stress mit ihrem Freund. »Na, ich weiß ja nicht«, meint Markus, »wenn du jetzt nicht hingehst, dann bist du doch ganz weg vom Fenster, und überhaupt, wo willst du denn bei der Arbeitsmarktlage und dann noch in deinem Alter eine neue Arbeit herkriegen, wenn der Haupt dir kündigt? Auf so eine Gelegenheit wartet der doch bloß.«

Das war das I-Tüpfelchen in dem schon lange schwelenden Streit, der sich in den letzten Monaten an ihrem Job entzündet hatte. »Du hast doch bloß Angst, dass wir den USA-Urlaub nicht finanzieren können!«, wirft Tanja Markus im Gegenzug vor. »Und überhaupt, was soll ich da als Wrack?«

Markus will einlenken, aber Tanja geht auf Distanz. »Abstand halten an allen Fronten«, denkt sie voll Ironie. Die Anspielung auf ihr Alter nimmt sie ihm besonders übel. Ihren Vierzigsten wollen sie im kommenden Sommer in New York feiern, seit langem ein gemeinsamer Traum von beiden.

Am Sonntagmorgen lässt sich Tanja von ihrer Freundin Karin überreden, mit in die Sauna zu gehen. Entspannung gegen Migräne? Klingt plausibel und hier zu Hause fällt ihr allmählich die Decke auf den Kopf. Sie genießt die Ruhe in der Sauna, schaltet ab, schläft sogar zwischendurch mal ein. Vielleicht sollte sie noch eine Massage anmelden? Nach drei Stunden gehen die Freundinnen in die Saunabar auf einen Kaffee. Das Gespräch kommt bald auf Tanjas Arbeitsplatzsituation. Karin möchte gerne wissen, was Tanja nun vorhat. »Gute Frage«, meint Tanja, »ich weiß es noch nicht. Mittlerweile kann ich mir sogar vorstellen, ganz wegzubleiben, ich meine aufzuhören.« Karin ist ziemlich sprachlos: »Das nenne ich mutig«, meint sie, »aber ich kann auch nicht sehen, was es dir bringen könnte, dort weiterzuarbeiten, außer dauerkrank zu werden.«

»Ja, eine andere Perspektive sehe ich auch nicht. Ich habe ja schon eine Menge versucht, aber entweder wird meine Lage ignoriert, weil der Chef Angst hat, etwas unternehmen zu müssen, wenn er mal genau hinschaut, oder er nimmt mich nicht ernst. In jedem Fall ist mir in den letzten Tagen klar geworden, dass ich unter solchen Voraussetzungen sowieso nicht mehr jahrelang in der Firma arbeiten kann, und da erscheint es mir besser, jetzt was Neues zu suchen, als die Augen weiter zuzumachen. Ich werde nur älter ... und kränker.«

»Du klingst so vernünftig«, bemerkt Karin.

»Ha«, entgegnet Tanja, »da solltest du mal Markus hören, der sieht das ganz anders. ›Der Spatz in der Hand ist immer noch besser als die Taube auf dem Dach‹, mit solchen Sprüchen kommt er mir. Bei ihm hört es sich so an, als wenn ich irgendwas ganz Großartiges aufgebe. Der findet das nicht mutig, sondern eher feige.«

»So ein Quatsch, feige wäre, wenn du ignorieren würdest, was da gespielt wird. Du nimmst die Dinge in die Hand, das ist das Entscheidende!«

»Das muss ich wohl, aber ich weiß halt noch nicht, wie.«

Am Donnerstag geht Tanja wieder in die Sprechstunde von Frau Wohl. So »mutig«, wie ihr Karin unterstellt zu sein, fühlt sie sich überhaupt nicht. Nach wie vor schläft sie sehr schlecht, kann sich zu keiner Entscheidung durchringen, plagt sich mit Existenzängsten herum, und spätestens, wenn sie die Auseinandersetzungen mit Herrn Barsch Revue passieren lässt, befällt sie Bitterkeit.

Was ist eigentlich passiert? Sie hat sich drangemacht, einen chronologischen Verlauf zu dokumentieren. Mittlerweile ist sie schon bei der vierten Version. Die erste war zehn Seiten lang, und selbst sie hatte zum Schluss Schwierigkeiten, zu verstehen, was denn nun eigentlich zu der aktuellen Situation geführt hat. Ihr wurde klar, dass, wenn sie selbst noch nicht einmal mehr den Überblick hat, andere kaum nachvollziehen können, was sie bewegt. Also machte sie sich erneut ans Werk, und hat nun einen relativ knappen, in thematische Absätze unterteilten Bericht, den Frau Wohl überfliegt.

»Tanja Trenner, Assistentin der Geschäftsleitung, seit neun Jahren angestellt, seit zwei Jahren Mobbing durch Kollegen, der zu meiner Unterstützung eingestellt wurde, mich aber tatsächlich bei dem Geschäftsführer als unfähige Mitarbeiterin denunziert«, steht da. Über die Frage, warum er das tut, hat Tanja lange nachdenken müssen. Sie vermutet, dass er ihr den Einfluss auf die Geschäftspolitik und ihr Ansehen bei den Kunden neidet und dass er es richtiger fände, wenn sie ihm assistierte, statt umgekehrt. Nachdem er sehr bald anfing, sie schlecht zu machen, ihre Entwürfe dem Chef gegenüber als die seinen auszugeben, den Kunden zu erzählen, sie sei nicht da und überhaupt sei er nun zuständig, hinter ihrem Rücken die KollegInnen auf angebliche Fehler und Versäumnisse von ihr hinzuweisen und viele andere Dinge mehr, hatte sie eine Unterredung mit dem Chef, Herrn Haupt. Sie artikulierte ganz vorsichtig, dass sie sich von Herrn Barsch nicht so recht unterstützt fühlte, doch Herr Haupt meinte nur, Herr Barsch sei sehr engagiert, und wenn er denn mal übers Ziel hinausschieße, so sei das seinem jugendlichen Elan zuzuschreiben und würde sich für die Firma doch eher positiv auswirken. Durch diese Einschätzung fühlte Herr Barsch sich bestätigt, und die Attacken gegen sie wurden umso heftiger. Herr Barsch schaffte es sogar, in den Tennisclub von Herrn Haupt aufgenommen zu werden. Geschäftliches wurde von nun an von den beiden in der Restauration des Clubs besprochen und Tanja am nächsten Tag vor vollendete Tatsachen gestellt. Das Perfide daran war, dass ihr allmählich tatsächlich die guten Ideen ausgingen, weil es ihr nicht mehr gelang, sich mit Engagement für die Firma einzusetzen. Der Gedanke, mit Herrn Barsch besser bedient zu sein, lag für Herrn Haupt nahe und dementsprechend verhielt er sich. Offiziell war Herr Barsch zwar immer noch ihr unterstellt, aber in Wirklichkeit hatten sie die Rollen längst getauscht. Waren die Würfel gefallen? Sollte sie von sich aus gehen?

»Ich denke, es ist möglicherweise noch zu früh, um eine Entscheidung von solcher Tragweite zu fällen«, äußert Frau Wohl, »außerdem sind Sie nach wie vor krank, Frau Trenner. Wenn Sie überlegen, ob sie selbst kündigen sollten, kann ich Ihnen für diesen Fall bescheinigen, dass sie ihrer Arbeit nicht mehr nachgehen können, ohne Gefahr zu laufen, krank zu bleiben, beziehungsweise noch kränker zu werden. Aus ärztlicher Sicht würde ich Ihnen tatsächlich ernstlich anraten, diese Beschäftigung aufzugeben. Die entsprechende Bescheinigung können Sie dann beim Arbeitsamt vorlegen, und vielleicht würden Sie dann von der Sperrfrist, die bei einer Eigenkündigung vorgesehen ist, befreit.«

»Das wäre schön, wenn es da eine Möglichkeit geben würde«, entgegnet Tanja. »Das wäre auch schwer einzusehen, wenn ich von meinen Ersparnissen auch noch Arbeitslosigkeit überbrücken müsste.«

Etwas erleichtert verlässt Tanja die Praxis und macht sich auf den Weg ins Fitness-Studio. »Das verordne ich Ihnen als einen Beitrag zu Ihrer Genesung«, hatte Frau Wohl gesagt. Darauf wäre sie nie gekommen, hatte sie doch immer angenommen, zu Hause im Bett zu liegen sei das probate Mittel gegen Krankheiten aller Art. Dabei war das Gegenteil der Fall, hatte sie heute erfahren. Ihr Befinden würde sich nur noch verschlimmern, wenn sie sich zu Hause einigelte. Schon am Sonntag in der Sauna wurde sie von Gewissensbissen geplagt und konnte sich nur damit beruhigen, dass ihr Chef ja wohl eher die Sauna in seinem Club benutzen würde, als im städtischen Bad aufzutauchen. Ein Zusammentreffen war also höchst unwahrscheinlich, aber trotzdem, so ganz befreien konnte sie sich von diesem Gedanken nicht.

Tanja ist mittlerweile die dritte Woche arbeitsunfähig, und so allmählich fängt der Knoten in ihrem Kopf an, sich zu lösen. Auch ihr Verhältnis zu Markus hat sich ein wenig entspannt, weil er merkt, das allein Tanjas Idee, die Firma zu verlassen, ihr neue Energie verleiht. Sie hat sogar schon angefangen, die Stellenangebote zu studieren und arbeitet an ihrer Bewerbung.

Morgen hat sie einen Termin bei einer Fachanwältin für Arbeitsrecht. Karin hat sie auf die Idee gebracht, sich doch einmal zu erkundigen, ob es nicht möglich sei, einen Abwicklungsvertrag mit ihrem Arbeitgeber zu vereinbaren. Allem Anschein nach will der doch auch, dass sie den Weg frei macht für ihren Kollegen, und es ist ja durchaus denkbar, dass er sich das was kosten lässt, ja vielleicht sogar kosten lassen muss.

Alles in allem ist Tanja wieder optimistischer geworden, was ihre Zukunft angeht. Soll sie sich die von den Herren Haupt und Barsch verbauen lassen? Das kann und wird sie nicht zulassen. Und Markus wird einsehen müssen, dass sie sich nicht um jeden Preis verbiegen lassen kann. Vielleicht besser, so denkt sie im Moment, rechtzeitig erhobenen Hauptes zu gehen, als sich weiter an einem Arbeitsplatz abzuarbeiten, an dem ihre Mitarbeit so offensichtlich nicht geschätzt, und ihr die Aussicht auf eine bessere Zukunft versperrt bleiben wird.

DER KOMMENTAR

Tanja Trenner ist krank, so krank, dass sie zur Kenntnis nehmen muss, dass sie nicht »einfach so« weiterarbeiten kann, dass sie vermutlich noch kränker wird, wenn sie nicht endlich zur Ärztin geht und deren Rat annimmt. Sie bringt ihre Beschwerden mit Mobbing in Verbindung, nur gibt es dagegen kein Patentrezept, auch wenn das in Zeitschriften oft vorgegaukelt wird. Tanja fühlt sich in einer Zwickmühle, an einem Punkt, an dem sie nichts mehr richtig machen kann, nur noch viel falsch. Das sieht ihre Hausärztin auch so, und meint deshalb, es sei besser, wenn Tanja mal zu Hause bliebe. Im Grunde weiß Tanja das selbst. Sie »ziert« sich zwar noch ein bisschen, aber sie erwartet nicht wirklich von Frau Wohl, dass diese sich ihre Beschwerden erzählen lässt, um sie alsdann aufzufordern, krank zur Arbeit zu gehen. Genau dieses Wissen lässt Tanja vermutlich so lange zögern, überhaupt in die Praxis zu gehen, sie ahnt das Ergebnis, und versucht es zu umgehen. Sie schätzt die Situation als »total verfahren« ein, und vermutet richtig, dass sie durch ein »mehr vom Gleichen« keine Veränderung herbeiführen kann. Ein neues Konzept muss her, das aber gibt es nicht auf Rezept, und dazu braucht frau einen verhältnismäßig klaren Kopf.

Tanjas Überzeugung

Ich glaube daran, dass ich (Schritt für Schritt) eine Lösung für mein Problem finden werde, so lautet Tanjas Überzeugung. Sie weiß, dass es nicht den ultimativen Ratschlag gibt, dass es nicht sinnvoll ist, nach der alles auf einen Schlag lösenden Formel zu fahnden. Im Gegenteil, beständiges Grübeln über etwas, das einem gar nicht einfallen kann, weil es das so nicht gibt, würde bei ihrer Migränedisposition vermutlich für Dauerkopfschmerz sorgen, würde ihren Nachtschlaf womöglich noch mehr verkürzen und ihren bereits angegriffenen Magen noch sensibler reagieren lassen. Also unternimmt sie einen ersten Schritt, einen, dessen Tragweite sie absehen kann. Sie stimmt einem Vorschlag zur Verbesserung ihrer Gesundheit zu. Sie erlaubt sich, innezuhalten, ohne Alternativen zur Hand zu haben. Sie ist davon überzeugt, dass es viele Schritte zu einer Lösung sein werden, und dass sie den letzten Schritt gar nicht sehen kann, wenn sie den ersten nicht tut.

Aus dem ersten Schritt ergeben sich Konsequenzen: der zweite Schritt folgt. Wenn sie schon »aus dem Verkehr gezogen« ist, fühlt sich Tanja auch aufgefordert, dieser Auszeit einen Sinn zu geben, und in ihrer Lage ist nun ein anderes Programm angesagt als beispielsweise bei einem gebrochenen Fuß. Der Abstand, den sie durch Entspannung einerseits und Fitnesstraining andererseits gewinnt, führt dazu, dass ihre Idee, die Firma endgültig zu verlassen, endlich an die Oberfläche kommen kann. Nun kann Tanja den Gedanken auch aussprechen und ihn als eine Option betrachten. Ihr Freund Markus sieht das anders. Dieses »Step-by-step-Programm« erscheint ihm zu unsicher. Wer weiß, was dabei herauskommt? In gewisser Weise ist seine Ansicht verständlich, denn auch seine Interessen werden ja davon berührt, wenn Tanja ihren Arbeitsplatz aufgibt, schließlich geraten dadurch ihre gemeinsamen Pläne in Gefahr. Dass die schon lange in Gefahr sind, hat er ignoriert, wie Tanja bisher auch. Nur sie ist fast täglich mit der Nase darauf gestoßen worden und muss jetzt zudem die Rechnung in Form von Krankheit begleichen. Tanja hat sich zum Handeln »aufgerafft«, Markus kann sich nun widersetzen oder mitgehen.

Ein weiterer Schritt auf Tanjas Weg ist, die Geschehnisse zu beschreiben, schriftlich zu fixieren, was sie in diese Lage gebracht hat. Sie lässt in einem ersten Versuch ihre Enttäuschung heraus, kann ihre Kollegen nach Herzenslust beschimpfen, erlaubt sich endlich einmal, ihrer Empörung unzensiert Ausdruck zu geben. Aber sie belässt es nicht dabei, sie probiert mehrere Varianten, eine auch unter dem Aspekt: Ist die Geschichte für Außenstehende verständlich und nachvollziehbar? In diesem Schreibprozess »veräußert« sie buchstäblich ihre Erlebnisse. Das biographische Erzählen ist für sie Diagnose und Therapie zugleich und dient dazu, den Mobbingverlauf so zu erzählen, dass er sie, die Erzählerin, über die Krise trägt und sie stärker und widerstandsfähiger macht. Dabei geht es nicht um eine objektive Wahrheit, sondern darum, wie Tanja ihre Erlebnisse und die daraus resultierenden Erkenntnisse in ihr Leben integrieren wird. Die Arbeit an ihren Aufzeichnungen macht sie zu einer handelnden Person. Mag sein, dass sie nicht optimal auf die Entwicklung am Arbeitsplatz reagiert hat, aber im Prozess des Schreibens begreift sie nach und nach, dass sie Optionen hat, sie lernt, ihre Geschichte so zu erzählen, dass sie damit ihre Identität und ihr Selbstvertrauen stärkt.

Tanjas Aufarbeitung der letzten zwei Jahre bringt sie mehr und mehr zu der Einschätzung, dass die Entwicklung nur noch schwer umkehrbar ist, wichtiger noch, sie sieht gar keinen Sinn mehr darin, es überhaupt noch zu versuchen, in ihrer Firma auf ein faires Miteinander hinzuwirken. Ihre Überzeugung hat ihr geholfen, die Frage SHOULD I STAY OR SHOULD I GO? für sich zu beantworten. Und nun, da sie weiß, wohin sie will, kann sie schauen, wie, das heißt über welchen Weg sie weiter kommt. Der nächste Schritt ist folglich, Informationen über dieses »Wie« zusammenzutragen. Die Zielfindung hat es Tanja erleichtert zu entscheiden, WELCHEN Weg sie probieren sollte. Das Erreichen dieses nächsten Etappenziels erleichtert sie sich, indem sie schaut, WIE der Weg dorthin beschaffen ist. Die Erprobung dieses Weges wird vorstellbar, weil Tanja ein Ziel vor Augen hat. Sie läuft nicht Gefahr, sich im Unbestimmten zu verlieren. Ihr Ziel ist vielleicht noch etwas vage, aber sie hat in den vergangenen zwei bis drei Wochen ein Gefühl dazu entwickelt, das nun ihre Aktivitäten steuert. Und siehe da, der Weg fängt an, Gestalt anzunehmen. Tanja hat sich ihre Überzeugung bestätigt: Schritt für Schritt bahnt sie sich einen Weg aus der Krise und zeigt damit ein hohes Maß an Selbstverantwortung.

»*Ein selbstverantwortlicher Mensch, der Maß und Ziel besitzt, kann sich zwanglos anpassen, ohne sich dabei überanzupassen, und kann seiner Wege gehen, ohne dabei fehlangepasst ins Abseits zu laufen. Seine Identität ist stabil, weil sie beweglich ist. Ein solcher Mensch ist kompromissbereit, besitzt aber ein sicheres Gespür für faule Kompromisse, für die Grenze zum Opportunismus, wo der Bogen überspannt und die Identität gebrochen würde. An diesem kritischen Punkt erhebt sich ein solcher Mensch wie eine starke Feder und folgt seiner inneren Stimme.*«
(Joseph Huber)

Tanjas Wahrnehmung

Tanja Trenners Körpersignale übermitteln ihr nachhaltig: »Achte auf deine Gesundheit, geh endlich zur Ärztin.« Sie hat natürlich schon länger wahrgenommen, dass es ihr zunehmend schlechter geht, allerdings hat sie noch keine Konsequenzen daraus gezogen – bis zu dem Zeitpunkt, an dem fast gar nichts mehr geht. Ihre Überzeugung SCHRITT FÜR SCHRITT WERDE ICH EINE LÖSUNG FÜR MEIN PROBLEM FINDEN, beinhaltet eben keine Aussage darüber, wie lang diese Schritte sind (was gut ist), und auch keine, wann der Zeitpunkt gekommen ist, loszulaufen (was weniger gut ist). Aber erst einmal ins Laufen gekommen, rollt die Entwicklung auf eine Lösung zu, und das dann auch ziemlich zügig.

Heißt das, dass ohne Krankheit ihre Wahrnehmung auf den Status quo gerichtet geblieben wäre? Bei Tanja (und bei vielen Frauen in ähnlichen Situationen) ist das so. Erst die Lenkung der Wahrnehmung von den äußeren Umständen auf sich selbst ermöglicht ihr, einen anderen Standpunkt einzunehmen und eine Perspektive zu entwickeln, die dann ihre Überzeugung auf den Plan ruft. Tanja hat sicherlich auch schon vorher erkannt, dass die Situation sehr problematisch ist, allerdings hatte sie das bisher nicht veranlasst, etwas zu verändern – bis zu ihrem Entschluss, ihre Hausärztin aufzusuchen.

Das Drehbuch für die Mobbingsituation wurde von ihrem Kontrahenten Herrn Barsch bestimmt, auch wenn Tanja Einspruch eingelegt hatte. Der wurde jedoch einfach abgewiesen, und es ging weiter im Text. Veränderung ergibt sich auch bei Tanja erst dadurch, dass sie sich selbst ins Spiel bringt, dass sie an einem eigenen Drehbuchentwurf tüftelt.

Tanja bringt den Mut auf, ihre voraussichtliche Zukunft in ihrer Firma realistisch einzuschätzen. Wie Schuppen scheint es ihr dann von den Augen zu fallen, dass ihre Vorstellung von beruflicher Zukunft sich wohl nicht mit der deckt, die Herr Haupt ihr zugedacht hat. Nun nimmt sie wahr, dass die Lage »total verfahren« ist. Innerlich hat sie bereits gekündigt und visualisiert sich sozusagen weg von der Firma. Diese »Wandlung« kommt für ihre Umgebung sehr plötzlich. Bei Tanjas Freundin Karin löst sie erst mal großes Erstaunen aus, dann aber kann sie Tanjas Überlegungen nachvollziehen, ja sogar noch ergänzen. Tanjas Freund Markus dagegen hat mit ihrem Sinneswandel so seine Probleme: »Erst zwei Jahre lang gute Miene zum bösen Spiel machen und dann plötzlich eine Kehrtwende um einhundertachtzig Grad vollziehen!« Tanja lässt sich in ihrer Überzeugung allerdings nicht erschüttern. Nun, da sie erst einmal das bis dahin Unmögliche gedacht hat, verfolgt sie konsequent ihren Weg. Jetzt, wo sie sich nicht mehr die Frage stellt: »Wie halte ich in der Firma durch?«, sondern: »Wie finde ich eine Lösung für die Mobbingsituation?«, erweitert sie ihr gedankliches Spektrum um eine entscheidende Dimension. Außerdem erlaubt sie sich, wahrzunehmen, dass auch andere Aktivitäten, die zunächst nicht direkt mit der Problemlösung zu tun haben, entscheidende Schritte auf ihrem Weg sein können. Dass sie Vorschläge wie einen Saunabesuch aufnimmt und auf »ärztliche Anweisung« ins Fitnesscenter geht, wäre vor ihrer Kehrtwende vielleicht nicht möglich gewesen. Sie hätte so etwas als Zeitverschwendung und Ablenkung vom »Eigentlichen« abgetan. Nun aber ist für sie etwas anderes das »Eigentliche«, und da sind eben auch andere Heilmittel angebracht.

Wer konsequent seinen Weg verfolgt, löst damit auch bei anderen neue Wahrnehmungen aus. Tanja ist nun nicht länger die »Doña Quichota«, die gegen Windmühlen kämpft. Herr Barsch und Herr Haupt werden ihre Wandlung wohl nicht mehr mitbekommen, aber Markus wird sich so seine Gedanken machen. Auch bei ihm führen andere oder neue Wahrnehmungen zu anderen Ergebnissen.

Tanja ist, wenn auch nicht ohne Blessuren, auf eine neue Spur gekommen. Ausgehend von ihrer Wahrnehmung, die auf ihren Gesundheitszustand gelenkt wurde, trat ihre Überzeugung auf den Plan, die von ihr forderte, eine Lösung für ihr Problem zu finden. Besser spät als nie, sagt der Volksmund, oder, etwas eleganter, mit den Worten von Franz von Liszt: »Glücklich, wer mit den Verhältnissen zu brechen versteht, ehe sie ihn gebrochen haben.« So gesehen, können wir Tanja als glücklich bezeichnen, sie ist an einem kritischen Punkt ihrer inneren Stimme gefolgt.

TANJAS KONFLIKTVERHALTEN

Tanja durchläuft verschiedene Konfliktetappen. Zunächst (in der ersten Etappe) ist ihr Verhalten darauf ausgerichtet, den »richtigen« Zustand wiederherzustellen. Dieser Soll-Zustand beinhaltet ihrem Verständnis nach, dass sie die Assistentin des Geschäftsführers ist und Herr Barsch ihr zuarbeiten und den Rücken freihalten soll. Aber ihr Kollege hat eine andere Vorstellung vom Soll-Zustand, und er ist auf dem Wege, seine Vorstellungen auch umzusetzen.

Tanja ist zwar durchaus im Recht, es gibt ja so etwas wie Stellenbeschreibungen, Einstellungsabsprachen und anderes mehr, die festlegen, wer welche Aufgabe hat, aber: Sie musste einsehen, dass ein weiteres Beharren auf ihren Ansprüchen, ihrem »Recht«, sie nicht zu einem zufriedenstellenden Ergebnis führen würde. Natürlich könnte sie nun immer weiter darauf pochen und sagen: »So war das nicht abgemacht!«, aber was würde ihr das nützen? Mit dem Rechthaben ist das so eine Sache, es obliegt der Betrachterin, von welchem Standpunkt aus sie eine Situation anschaut. Wir wissen ja nicht, ob Herr Haupt Herrn Barsch Hoffnungen auf eine schnelle Karriere gemacht hat, von denen Tanja gar nichts weiß, sodass Herr Barsch sich ebenfalls im Recht fühlt.

Wenn beide um ihre Positionen kämpfen, ist das Ergebnis jedenfalls immer: eine oder einer bleibt auf der Strecke. Das heißt, wenn Tanja mit »harten Bandagen« kämpft, stehen ihre Chancen nicht allzu gut, als Siegerin vom Platz zu gehen, denn ihre Ausgangsposition ist durch die Haltung des Chefs schlechter als die ihres Kollegen. Und der Einsatz ist hoch: außer dem Arbeitsplatz ist auch ihre Gesundheit in Gefahr. Wie flexibel »recht zu haben« sein kann, erzählt folgende Geschichte aus dem Zen-Buddhismus:

Ein Zen-Lehrer wandelt in Begleitung zweier Schüler durch den Klostergarten. Angeregt diskutieren sie über die Liebe, das Leben und den Tod ... Plötzlich bleibt einer der Schüler stehen und ruft empört den Lehrer zum Zeugen: »Meister, Meister! Hast du das gesehen? Der Gärtner dort hat eine Schnecke umgebracht! Meister, das darf er nicht, denn das Leben muss man schützen, hab ich nicht recht, Meister?«

»Doch, du hast recht.«

Der Gärtner hat das gehört; er tritt an den Meister heran und sagt: »Ich bin anderer Meinung als dein Schüler da. Ich töte die Schnecken, um unser eigenes Leben zu schützen. Wenn ich die Schnecken, Kartoffelkäfer und übrigen Schädlinge im Garten gedeihen lasse, werden wir selbst nichts zu essen haben. Und da wir in diesem Kloster nur von dem leben, was wir selbst anbauen, ist es doch eine Art Lebensschutz, wenn man Schnecken tötet. Hab ich nicht recht, Meister?«

»Doch, so gesehen hast du recht.«

Daraufhin ruft nun der zweite Schüler, der bis dahin geschwiegen hatte: »Meister, das verstehe ich nicht. Mein Mitbruder sagt, es sei ein Vergehen gegen das Leben, wenn man Schnecken tötet, und du gibst ihm recht; der Gärtner wiederum sagt, es sei eine Art Lebensschutz, wenn man Schnecken tötet, und auch ihm gibst du recht. Das ist doch nicht logisch, Meister!«

Der Meister wendet sich dem zweiten Schüler zu und sagt zu ihm: »Du hast recht!«

Was Tanjas Versuch, ihr Recht durchzusetzen, zunächst einmal zur Folge hat, ist eine Verschlechterung ihres Gesundheitszustandes, der dann die zweite Etappe einläutet. Sie sieht sich gezwungen, eine Pause einzulegen, ihr Tagesablauf wird ein anderer und sie hat den Kopf freier, um neue Gedanken zuzulassen. Tanja stellt ihre bisherige Strategie infrage. Dabei wird ihr immer klarer, dass ihr Kollege dadurch, dass er mit dem Chef privat verkehrt, seinem Ziel viel näher ist als sie ihrem. Außerdem sieht sie in der Reaktion von Herrn Haupt, dass der nicht nur »nichts« tut, um sie zu unterstützen, sondern durch seine Einstellung und sein Verhalten im Konflikt zwischen Tanja und Herrn Barsch den Zielen ihres Kontrahenten noch Vorschub leistet. Sie beschließt also, einmal über mögliche Alternativen nachzudenken. In dem Märchen von der Königstochter (s.S. 84) entspricht das der »Pferdestrategie«, einem einstweiligen Rückzug. Sie reitet von dannen, entfernt sich vom Ort des Geschehens (bleibt krank zu Hause), um aus diesem sicheren Abstand heraus zu überlegen, was ein Ziel sein könnte, wenn sich das erste Ziel nicht umsetzen lässt, beziehungsweise, wenn die Arbeit daran sich derart negativ auf ihre Gesundheit auswirkt.

Sich einen neuen Arbeitsplatz zu suchen, hat Tanja bisher immer als Flucht verstanden, als ein Verlassen ihres angestammten Platzes, schließlich war sie ja eher da. Dieses Verständnis führte zu Durchhalteparolen wie »Du darfst jetzt nicht schlappmachen«.

Nun probiert sie (in Gedanken) aus, wie es wäre, wenn … Sie konfrontiert ihr privates Umfeld damit und stellt fest, dass das, was sie für eine gute Idee hält, nicht bei allen bedingungslosen Beifall findet. An den Reaktionen von Markus merkt sie, wie sicher sie sich mit der Vorstellung von einem Abschied in ihrer Firma fühlt. Er liefert ihr die Gegenargumente, an denen sie überprüfen kann, ob ihre Lösung nicht doch einen Haken für sie hat, ob sie nicht doch »Flucht« bedeutet. Aber je mehr Aktivität sie in diese neue Zielrichtung steckt, desto sicherer wird sie ihrer Sache. Sie weiß, dass eine Kündigung in der Firma ein Schritt nach vorne wäre, und keiner zurück. Ein »Nebeneffekt« sozusagen ist auch, dass ihre frisch erworbene Sicherheit auf ihre Umgebung abfärbt, dass sich beispielsweise das Verhältnis zu Markus mit ihrer zunehmenden Klarheit entspannt. Wie in allen Beziehungen gibt es auch hier einen Rückkoppelungseffekt: Unsicherheit erzeugt Unsicherheit und Sicherheit erzeugt Sicherheit, aber nur dann, wenn beide auf ein gemeinsames Ziel, in diesem Fall eine Beziehung MITEINANDER, hinsteuern.

An Tanjas Arbeitsplatz verhält es sich anders. Die zunehmende Sicherheit von Herrn Barsch lässt Tanja immer unsicherer agieren und je unsicherer sie wird, desto sicherer wird Herr Barsch seiner Sache, und zwar deswegen, weil es kein gemeinsames Ziel gibt. Sie wollen beide kein MITEINANDER, sondern ein OHNE-EINANDER.

Tanja ist auf dem Weg, Konsequenzen aus dem bisherigen Geschehen zu ziehen. Ihr Verhalten wird »stimmiger« und ist nun an dem, was SIE will, orientiert, nicht mehr an dem, was Herrn Barsch vorschwebt, und das sie zu verhindern trachtet. Sie geht IHREN Weg und versucht nicht länger, unbeschadet auf einem Weg voranzukommen, der voller ungesicherter Baustellen ist.

SCHLUSSFOLGERUNGEN

Hin und her gerissen zwischen ihren beiden inneren Stimmen »Jetzt bloß nicht schlappmachen!« und »Du brauchst dringend Erholung – und wenn es erst mal nur für ein paar Tage ist«, entschließt sich Tanja, der fürsorglichen Stimme nachzugeben. Sie nimmt die immer massiver auftretenden Migräneanfälle und die schlaflosen Nächte endlich ernst und holt sich Hilfe bei ihrer Hausärztin.

Vielleicht muss es für Tanja erst »so weit« kommen, vielleicht müssen die Kopfschmerzen sich so ins Unerträgliche und damit in eine körperliche Krise steigern, damit sie von Tanja »wahrgenommen« und als Signale ihres Körpers gedeutet werden können. Erst dann kann sie einsehen, dass es so für sie nicht mehr weitergeht und dass sie unter der Belastung schier zu »zerbrechen« droht. Mit ihrem Gang zur Ärztin leitet Tanja eine Wende ein. Frau Wohl bringt Tanja dazu, ihre bisherigen Überlegungen zu hinterfragen und aus ihrem einengenden Gedankenkarussell auszusteigen. Tanja gestattet sich eine Auszeit, um erst einmal wieder auf die Beine zu kommen.

Ganz so einfach ist es für sie zunächst aber nicht, dieses Vorhaben auch gegenüber ihrem Freund zu vertreten, zumal dieser mit seinen Bemerkungen genau wieder die Ängste anspricht, die Tanja bisher veranlasst haben, die Zähne zusammenzubeißen und an ihrer unerträglichen Arbeitssituation festzuhalten. Doch instinktiv spürt sie, dass Arbeit zu haben nicht die oberste Maxime sein kann, schon gar nicht, wenn der Preis ihre Gesundheit ist. Und die ist ihr wichtig, dafür will sie etwas tun. Vorerst ist sie ja krank geschrieben, und ihre Ärztin hat signalisiert, dass eine Woche vielleicht gar nicht ausreicht. Doch mit Krankschreiben allein ist es auch nicht getan. Tanja weiß, dass sie etwas tun muss, dass eine Entscheidung ansteht, doch welche?

Ganz tief aus ihrem Inneren kommt ein Gedanke hoch, den sie bislang kaum zu denken, geschweige denn laut auszusprechen gewagt hat: »Und wenn ich da ganz aufhören würde?« Mit Markus, das ist ihr klar, braucht sie darüber gar nicht erst zu diskutieren, seine Ansicht kennt sie – in gewisser Weise versteht sie ihn auch. Doch das nützt ihr im Moment gar nichts, sie braucht Unterstützung, und die kann Markus ihr zu diesem Zeitpunkt nicht geben. Sie findet sie schon eher bei ihrer Freundin Karin. Mit ihr redet sie in der Sauna über ihre Situation und spricht den Gedanken einer Kündigung das erste Mal laut aus. Fast ist sie darüber ein bisschen erschrocken, muss aber trotzdem in sich hinein lächeln, ähnlich wie die Schauspielerin Grete Weiser, die einmal schmunzelnd in ihrer unnachahmlichen Art und Weise äußerte: »Wie soll ich wissen, was ich denke, bevor ich höre, was ich sage?«

Will Tanja DAS tun? Kann sie sich vorstellen auszusteigen, womöglich sogar ohne einen neuen Arbeitsplatz zu haben; kann sie einen Ausstieg ins Ungewisse wagen? Tanja weiß, dass sie so eine wichtige Entscheidung nicht einfach übers Knie brechen kann, die Gedanken beginnen wieder zu kreisen und lassen sie auch im Schlaf hochschrecken. »Stopp«, sagt sich Tanja, »dreimal tief durchatmen, und dann alles der Reihe nach. Ich sortiere erst einmal und verschaffe mir Klarheit.« Und wie? Hatte ihr Karin nicht etwas von diesem Workshop »Biografisches Schreiben« erzählt? Geschrieben hatte sie doch schon als Jugendliche, ihrem Tagebuch hatte Tanja ihre Probleme anvertraut, und oftmals war sie danach nicht nur erleichtert, sondern hatte auch so manchen Weg aus einer Phase der Orientierungslosigkeit gefunden.

Tanja beginnt also damit, ihre Mobbing-Geschichte aufzuschreiben, und gewinnt der ganzen Situation immer mehr Facetten ab. Immer deutlicher wird ihr, wie auch die anderen (der Chef, die KollegInnen) miteinander verflochten sind, und Tanja erfährt so einiges über sich selbst. »Ohne die Arbeit bin ich nichts wert«, so eine ihrer Überzeugungen. Ihr ganzes Selbstwertgefühl, ja ihre ganze Identität scheint mit der Arbeit untrennbar verbunden zu sein. Tanja hält inne. Aber diese Arbeitsstelle trägt ja schon seit geraumer Zeit nicht mehr dazu bei, ihren Selbstwert zu stabilisieren, ganz im Gegenteil. Und trotzdem hält sie an ihr fest? Ist das gesund? Und ist es nicht an der Zeit, ihre Überzeugungen einmal zu hinterfragen? Arbeit zu haben, ja, das ist ihr wichtig, aber muss es dieser Arbeitsplatz sein?

In dem Maße, wie es Tanja gelingt, ihre früheren Sichtweisen infrage zu stellen, wird ihr bewusst, dass es jetzt an der Zeit ist, den Kurs zu ändern und eine neue Richtung einzuschlagen. Mehr und mehr kann sie sich lösen von ihrem ursprünglichen Ziel »Ich muss meine Arbeitsstelle (be)halten, koste es, was es wolle« hin zu einer neuen, der Situation und ihren Bedürfnissen angepassten Richtung: »Ich lasse los«.

Zugegeben, bis dahin muss sie noch einiges unternehmen, denn Loslassen ist nicht leicht und nicht mit einem Fingerschnippen getan. Doch wie sagt schon ein persisches Sprichwort: »Alle Dinge sind schwer, bevor sie leicht werden.« Tanja braucht Zeit, das hat sie begriffen – und die Zeit wird sie sich nehmen. Wer drängt sie denn? Sie selbst bestimmt die Geschwindigkeit, ob sie Stoff gibt, oder sachte wie durch eine Tempo-Dreißig-Zone fährt.

Tanja macht sich einen Plan: »Ich nehme mir die nächsten zwei Wochen Zeit, um mich konkret mit einem möglichen Abschied von der Firma zu beschäftigen. Dazu brauche ich noch mehr Informationen. Ich werde mich bei einer Anwältin, beim Arbeitsamt und in der Beratungsstelle XY informieren und auch mit Frau Wohl darüber reden. Das wird mir mehr Sicherheit geben. Gleichzeitig sorge ich für meine Gesundheit, indem ich mich einmal in der Woche mit Karin in der Sauna treffe und ins Fitness-Studio gehe. Damit geht es mir körperlich besser und ich bekomme mehr Energie. So aufgetankt gehe ich meinen Wechsel in eine andere Firma Schritt für Schritt an.«

PERSÖNLICHE ERFAHRUNGEN

»… Ich habe dann also wirklich dieses Loslassen immer wieder geübt, und habe gesehen, was für eine Kraft daraus erwächst. (…) Und ich sehe es nicht so, dass diese Leute jetzt denken, sie haben gesiegt, sondern: ich habe für mich einen Sieg errungen, auch nicht gegen die, sondern für mich selbst.«
    Marianne G., 42 Jahre, Angestellte im Theaterbereich

»… Was mir geholfen hat, ist, dass ich mir erlaubt habe, dann irgendwann in dem Prozess zu sagen, so, und jetzt setz ich mich mal hin und fang an, drüber nachzudenken, wie ich eigentlich wirklich leben will, das heißt, den Blick nach vorne zu richten – dieses Festhalten ist ja wie so ein Blick nach hinten – und zu sagen: Der Rest des Lebens steht mir bevor, und jetzt mache ich was damit, und mache es mit dem Wissen, was ich mir jetzt angeeignet hab, mit dem Wissen um meine Schwächen und Stärken. (…) Und ich kann mir auch zugestehen, ich kann und ich darf wirklich traumhafte Ziele haben, und ich darf auf dem Weg zu diesen Zielen auch Anfängerin sein, ich darf sozusagen lernen, wie ich dahin komme.«
    Siba P., 38 Jahre, Sozialpädagogin

»Ich spielte auf ziemlich verlorenem Posten, zumal mein Chef seinen Führungsaufgaben in keinster Weise nachgekommen ist, (…) und ich habe gemerkt, ich krieg da keinen Stich mehr und will in so einem Klima mit so einer Person (dem Kollegen) nicht acht Stunden in einem Zimmer sitzen. (…) Also für mich gab's keinen Grund mehr, eine Minute länger da zu arbeiten, als für mein Empfinden und mein Wohlergehen erforderlich. Ich hab mein Engagement zurückgezogen, ich hab Dienst nach Vorschrift gemacht, ich war freundlich (das alles war schwer genug für mich), aber Extras hat es von mir nicht mehr gegeben. (…) Ja, und das war in der Tat ganz eigenartig, je mehr ich mich auf diese Arbeitsweise eingeschossen habe, je cooler ich gewirkt haben muss, desto aufgeregter wurde mein Kollege.«
    Daniela O., 48 Jahre, Chefsekretärin

»Ich sollte mich da nicht bewähren können … das ging erst mal über mein Vorstellungsvermögen … aber am Schluss hab ich's dann begriffen: Es ist eben so, und jetzt musst du sehen, dass du da wegkommst. (…) Ich brauchte dann noch mal eine Bestätigung von außen, um loslassen zu können, sonst hätte ich immer noch gedacht, da gibt's noch was, was ich probieren müsste.«
    Ada E., 33 Jahre, Angestellte im Bereich Öffentlichkeitsarbeit

»… Ich habe mir gesagt, du bist jetzt hier nicht die große Schuldige, die hier jetzt unter dem Teppich lang kriechen muss, sondern du musst Mut haben, was Neues anzufangen, du musst für dich entscheiden: Wenn dich etwas krank macht, musst du es verlassen, und das war wichtig für mich, das zu erkennen.
Marie S., 45 Jahre, Sekretärin

»Es ist auch schon eine Wahl, was man tut. Ich hatte sogar überlegt, wieder zur Arbeit zu gehen, weil ich in der Zeitung gelesen hatte, dass es gut ist, bis zum Ende durchzuhalten, aber ich hätte da nicht wieder zurückgehen wollen, absolut nicht … Also nicht wie vorher weiterzumachen, als ich diese Krankmeldung weggeschmissen habe, sondern dazu zu stehen: Das will ich nicht mehr, das kann ich nicht mehr, das fördert mich nicht.«
Lisa M., 38 Jahre, Angestellte in der Filmbranche

»Ja, und ich merke, das ist eine Frage des Mutes, zu sagen: Mir bekommt das nicht, davon werde ich krank, wenn ich das mit mir machen lasse. (…) Früher hätte ich gedacht, damit mache ich mich klein, und heute denke ich eher, dass es eine Frage von Stärke ist.«
Susanne R., 52 Jahre, Lektorin

»Ich glaub, ich konnte mich erst dann loslösen, in dem Moment, wo ich gesagt habe: Dann bin ich eben arbeitslos. Dann hab ich an frühere Situationen gedacht, wo ich Arbeit bekommen habe und vorher jemand zu mir gesagt hat, das klappt doch nie. Ich bin ja erst spät mit dem Studium fertig geworden, und da hab ich auch immer wieder gehört, mit neununddreißig als Ingenieurin und Berufsanfängerin, das klappt doch nie. Und das hat alles nie gestimmt, diese negativen Prognosen. Da habe ich gedacht: Wieso soll's jetzt stimmen?«
Gabi B., 43 Jahre, Architektin

Nancy Neuland

DIE GESCHICHTE

Es ist siebzehn Uhr und Nancy hat Feierabend. Sie radelt am Kanal entlang, strampelt sich ihren Frust von der Seele. Sie hat sich in den sechzehn Jahren ihrer Tätigkeit bei einer großen Behörde ihrer Heimatstadt bis zur Sachbearbeiterin hochgearbeitet. Nach ihrer Scheidung ließ sie sich in eine Außenstelle der Verwaltung umsetzen. Wie das Leben so spielt, ist ihr Gruppenleiter dort Clemens Hase, ein alter Freund aus Kinder- und Jugendtagen; unter anderem hatten sie gemeinsam die Tanzschule besucht, sich später aber aus den Augen verloren. Nun ist die Überraschung darüber groß, dass beide schon so lange unter einem Dach gearbeitet haben, ohne voneinander zu wissen. Nancys Befürchtungen, in der neuen Umgebung nicht Fuß fassen zu können, verflüchtigen sich, denn das kameradschaftliche Verhältnis aus früheren Zeiten stellt sich rasch wieder ein.

Umso größer ist ihr Erstaunen, als sie merkt, dass sie zwar mit ihrem Chef wunderbar zurechtkommt, dass aber ihre KollegInnen immer wieder für Spannungen, ja, in der letzten Zeit sogar für massiven Unfrieden sorgen. »Irgendwo hakt es immer, wäre ja auch zu schön, wenn's mal auf der ganzen Linie friedlich wäre«, denkt Nancy. Aber, was sich Babette ihr gegenüber heute wieder herausgenommen hat, das kann sie nicht so einfach auf sich sitzen lassen. Da hat Babette doch tatsächlich ihren Kaffee auf Nancys gerade in wochenlanger Arbeit fertiggestellte Statistik gekippt! Aus Versehen, wie sie mit treuherzigem Augenaufschlag beteuerte. Komisches Versehen, wenn man sich eine Minute später mit den anderen darüber halb tot lacht! Gut, sie muss die Statistik ja einfach nur noch mal ausdrucken, aber das wird sie erst morgen machen können. Clemens war ziemlich ungehalten, er sollte die Statistik eigentlich heute noch bei dem Abteilungsleiter abgeben. Babette grinste derweil schadenfroh in sich hinein. »Na, musst du jetzt unseren lieben Chef enttäuschen?«, fragte sie süffisant. Alles Zufälle? Einbildung? So recht mag Nancy nicht mehr daran glauben.

Sie tritt heftiger in die Pedale, jetzt fängt es auch noch an zu regnen! Sie ist auf dem Weg zum allwöchentlichen Termin mit ihrer Frauengruppe. Nancy freut sich immer auf das Zusammensein, drei bis vier Stunden wird über allgemeine Themen diskutiert, aber es ist auch Platz für Persönliches. Heute brennt es Nancy besonders unter den Nägeln, sie will über ihre KollegInnen erzählen und von ihren Freundinnen wissen, wie sie die Lage einschätzen.

»Das kannst du wirklich nicht auf dir sitzen lassen, wer weiß, was als Nächstes passiert, wenn sie damit durchkommt«, so Regine, als Nancy von Babettes neuesten Eskapaden erzählt. »Das ist doch offensichtlich, dass sie dir dein freundschaftliches Verhältnis zu Clemens neidet. Vielleicht bist du da irgendwie zwischen die beiden geraten? Durch dein Auftauchen haben sich die Dinge ja schon ein wenig verschoben. Aber Clemens könnte da doch mal einiges richtig stellen. Wenn du Babette das mit der Kaffeetasse vorwirfst, wird sie es ja doch abstreiten. Aber vielleicht hilft es ja, wenn sie von ihm ein paar passende Worte gesagt bekommt.«

»Kann auch sein, dass es dadurch nur noch schlimmer wird«, meint Rosa.

»Stimmt«, wirft Nancy ein, »der Geschickteste ist er nicht in solchen Sachen. Aber ich denke auch, ich kann das nicht so stehen lassen, wenn ich es recht überlege, war es ja auch nicht das erste Mal, dass ich den Eindruck habe, da wird etwas gegen mich ausgeheckt. Clemens muss sie ja nicht für alles zur Rechenschaft ziehen, das würde sie wahrscheinlich tatsächlich noch mehr gegen mich aufbringen …«

»Geschickt wäre es von ihm«, schaltet Dagmar sich ein, »er würde erst mal so ganz allgemein vom Klima im Team reden und dann von der Verantwortung aller für gute Zusammenarbeit, aber auch und gerade von ihrer als der Dienstältesten, und dann könnte er sie fragen, was sie dafür tun könnte, damit die Arbeitsatmosphäre besser wird, so in die Richtung. Möglicherweise versteht sie den Wink, wenn sie nicht gleich mit Vorwürfen konfrontiert wird.«

»Na, ich rede mal mit Clemens«, überlegt Nancy laut, »ich danke euch, vielleicht lässt sich da doch noch was in Ordnung bringen.«

Am nächsten Morgen glaubt sie ihren Augen nicht zu trauen. Als sie die Dateien von gestern aufrufen will, passiert … gar nichts! Sie erinnert sich ganz genau, alles penibel abgespeichert zu haben, allerdings hatte sie, weil die Zeit so knapp wurde, keine Sicherungskopien gemacht. Fassungslos fängt sie an hektisch zu suchen, ohne Ergebnis. Panisch stürzt sie zu Clemens ins Büro. »Die Statistik ist nicht da! Ich wollte sie gerade noch mal ausdrucken, sie ist einfach weg!«

»Das gibt's doch gar nicht, ich brauche sie aber jetzt! Wo, zum Teufel, bist du nur in letzter Zeit mit deinen Gedanken? Die anderen haben ganz recht. Ich verlasse mich zu sehr auf dich, und das habe ich jetzt davon!« Clemens läuft nervös vor seinem Schreibtisch auf und ab.

»Halt mal, was soll denn das heißen?« Nancy glaubt es nicht, da wird ihr ganz übel mitgespielt, und Clemens schiebt ihr die Schuld in die Schuhe? »Ich habe den Kaffee nicht über den Ausdruck geschüttet und ich habe auch ganz sicher nicht die Statistik aus dem Computer befördert. Mir scheint ziemlich eindeutig, wer dahinter steckt! Ich soll bei dir in Misskredit gebracht werden, weil ich gewissen KollegInnen im Wege bin!«

»Kannst du das beweisen? Soll ich die etwa mit solchen Behauptungen konfrontieren? Da mache ich mich ja zur Lachnummer!«

»Wie soll ich denn das beweisen? Aber du könntest doch mal mit Babette reden, ich glaube nämlich, dass sie dahinter steckt«, verlangt Nancy. »Klar ist doch, dass etwas überhaupt nicht stimmt, und dass da mal ein Machtwort von dir kommen müsste. So kann es jedenfalls nicht weitergehen, das musst du doch auch begreifen.«

»Mmhh, ich kann Babette ja mal fragen, wie sie die Sache sieht«, meint Clemens.

Nancy merkt, wie sie ungeduldig wird: »Fragen wird da wohl nicht genügen, die streitet einfach alles ab, und dann bist du genauso weit wie vorher. Nein, ich denke, du musst schon mal klären, dass so nicht zusammengearbeitet werden kann, dass das einfach gar keine Zusammenarbeit, sondern Behinderung von Arbeit ist. Ich setze mich wieder an den Computer und fange von vorne an, aber vor nächster Woche werde ich die Statistik wohl kaum fertig bekommen.«

»Du hast ja irgendwie schon recht, ich werde wohl mal mit ihr reden. Ich sage dir dann Bescheid, wie's gelaufen ist.«

Als Nancy eine Woche später mit ihrer Arbeit so weit ist wie sie schon mal war, fragt sie bei Clemens nach, wie sein Gespräch mit Babette ausgegangen ist. Der erwidert: »Ich bin noch nicht dazu gekommen, sag mal, hast du Lust, heute Abend essen zu gehen?«

»Mensch Clemens, das ist mir wichtig, bevor das nicht geklärt ist, habe ich zu fast gar nichts mehr Lust, und schon gar nicht, mit dir in aller Ruhe essen zu gehen. Du hast vielleicht Nerven! Bitte kümmere dich darum, diese ungeklärte Situation macht mich noch ganz verrückt, ich kann schon nicht mehr richtig schlafen.«

»Ist ja gut, wenn dir das so wichtig ist, werde ich mir Babette mal vornehmen.«

Keinesfalls beruhigt geht Nancy aus Clemens' Büro. Draußen sieht sie die KollegInnen bei Kaffee und Kuchen zusammenstehen. Sie sind gerade dabei, Klara zu beglückwünschen, die anscheinend heute Geburtstag hat.

Babette überreicht ihr einen Blumenstrauß und ein Päckchen mit einer Geburtstagskarte von allen. Von allen? Nancy ist baff, davon hatte sie überhaupt nichts gewusst. Niemand hat bei ihr angefragt, ob sie sich beteiligen möchte, sie wusste auch gar nicht, dass Klara heute Geburtstag hat, dabei hält sie diese Kollegin für eine von den Netteren. Sie traut sich nicht, sich dazu zu stellen und nimmt sich vor, später Klara zu gratulieren. Als die anderen schon gegangen sind und Klara sich über das Geschirr hermacht, spricht Nancy sie an. Klara reagiert ziemlich verlegen, sie weiß wohl nicht so recht, was sie von all dem halten soll, und wem sie jetzt eigentlich Loyalität schuldet. Auf der einen Seite sieht sie die Kolleginnen (oder genauer gesagt, eigentlich war es ja Babette, die gesagt hatte, Nancy habe für Geschenke und Geburtstage keinen Sinn, sie würde das für überflüssig halten) und auf der anderen Nancy, die ganz offensichtlich keine Ahnung von der Aktion hatte, und nun ziemlich unbeholfen vor ihr steht.

»Ja, danke«, erwidert sie auf die Glückwünsche, »tut mir leid, jetzt habe ich gar keinen Kuchen mehr.«

»Das macht doch nichts, Klara. Na, ich mach denn mal weiter.« Nancy fühlt sich niedergedrückt. Hat das alles überhaupt noch Sinn? Irgendwie ist die Stimmung umgeschlagen, ohne dass sie das recht mitbekommen hat, und jetzt kommt es ihr vor, als wenn sich alle gegen sie verschworen haben. Es erscheint ihr unendlich mühsam, dagegen zu steuern. Aber irgendwas muss passieren!

Statt ihren gewohnten Freizeitaktivitäten nachzugehen, verbringt Nancy in der nächsten Woche die Abende zu Hause. Ob Clemens heute mit Babette gesprochen hat? Jedenfalls hat sie mitbekommen, dass beide gemeinsam zur Pause gegangen sind. Es wird auch wirklich Zeit. Heute zum Beispiel hat sie herausbekommen, dass Anrufe, auf die sie gewartet hatte, einfach nicht zu ihr durchgestellt wurden. Sie fühlt sich regelrecht sabotiert. Wie soll sie da noch vernünftige Arbeit leisten? Am liebsten würde sie alles hinschmeißen, sollen die doch sehen, wie die ihre Arbeit geregelt kriegen! Überhaupt, sechzehn Jahre Öffentliche Verwaltung, ein Wunder, dass sie nicht noch mehr graue Haare bekommen hat, bei diesem angeblich ja so wunderbar durchstrukturierten Verwaltungsapparat. Von wegen, da kann sie ganz andere Dinge erzählen, aber die will ja niemand hören. Nun hör auf zu jammern, schilt sie sich selbst, werd endlich aktiv!

Am nächsten Tag fragt sie wieder bei Clemens an, wie weit er mit Babette gekommen sei. »Ja, weißt du«, meint der, »Babette denkt, dass du nicht so ganz hier reinpasst, vielleicht ist da was dran. Ich kann mir vorstellen, dass du überarbeitet bist, erst die Umstellung und Eingewöhnung in eine neue Abteilung, und dann gleich die Statistik, und dann hast du ja auch erst die Scheidung hinter dir …, die anderen hatten noch gar nicht die Möglichkeit, dich so kennenzulernen, wie du wirklich bist.«

»Was hat das denn damit zu tun?«, braust Nancy auf. »Dass ich mich so mies fühle und vielleicht wirklich nicht mehr so fix bin hat doch seinen Ursprung in Babettes fiesen Spielchen. Das hat doch dafür gesorgt, dass ich hier mit niemandem wirklich warm werde. Und jetzt fällst du mir auch noch in den Rücken.«

»Na, das stimmt so aber nicht. Vielleicht solltest du erst mal in Urlaub gehen, dich so richtig erholen, du hast ja wirklich viel gearbeitet. Dann sieht die Welt schon wieder ganz anders aus!«

Resigniert verlässt Nancy das Büro. Was nun? Dass Clemens ihr in irgendeiner Form die Stange hält, das kann sie nun wohl vergessen. Mein Gott, wie konnte sie sich nur so täuschen! Vielleicht sollte sie den Personalrat einschalten? Oder die Gleichstellungsbeauftragte? Aber was können die schon tun? Clemens ein bisschen Zivilcourage einimpfen und Babette die Regeln der Fairness beibringen? Wohl ein bisschen zu viel verlangt. Schon wieder eine Versetzung? Das würde sich im Lebenslauf nicht gut machen, und wer weiß, was man von ihr denken würde. Zwei Versetzungen innerhalb einer so relativ kurzen Zeitspanne, da sind Spekulationen Tür und Tor geöffnet.

Am Abend telefoniert sie mit Rosa, wie so oft in der letzten Zeit. Zur Frauengruppe mag sie im Moment nicht mehr gehen, sie hat das Gefühl, allen mit ihrer Hilflosigkeit auf den Geist zu gehen, und bevor ihr das womöglich eine sagt, hat sie sich lieber zurückgezogen. Aber Rosa lässt nicht locker. »O.K.«, meint sie heute, »wenn die dich da nicht wollen, und du sie ja eigentlich auch nicht mehr willst, du hast ja neulich selbst von ›Perlen vor die Säue‹ gesprochen, warum gehst du dann nicht ganz weg? Im Grunde bist du doch schon seit Jahren nicht zufrieden und suchst nach Möglichkeiten, etwas ganz anderes zu machen. Eventuell ist jetzt der Zeitpunkt gekommen, an dem du dich mal ernsthaft damit beschäftigen solltest.«

»Ja, vielleicht hast du recht. Neulich dachte ich sogar, vielleicht gehe ich für ein Jahr nach Spanien. Ich kenne da eine, die auf den Kanaren Ferienhäuser vermietet. Vielleicht hat die was für mich, als Reiseleiterin oder so. Mein Spanisch ist ja ganz passabel, und wenn ich das ein wenig aufpoliere …«

»Langsam, langsam, nicht so schnell. Ernsthaft, sagte ich. Du könntest doch so einen Kurs zur beruflichen Orientierung machen, das wird doch jetzt viel angeboten. So eine Entscheidung kannst du nicht übers Knie brechen. Aber möglicherweise kommst du auf ganz andere, neue Ideen, wenn du mal in völlig neue Richtungen überlegst, bevor du dir an diesem Amt noch die Zähne ausbeißt, wo du im Grunde noch nicht einmal eine Zukunft dort siehst.«

»Da ist was dran. Wer sagt eigentlich, dass ich dort bis zur Rente ausharren muss? Genau das wollte ich doch nie«, sinniert Nancy.

Sie fängt an, mit dieser Idee schwanger zu gehen, schon lange hat sie keine Pläne mehr für ihre Zukunft gemacht. Irgendwie lief immer alles automatisch, die diffusen Unlustgefühle hat sie meist beiseite geschoben. Diese Auseinandersetzung, die Frage »Was will ich?« macht ihr Angst, aber sie beflügelt sie auch. Die Dinge selbst in die Hand zu nehmen, das hat sie lange vermisst, wird ihr jetzt klar. Sie braucht nicht mehr darauf zu warten, dass andere etwas für sie regeln, um dann frustriert zu sein, wenn sie es nicht tun – siehe Clemens. Nein, von dieser Art der »Unterstützung« hat sie gestrichen die Nase voll. Klar, die finanzielle Seite bedrückt sie, immerhin bietet ihr die Verwaltung ein gesichertes Einkommen. Aber, was nimmt sie dafür in Kauf? Und wie sicher ist das wirklich? Und für wie lange noch? Mehr Fragen als Antworten im Moment. Doch sie nimmt sich vor, nach den Antworten zu suchen und sich dabei von professioneller Seite unterstützen zu lassen. Ihr Fernziel ist, mit vierzig Jahren ihr Geld auf andere Art und Weise zu verdienen, ja vielleicht sogar in einem anderen Land zu sein.

Urlaub will Nancy nun tatsächlich nehmen. Auf La Palma will sie sich umschauen und bei den Adressen der Reiseveranstalter, die sie von ihrer Bekannten bekommen hat, einmal vorstellig werden. Vielleicht ergibt sich etwas daraus, und wenn nicht: Sie wird nicht lockerlassen und sich kontinuierlich mit ihrer beruflichen Zukunft beschäftigen.

DER KOMMENTAR

Nancy Neulands Weg in der Verwaltung scheint vorgezeichnet. Nach sechzehn Jahren hat sie sich eine gewisse Position erarbeitet. Nach einer Umsetzung trifft sie – welch freudige Überraschung – auf einen alten Bekannten. »Das lässt sich ja gut an«, mag sie sich gedacht haben. Ihre Sorge, auf Schwierigkeiten zu stoßen, scheint überflüssig zu sein, hatte sie doch bis dahin die Erfahrung gemacht: »Wenn ich mich mit dem Vorgesetzten gut verstehe, dann läuft der Rest von allein.« Das erweist sich als unzutreffend, was Nancy zuerst gar nicht glauben will. Damit hat ihre bisherige Anschauung einen »Knacks« bekommen. Vermutlich hat sie die Tragweite des Verhaltens ihrer KollegInnen (und auch ihr eigenes) erst ab dem Zeitpunkt neu bewertet, als die umgekippte Kaffeetasse ihre wochenlange Arbeit unbrauchbar macht. Das kann sie nicht mehr ignorieren, es macht sie wütend und macht ihr klar: »So geht's nicht, das Maß ist voll, jetzt muss ich was unternehmen.« Die Bedeutung dieses Vorfalls begreift sie noch nicht, aber sie weiß intuitiv, dass mehr dahinter steckt. Sie erkennt auch, dass sie diese Sache nicht isoliert betrachten kann, sondern dass sie in einem größeren Zusammenhang zu sehen ist. Nun muss Nancy erst einmal Rücksprache mit ihren Freundinnen halten, sie braucht Verständnis und Unterstützung. Objektiv hat sich die Lage nur graduell verändert, subjektiv ist für Nancy die Situation von einem Tag auf den anderen anders geworden. Durch diese für sie neue Sichtweise ist sie nicht in ihrer ganzen Tragweite überschaubar.

Nancys Überzeugung

Nun greift Nancys Überzeugung: »Wenn ich merke, dass ich angegriffen werde, verteidige ich mich.« Genau das ist nun passiert, und Nancy sucht nach Möglichkeiten, deutlich zu machen, dass sie nicht weiter so mit sich umspringen lässt. In ihrer Frauengruppe erfährt sie Zustimmung, es werden ein wenig die Motive der Kollegin beleuchtet, Bedenken geäußert, aber auch konstruktive Ideen eingebracht. Vielleicht ist ja nicht alles verloren? Vielleicht lässt sich ja noch mit einer geschickten Intervention etwas retten? Nancy hat leichte Zweifel, sie kennt ihre Pappenheimer, lässt sich aber doch für die Idee erwärmen, Clemens als Vermittler im Konflikt zu aktivieren.

Wie so oft kommt aber alles ganz anders. Der »Kaffeeschikane« zweiter Teil wird am Morgen von Nancy entdeckt. Ohne diplomatische Vorüberlegungen stürmt sie in Clemens Büro und muss erleben, dass Clemens in erster Linie die Schuld auf sie abwälzen will und ihre Nöte gar nicht zu begreifen scheint. Ziemlich halbherzig stimmt er dann zwar ihrem Vorschlag zu, mit Babette zu reden, aber Nancy ahnt schon, dass diese Herausforderung eine Nummer zu groß für ihren Chef ist.

In den nächsten Wochen bestätigt sich diese Ahnung, und nicht nur das, die Situation spitzt sich zu, Nancy wird jetzt ganz offensichtlich isoliert. Sie hat nun zwei Möglichkeiten: entweder sie definiert Babettes Schikane nicht als Angriff, dann gäbe es erst mal nichts mehr zu verteidigen, oder sie bewertet Babettes Verhalten als Kampfansage und reagiert mit einem Gegenangriff. Sie tut Letzteres und stützt sich dabei auf Clemens, ihren Vorgesetzten. Der entzieht sich aber seiner Verantwortung und lässt zu, dass sich die für Mobbingverläufe typische Dynamik weiterentwickelt. Durch sein Verhalten unterstützt und forciert er geradezu diesen Prozess. Auch als Nancy ein drittes Mal darauf dringt, dass er etwas unternimmt, weicht er nicht nur aus, sondern versucht ihr zu erklären, dass sie, Nancy, sich anders verhalten müsse. Clemens ist praktisch alles recht, um zu vermeiden, dass er sich bewegen muss. Das will er natürlich nicht so verstanden wissen, selbst seinen Rückzug möchte er Nancy noch als gut gemeintes väterliches Unterstützungsangebot verkaufen. Nun ist aber bei Nancy der Bogen endgültig überspannt, zumal sie auch bei ihren KollegInnen bestenfalls auf ein verlegenes Schweigen zum Geschehen stößt. Nachdem sie diese Erfahrung gemacht hat, schenkt sie sich den Versuch, beim Personalrat und der Frauenbeauftragten um Unterstützung nachzusuchen. Ihre Erkenntnis ist: »Mein Selbstverständnis steht nicht im Einklang mit dem meiner KollegInnen und mein Chef kann und will nichts daran ändern.« Ihre Grenze kann Nancy zwar verteidigen, aber das führt nicht zu einem Ergebnis, das Weiterarbeit möglich macht.

Bleibt sie weiterhin bei ihrer Überzeugung, stellt sich nun die Frage nach den Konsequenzen, und damit betritt Nancy »Neuland«. Das aber betritt man nicht, »(…) ohne sich darauf einzulassen, die Küste für längere Zeit aus den Augen zu verlieren«, wie schon André Gide festgestellt hat. Alles, was außerhalb der Behörde liegt, ist für Nancy ein Gebiet, das sie zuletzt vor langer Zeit betreten hat. Nach sechzehn Jahren kann man sogar vergessen, dass es das überhaupt gibt. Nancys Reaktion auf diese Wiederentdeckung ist: »Au ja, nichts wie hin!« Ihre Freundin Rosa bremst sie, sie versteht zwar, dass Nancy so schnell wie möglich heraus aus der Situation möchte, aber große Entscheidungen wollen reifen, damit sie tragfähig sind. Einen Prozess, der sechzehn Jahre lang andauerte und in dem sie sich auf den Punkt zu bewegt hat, an dem sie jetzt steht, kann sie ebenso wenig wie andere so mir nichts, dir nichts, abbrechen und durch die erstbeste Alternative ersetzen. Sie braucht einen Plan und sollte zudem sicherstellen, dass sie das, wofür sie sich entschieden hat, auch in absehbarer Zeit noch will. Ein Kurs zur beruflichen Neuorientierung, in dem sie sich beispielsweise mit den Möglichkeiten eines anderen Berufsweges beschäftigt, die ein Neuanfang mit sich bringen würde, könnte Nancy die Zeit geben, alle damit zusammenhängenden Fragen in Ruhe zu klären, und das, ohne eine Entscheidung treffen zu müssen.

Wer, außer ihr selbst, sollte ihr das verwehren? Schauen wir uns einmal unter diesem Blickwinkel die Zeitrelationen an, wenn es darum geht, unser Arbeitsleben zu gestalten:

»Wir verbringen achtzigtausend Stunden unserer Zeit in der Arbeitswelt, und dennoch verbringen die meisten Menschen mehr Zeit damit, den nächsten Urlaub zu planen, für den sie nur fünfhundertvier Tage ihres Lebens aufwenden, als damit, herauszufinden, was sie mit diesen achtzigtausend Stunden machen wollen.«[15]

Da scheint es doch mehr als angemessen, dass Nancy das, was sie beruflich tun möchte, mal gründlich unter die Lupe nimmt. An diesem Punkt der Entwicklung kommt es darauf an, dass Nancy sich Wahlmöglichkeiten schafft, um sich nicht wie die Maus in der Falle zu fühlen. Die Entscheidungsfreiheit, dieses ODER jenes tun zu können, gibt ihr das Gefühl: »Weder Clemens, noch die KollegInnen, noch die Verwaltung, für die ich arbeite bestimmen meine Lebensgeschichte, sondern ICH schreibe sie.«

NANCYS WAHRNEHMUNG

In der neuen Abteilung trifft Nancy Neuland auf einen alten Freund. Sie nimmt wahr, dass sich eine alte Vertrautheit im Umgang mit Clemens wieder einstellt, und das ist für sie, die auf Neues und Ungewisses eingerichtet war, eine so positive Überraschung, dass sie das »Drumherum« vergisst. Ihre Wahrnehmung konzentriert sich derart auf diesen »Glücksfall«, der ihre Befürchtungen verpuffen lässt, dass sie vielleicht schon frühe Anzeichen des »Unmuts« ihrer KollegInnen übersieht. Sie genießt geradezu die üblicherweise recht stressige Eingewöhnungsphase, ihre Wahrnehmung richtet sich erst dann wieder auf die KollegInnen, als diese mit Nachdruck auf sich aufmerksam machen.

Nancy zieht sich auf ihre Freundschaft mit Clemens zurück. Damit verstößt sie gegen unausgesprochene Gruppennormen. Ihr Verhalten kann als ungesellig, oder sogar als Kungelei mit dem Vorgesetzten gewertet werden.

15 Richard Nelson Bolles, 2004, S. 132, »DURCHSTARTEN ZUM TRAUMJOB – DAS BEWERBUNGSHANDBUCH FÜR EIN- UM- UND AUFSTEIGER«

Entweder, weil sie damit eine bereits bestehende Ordnung durchbricht, zum Beispiel, weil schon Babette die Rolle von Clemens Vertrauter innehat, oder auch weil »man« in dieser Abteilung grundsätzlich kein gutes Verhältnis zum Vorgesetzten zu haben hat.

Eine neue Arbeitsstelle anzutreten ist ein Unterfangen, das eine erhöhte Sensibilität seitens der »Neuen« erfordert. In einer empirischen Studie von 1996 kamen die ArbeitspsychologInnen Carmen Knorz und Dieter Zapf zu dem Ergebnis, dass bei etwa einem Drittel der betroffenen Personen die Mobbingaktivitäten bereits innerhalb der ersten sechs Monate nach Beginn der neuen Tätigkeit anfingen. Da gibt es viele »Feinheiten«, die die Neue bestrebt sein sollte zu erfassen, statt durch ihre Unwissenheit nachhaltig dafür zu sorgen, dass die KollegInnen sie als Störerin begreifen. Wenn Babette bisher die Gruppenführerin des Teams war, ist Nancy durch ihre Vertrautheit mit dem gemeinsamen Chef nun dabei, die Gruppendynamik zu verändern. Und eine echte Gruppenführerin kann das natürlich nicht auf sich sitzen lassen …

Die bestehende Ordnung sensibel wahrzunehmen und entsprechend auf sie zu reagieren bedeutet nicht, sich bedingungslos an die neue Umgebung anzupassen, sondern sie klug zu erforschen, um dann aus einer stabileren Position heraus die eigenen Interessen zu verwirklichen. Wäre Nancy auf die Gruppe eingegangen, hätten ihr die anderen ihren guten Draht zu Clemens möglicherweise nicht so übel genommen. Wenn sich nach der Erkundungsphase die erforderliche Anpassungsleistung für sie als zu groß erwiesen hätte, hätte Nancy auch überlegen können, ob DAS wirklich der richtige Arbeitsplatz ist. Aber aus ihrer anfänglichen Erleichterung heraus fängt Nancy erst dann an die Zeichen zu deuten, als die Wiedersehensfreude schon ein wenig abgeklungen ist; genau das ist auch der Zeitpunkt, an dem die Konfliktsignale einen vorläufigen Höhepunkt erreichen. Nun registriert Nancy, dass die umgestoßene Kaffeetasse nicht in die Sparte »Zufälle« einzuordnen ist, und jetzt merkt sie auch, dass sie angegriffen wird. Da es ihrer Überzeugung entspricht, auf einen Angriff mit Gegenangriff zu reagieren, ist für sie »Handeln« angesagt.

Empörung treibt Nancy an, Wut über die Kollegin, die ihre Arbeit sabotiert und dabei noch Schadenfreude zu empfinden scheint. Mit der Frage nach Babettes Motivation hält sie sich nicht auf, sie plagt sich auch nicht mit Vorwürfen sich selbst gegenüber; eine Gegenstrategie muss her, um der Kollegin klar zu machen, dass sie so mit ihr nicht umspringen kann. Dass sie mit Clemens möglicherweise aufs falsche Pferd setzt, dämmert ihr schon zu diesem Zeitpunkt, aber, Versuch macht klug, mag sie sich denken.

Nancys Wahrnehmung, ihre Intuition täuscht sie nicht, Clemens entpuppt sich als »Friede-Freude-Eierkuchen-Chef«. Mobbing, das ist so ziemlich das Letzte, womit er zu tun haben möchte, und so taktiert er verhalten, sucht den Weg des geringsten Widerstandes. Klar, es ist ihm unangenehm, Nancy, die ja eine alte Freundin ist und mit der er schon schöne Zeiten verlebt hat, klarzumachen, dass ihm zwar etwas an ihr liegt, er aber nicht bereit ist, sich konsequent als verantwortlicher Chef zu präsentieren. Er interpretiert seine Verantwortung einfach um, für ihn bedeutet sie nun, Nancy auf eine mögliche Überforderung durch Eingewöhnung und Umstellung hinzuweisen. Sogar Informationen aus ihrem Privatleben müssen herhalten, damit er erreicht, dass sie ihn in Ruhe lässt. Und was ist schon eine wütende Nancy gegen eine Babette, mit der er inzwischen jahrelang zusammenarbeitet und hinter der ja auch die meisten KollegInnen stehen? Er lässt Nancy fallen. Sie registriert die Endgültigkeit des letzten Gesprächs, die Botschaft ist nicht misszuverstehen.

Nancy nimmt zwar die Unsicherheit ihrer Kollegin Klara wahr, doch die Chance, einen Kontakt aufzubauen, nutzt sie nicht; dass sie so eindeutig von der Geburtstagsfeier ausgeschlossen wurde, wiegt für sie ungleich schwerer.

Nancy steht vor einem Wendepunkt und bewertet die Situation nun endgültig als so verfahren, dass sie die Aussicht im Amt zu bleiben, für unmöglich hält. Ihre Gedanken gehen auf Wanderschaft, und Rosa wirft ihr den »Rettungsanker« zu: Warum nicht ganz woanders neu anfangen? Nancy springt auf den Zug auf, der ihr eine ganz neue Perspektive verspricht. Die Freundin muss ihr erst einmal klarmachen, dass so ein Zug kein ICE sein kann, sondern eher ein Bummelzug, der nötigenfalls an jeder Milchkanne hält. Aber auch ein langsamer Zug fährt, und einmal in Bewegung geraten, steuert er seine Ziele an. Wo Nancy letztendlich ankommt und aussteigt oder umsteigt, wird sich mit der Zeit erweisen.

Wir halten fest, dass Nancys Wahrnehmung eher sprunghaft funktioniert, um dann so lange auf einen Aspekt fokussiert zu bleiben, bis der für sie »abgearbeitet« ist. Das macht es ihr einerseits schwer, die Gleichzeitigkeit von Ereignissen und deren Verbindung untereinander wahrzunehmen, andererseits ermöglicht es ihr, sich – ohne durch parallele Geschehnisse abgelenkt zu werden – auf bestimmte Aspekte zu konzentrieren. Sie sucht nach Alternativen zu den Situationen, durch die sie sich bedroht fühlt, und so kommt sie zu neuen Erkenntnissen, die ihr vielleicht sogar zu einer neuen Existenz verhelfen.

Für Nancy ist es nun nicht mehr das Wichtigste, Clemens zu mobilisieren und Babette zu zeigen, wer hier im Recht ist, sie hat etwas anderes vor: Sie will sich mit einer selbst gestalteten Zukunft beschäftigen. Wenn sie ihren jetzigen Arbeitsplatz nicht mehr als einzige Möglichkeit betrachtet, sich beruflich zu verwirklichen, kann das sogar dazu führen, dass sie ein Stück weit gelassener im Umgang mit den KollegInnen wird. Die Möglichkeiten wahrzunehmen, das bedeutet anzuerkennen, dass sie existieren. Wenn wir uns mit ihnen beschäftigen und uns mit ihnen auseinandersetzen, kann es uns gelingen, der aktuellen Wirklichkeit den Anschein der Einmaligkeit, und damit des Unausweichlichen zu nehmen.

»Man kann die Wirklichkeit zu Tode erschrecken, wenn man ihr zu verstehen gibt, dass sie nur eine unter mehreren Möglichkeiten ist.«
(Hans Kaspar)

NANCYS KONFLIKTVERHALTEN

Wie jedes andere Verhalten auch, hat Nancys Konfliktverhalten zwei Seiten, die zu einer Medaille gehören. Sie reagiert erst dann, wenn sie ihre Grenzen überschritten sieht und beraubt sich dadurch vielleicht einiger Möglichkeiten, die ihr bei einer früheren Reaktion offen gestanden hätten. Aber wenn sie reagiert, dann so, dass es zu einer schnellen Klärung der Situation kommt. Nancy lässt nicht locker, trotz zunehmender Einsicht, dass Clemens gar nicht gewillt ist, einzugreifen, ja, sogar versucht, die Ursachen für den Konflikt allein ihr anzulasten. Aber dann weiß sie es auch ganz genau: mit ihm geht gar nichts, eine weitere Zusammenarbeit wäre eine Farce.

Mit ihrer Strategie, alles auf die »Karte Clemens« zu setzen, auf ihre Beziehung zu ihm zu bauen, hat sich Nancy verspekuliert. Die Frage der Konfliktdynamik streift sie nur kurz. Warum verhalten sich die KollegInnen so, wie sie sich verhalten? Welche Motive haben sie, Nancy links liegen zu lassen? Diesem Verhalten nachzugehen hätte die Dynamik möglicherweise entschärft, eine Eskalation wäre vielleicht verhindert worden.

Einer aufmerksamen Beobachterin wäre die in der Abteilung herrschende Dynamik nicht entgangen. Eine genaue Analyse der Situation hätte nahe gelegt, dort anzusetzen, wo der Konflikt entstanden ist, nämlich zwischen Nancy, Babette und dem Team. Das hätte Nancy selbst tun oder an Clemens delegieren können. Letzteres hätte allerdings vorausgesetzt, dass Clemens sich auf die Bereinigung von Konflikten versteht. Dieser Vorgesetzte gefällt sich jedoch in der Rolle des Mannes, um dessen Gunst gebuhlt wird, was ihn als Vermittler untauglich macht. Babette kann ihn da wesentlich besser einschätzen, sie weiß anscheinend, dass sie sich einiges herausnehmen kann, ohne Gefahr zu laufen, von ihm dafür zur Rechenschaft gezogen zu werden.

Sätze wie »Hätte ich doch mal lieber…« und ähnliche Selbstanklagen bringen Nancy an dieser Stelle nicht weiter. Gekämpft und verloren? Das ist eine Bewertung, die sie nicht vornimmt. Sie gibt sich nicht auf. Clemens ist für sie allerdings nicht länger der Maßstab, an dem sie ihre Zukunft orientiert, sondern vielmehr der Auslöser für eine sich anbahnende Veränderung. Sie fängt an, sich gedanklich aus ihren relativ starren Kategorien herauszubewegen und bleibt damit auch nicht länger in der Vergangenheit hängen. Sie öffnet sich für Neues und folgt damit einem schon seit längerer Zeit gärenden Veränderungswunsch, der dann von Rosa aktiviert wird.

Am liebsten möchte Nancy die Abkürzung nehmen, das ist eben ihre Art, die Dinge anzugehen: Wenn sie einmal etwas für richtig erkannt hat, scheint sie es gar nicht abwarten zu können, ihre Pläne umzusetzen. Aber, der Weg zu lohnenden Zielen kennt keine Abkürzungen. Nancy wird bewusst, dass ihr die Möglichkeiten nicht »weglaufen«, sondern sich sogar noch »vermehren«, wenn sie sich die Zeit gibt.

Nancy betritt weiteres »Neuland«, nicht nur in ihren Überzeugungen, sondern auch damit, eben nicht jeder Idee die unmittelbare Tat folgen zu lassen, sondern beständig, aber unaufhaltsam fortzuschreiten. Es beginnt ein kontinuierlicher Veränderungsprozess, von dem sie nicht weiß, wohin er sie führen wird. Um es mit Elias Canetti zu sagen:

»Man weiß nie, was draus wird, wenn die Dinge verändert werden. Aber weiß man denn, was draus wird, wenn sie nicht verändert werden?«

Nancy ändert ihr Verhalten, das bisher unter dem Motto »Handeln unter einer einzigen Perspektive«[16] (und das möglichst schnell) gestanden hat, in ein kreatives Handeln. Sie fängt an, sich Raum für ihre Intuition und

16 Ellen J. Langer, 1996, S. 37, »Fit im Kopf – Aktives Denken oder Wie wir geistig auf der Höhe bleiben«

Entwicklung zu geben und erweitert ihr Verhaltensspektrum um eine entscheidende Variante: Statt wie bisher bevorzugt einer einzigen »inneren Anweisung« zu folgen und keine weiteren Alternativen zu berücksichtigen, fängt sie nun an, sich Wahlmöglichkeiten zu erschaffen; an die Stelle instinkthafter Festlegung tritt nun eine vorher nicht gekannte (Wahl-)Freiheit.

SCHLUSSFOLGERUNGEN

Seit sechzehn Jahren arbeitet Nancy nun in der Behörde. Wir wissen nicht, ob es ihr eigener Wunsch war, eine Laufbahn bei der Behörde einzuschlagen, oder ob sie auf den Rat ihrer Eltern hörte, sich etwas »Sicheres« zu suchen. Bis zu dem Punkt jedenfalls, an dem die Situation am Arbeitsplatz für Nancy »komisch« wird, hat sie sich vielleicht wenig Gedanken über ihre berufliche Zukunft gemacht. Es ging eben immer weiter, von Bewährungsaufstieg zu Bewährungsaufstieg.

Nancy kommt neu in eine Gruppe, die seit Jahren zusammenarbeitet und in der sich gewisse Strukturen und »Rang«ordnungen herausgebildet haben. Sie tritt in ein Gefüge, das sich bei Änderungen, wie der Ankunft einer neuen Kollegin, durcheinander gebracht wird, sich neu formieren und wieder stabilisieren muss. Dass dieser Prozess nicht immer spielend zu bewältigen ist, scheint Nancy auch gespürt zu haben. Ob sie sich Gedanken darüber gemacht hat, wie sie ihre »Eingewöhnungszeit« gestalten und worauf sie achten will, bleibt unklar. Es soll so weitergehen wie all die Jahre zuvor.

Es geht aber nicht so weiter wie bisher. Die Vorfälle im Büro eskalieren und zwingen Nancy dazu, sich mit ihrer momentanen Situation auseinanderzusetzen. »Ich arbeite weiter da«, das scheint für Nancy außer Frage zu stehen. Sie bespricht ihre Lage mit den Frauen ihrer Frauengruppe. Von ihnen erwartet sie eine objektivere Einschätzung ihrer Situation und vielleicht auch den einen oder anderen Ratschlag.

Was Nancy selbst eigentlich GENAU will, drückt sich erst einmal undeutlich aus: »Ich rede mal mit Clemens.« Clemens soll es richten? Aber was genau erwartet sie von ihm? Nancy nimmt sich zunächst nicht die Zeit für genauere Überlegungen, wie:
·   Was genau passiert da eigentlich?

- Was folgt für mich daraus, und muss oder kann ich das in irgendeiner Form bei meinen Überlegungen berücksichtigen?
- Was genau möchte ich anders haben?
- Was will und kann ich dafür tun?
- Wen spreche ich wie an? Ist eventuell ein wenig Diplomatie angesagt?
- Welche Konsequenzen will ich ziehen, wenn Clemens die ihm zugedachte Rolle des Vermittlers nicht erfüllt?

Fragezeichen über Fragezeichen.

Nancy wird außerdem zunehmend klarer, dass die Klärung der Mobbingsituation die eine Sache ist, eine andere aber ihre eigentlichen Wünsche. In den vergangenen sechzehn Jahren hat sie sich darüber nie Gedanken gemacht, hat die latente Unzufriedenheit ignoriert.

Sie hat sich den behördlichen Strukturen angepasst und nicht gemerkt, dass sie zunehmend von ihnen fremdbestimmt wurde. Sie versäumte es, für sich zu klären, ob sie für sie SELBST noch stimmten.

So ein Prozess des Innehaltens und der Klärung kann manchmal auch unangenehm sein und zu Verunsicherung führen. Möglicherweise hat sie ihre Unlustgefühle gerade deswegen beiseite geschoben und weitergemacht.

Veränderungen brauchen ihre Zeit, manchmal geht es schnell, manchmal brauchen wir Jahre. Oft muss erst ein gewisser Punkt erreicht werden, an dem uns klar wird, dass es SO nicht weitergehen kann.

Auch Nancy ist irgendwann an einem Punkt angekommen, wo der Bogen überspannt, der Moment erreicht ist, an dem sie eine Wende einleiten muss. Sie fragt sich, worauf sie wirklich Lust hat, lässt sich nicht länger fremdbestimmen, sondern macht ihren eigenen Willen zum Handlungsmaßstab: »Ich bestimme, wohin ich gehe.« Sie übernimmt die Verantwortung für ihr Leben.

Eine chassidische Erzählung über Rabbi Sussja fasst Nancys Veränderung in ihrer Lebenseinstellung in der kürzest möglichen Form zusammen:

»Vor dem Ende sprach Rabbi Sussja: ›In der kommenden Welt wird man mich nicht fragen: Warum bist du nicht Mose gewesen?‹ Man wird mich fragen: ›Warum bist du nicht Sussja gewesen?‹«[17]
(nach: Martin Buber)

17 zitiert in: Rudi Ott, 1999, S. 196, »WERTVOLLER ALS ALLES GOLD IST DIE SEELE«

PERSÖNLICHE ERFAHRUNGEN

»*Das war eigentlich das Thema, loslassen in vielen Dingen und schauen, was entsteht, denn solange ich festhalte und mich klammere, kann nichts Neues entstehen. (…) Diese Stelle war ja mein Leben, und jetzt habe ich mir gesagt: Es gibt so viel anderes, ich brauche das nicht mehr. (…) Und ich habe mir dafür einen Raum gegeben, wo ich mich hingesetzt und über all diesen Ballast nachgedacht habe, und, so als ob man Akten vernichtet, habe ich das, was überflüssig war, in den Papierkorb geschmissen. Damit habe ich mich von dieser Arbeitsstätte wirklich gelöst und erkannt, dass dieses Haus nicht mehr mein Haus ist.*«
Marianne G., 42 Jahre, Angestellte im Theaterbereich

»*Ich bin zwar Sozialpädagogin, aber dafür schlägt mein Herz nicht, darin liegt nicht meine Leidenschaft. Das ist zwar ein sicherer Job gewesen, und ich kann das auch gut – das ist wirklich das Verführerische daran, wenn man etwas gut kann – aber es war eine richtige Entscheidung, zu gehen.*«
Siba P., 38 Jahre, Sozialpädagogin

»*Für mich war auch ein ganz wichtiger Aspekt, dass ich weiß, wo ich stehe, und dass ich nicht auf so unsicherem Morast wandele, sondern dass ich wirklich Pflöcke in die Erde kriege, an denen ich mich dann entlanghangeln kann.*«
Daniela O., 48 Jahre, Chefsekretärin

»*… Ja, vielleicht habe ich nicht genug investiert, um mich da mit anderen zu verbünden, hab mich zu schnell isolieren lassen, aber das ist auch schwer, wenn man neu ist. (…) Ich bin dann auch aus Versehen auf sämtliche Tabus sozusagen indirekt und zielsicher drauf zugesteuert.*«
Ada E., 33 Jahre, Angestellte im Bereich Öffentlichkeitsarbeit

»*Das ist auch eine Vernunftsentscheidung. Die hat nicht nur damit zu tun, dass ich gemobbt wurde, sondern ich gehe wegen der schlechten Situation. (…) Wenn versucht worden wäre, Lösungswege zu entwickeln … da ist aber nichts, das ist nicht gewollt und da bin ich falsch. Ich habe ein Bild, da sitze ich in einer Löwengrube mit einer Zwangsjacke an und einem Maulkorb um, und oben steht mein Chef und rennt mit der Leiter weg. (…) Ich muss meine Begabungen, mein Wissen, auch meine Freude am Arbeiten leben können. Jetzt bin ich mir einig, und das war natürlich nicht einfach. Der Arbeitsmarkt ist schlecht, ich bin fünfundvierzig, aber es hat mich überhaupt nicht abgehalten, mich beruflich zu verändern und langfristig auf eine Selbstständigkeit hinzuarbeiten.«*

Marie S., 45 Jahre, Sekretärin

»Und als ich ihn dann mit Unterschrift in Händen hielt (den Abwicklungsvertrag), das war irgendwie sehr befreiend. Jetzt habe ich drei Monate Zeit, in denen ich mich neu sortieren kann. Ich hab eine neue Stelle in Aussicht, wenn's klappt, wäre das wirklich toll. (…) Ansonsten werde ich eine Weiterbildung machen, also sagen wir mal so: Ich versuche es als Chance zu sehen.«

Lisa M., 38 Jahre, Angestellte in der Filmbranche

»Ich bin von der Wucht an Ungerechtigkeit so überfahren gewesen, ich habe gar keine Luft mehr gekriegt und war wie gelähmt. Und nun atme ich wieder und es geht mir viel besser. … Ich gehe wieder mit einem anderen Selbstbewusstsein durch die Gegend, und ich bin einfach wieder bei mir.«

Susanne R., 52 Jahre, Lektorin

»Warum ich noch so spät angefangen habe Architektur zu studieren … ich hab mir gesagt, das ist das, was ich schon immer machen wollte, und es nie gemacht habe, weil ich mich nicht getraut habe. Und dann hab ich mir vorgestellt, ich bin fünfzig und sitze da und denke: Dein Lebenstraum ist nicht in Erfüllung gegangen, und damit wird's dir schlecht gehen. Und dann hab ich's gemacht. Das war der Impuls: Ich möchte das machen, weil ich das schon immer wollte, und ich will nicht in die Situation kommen, wo's mir leid tut.«

Gabi B., Architektin, 43 Jahre

Flankierende Maßnahmen:
Das Mobbing-Auffangnetz

Wir möchten Sie dazu ermutigen, den Verlauf von Mobbing nicht als unabänderliches Schicksal zu begreifen, sondern aktiv mit einer eigenen Zielsetzung einzugreifen. Es ist wesentlich, dass jede und jeder in einer Mobbing-Situation selbst zu einer Entscheidung kommt. Nur Sie können schließlich ermessen, mit welchen Konsequenzen (und die gibt es immer – auch wenn nichts entschieden wird) Sie umgehen können und wollen. Unterstützung ist dabei von unschätzbarem Wert. Ein Netz von kompetenten AnsprechpartnerInnen verschiedener Professionen wird Sie unterstützen und Sie anregen, IHREN Weg aus dem Hamsterrad zu finden.

WICHTIGE ANLAUFSTELLEN FÜR MOBBINGBETROFFENE

ÄRZTINNEN

Schon beim Auftreten erster gesundheitlicher Beschwerden sollten Sie sich an eine Ärztin wenden, um den Verlauf begleiten und dokumentieren zu lassen. Neben der medizinischen Behandlung haben ÄrztInnen auch die Möglichkeit, Unterstützung und Rückendeckung bei allen Schwierigkeiten zu geben, die mit Behörden (Arbeitsamt, Amtsarzt, Krankenkasse) auftreten können. Wenn Sie Ihre Ärztin mit ihrem Problem erst dann konfrontieren, wenn beispielsweise bei eigener Kündigung die Sperrfrist bereits verhängt ist, ist der Verlauf für sie nicht mehr ohne Weiteres nachvollziehbar. Wertvolle Zeit ist verschenkt und die Hilfe erschwert. ÄrztInnen können »Auszeiten« verordnen, Kuranträge befürworten, sind Rückhalt im Wirrwarr der Institutionen.

PSYCHOLOGINNEN

PsychologInnen helfen Ihnen, Ihre emotionalen Verletzungen zu überwinden und Ihre Schuldgefühle abzubauen. Sie können Sie dabei unterstützen, Ihr Selbstwertgefühl wieder zu stabilisieren und Hilfsmöglichkeiten zu entwickeln – z.B. Entspannungstechniken zu erlernen, um dem Arbeitsalltag gelassener zu begegnen.

ANWÄLTINNEN UND JURISTISCHE BERATUNGSSTELLEN

Eine Beratung bei einer Arbeitsrechtsanwältin bedeutet nicht, dass Sie in der kommenden Woche im Gerichtssaal Ihrem Widersacher Auge in Auge gegenüberstehen! Eine frühzeitige realistische Einschätzung Ihrer eigenen rechtlichen Position und das Wissen um Ihre Möglichkeiten an Ihrem Arbeitsplatz sind eine wichtige Voraussetzung, um eine Strategie gegen Mobbing zu entwickeln. Hier gilt: frühzeitig Informationen sammeln, um sie gegebenenfalls einsetzen zu können.

MOBBINGBERATUNGSSTELLEN

MobbingberaterInnen können Ihnen Adressen von AnsprechpartnerInnen vermitteln und Sie bei der Bewältigung Ihrer Situation am Arbeitsplatz unterstützen. Sie können Ihnen helfen, den »roten Faden« zu finden und zu verfolgen, also die Ansatzpunkte mit Ihnen herausarbeiten, an denen Sie aktiv ansetzen können. Dabei geht es um die Umlenkung der eigenen (Rest-)Energie in eine neue Richtung. Statt zu fragen: »Wie weiche ich den Angriffen aus?« (denn immer, wenn darauf eine Antwort gefunden wird, haben MobberInnen den nächsten Angriff in petto; das Mobbingkarussell dreht sich weiter), gibt die Beschäftigung mit der Frage »Wo stehe ich, wo will ich hin, wie setze ich das um?« neue Impulse.

»Mir hat dieses Schema (Situationsanalyse in der Mobbingberatung) geholfen: Was denkt die? Wie steht die zu dir? Ich stand an einem Punkt, wo ich dachte, dass ich jeden Gedanken schon einmal gedacht habe, ich bewegte mich in einem Kreis, der keine Entwicklung mehr war ... und das hat sich dann sehr bald verändert.«
Marga B., 30 Jahre alt, Sozialarbeiterin

SELBSTHILFEGRUPPEN

In Selbsthilfegruppen können Sie sich mit anderen Betroffenen austauschen und auf die Weise entlasten. Im Idealfall treffen Sie dort auf Menschen, die Probleme, mit denen Sie momentan konfrontiert sind, bereits erfolgreich gelöst haben, so dass Sie »am Beispiel lernen« können.

FAMILIE, FREUNDINNEN UND BEKANNTE

Hier können Sie »Dampf ablassen«, ohne Gefahr zu laufen, in eine Kommunikationsfalle zu tappen. Doch Vorsicht: Die besten Beziehungen lassen sich nicht auf Dauer als »seelische Mülleimer« missbrauchen. Ausgleich ist wichtig für Ihre FreundInnen, Ihre Familie UND für Sie! Nutzen Sie Ihre Freizeit. Beziehen Sie Ihre FreundInnen mit ein. Entwerfen Sie ein Alternativprogramm zum Mobbingalltag, um aufzutanken und Energien zu gewinnen. Wenn Sie sich rund um die Uhr nur mit Mobbing befassen, raubt Ihnen das die Kraft, die Sie brauchen, um Handlungsalternativen zu entwickeln.

»… und sich auf jeden Fall Unterstützung holen … diese Situation hat mir schwer zu schaffen gemacht. Man fängt ja auch an, an sich selbst zu zweifeln, und fühlt sich irgendwie verfolgt. Es ist manchmal ganz irrational, also wenn das Telefon klingelt, dann ist es wahrscheinlich jemand, der mir was Böses will, was ja nicht der Fall ist. Da kommen ganz viele Ängste hoch, und sich da Unterstützung zu holen, das finde ich ganz wichtig, auch fachliche Unterstützung. Freunde, das ist klar, die stehen mehr oder weniger an deiner Seite. Mit jemandem sprechen, der vielleicht ein bisschen mehr Distanz hat, mit jemand, der einen berät, das finde ich auch ganz wichtig. Auch darüber zu sprechen, welche verschiedenen Wege es gibt; aber letztlich, man muss sich selber entscheiden, aber das Gespräch ist hilfreich, um Distanz zu bekommen, damit man nicht völlig überwältigt ist von Ängsten und Zweifeln und Unsicherheiten und Verfolgungsgedanken und Gefühlen wie: ›Ich bin nicht richtig.‹«
Sabine W., 48 Jahre alt, Sozialpädagogin

Instrumentarium für Fettnäpfchen und Fallstricke

Jede Mobbingsituation ist anders und erfordert einen individuellen Plan zum Ausstieg aus dem Hamsterrad.

Nichtsdestotrotz gibt es Fettnäpfchen und Fallstricke, die mit Sicherheit für Sie bereit stehen. Diese wollen wir uns im Folgenden näher ansehen.

VORSICHT VOR »RATSCHLÄGEN«!

Wägen Sie bei gut gemeinten Ratschlägen von dritter Seite gut ab, ob diese in Ihrer Situation überhaupt umsetzbar sind.

Wenn Sie völlig am Boden sind, sich klein und gedemütigt fühlen, und Ihre forsche Freundin Ihnen dann rät: »Ich an deiner Stelle würde mal richtig auf den Putz hauen!«, können Sie damit in dem Moment wohl kaum etwas anfangen. Im Gegenteil, dieser Rat wird Sie womöglich noch mehr deprimieren.

Oder: »Sprich den Mobber doch mal an, er wird schon die Lust verlieren, wenn er merkt, dass du weißt, was vor sich geht!« Erstens ist Mobbing keine Sache der Lust, sondern der Motivation, und die erledigt sich nicht allein dadurch, dass Sie das Spiel durchschauen. Wenn Sie diesen Rat beherzigen, könnte das den Mobber dazu bringen, seine Methoden zu verfeinern. Sie sollten MobberInnen nur dann direkt auf ihr Tun ansprechen, wenn Sie wissen was Sie tun werden, wenn sich der gewünschte Erfolg nicht einstellt.

Ein oft gehörter Ratschlag ist auch: »Mach einfach deine Arbeit weiter korrekt, dann wird der Mobber ins Leere laufen, und die anderen werden merken, dass an der Sache nichts dran ist.« Das ist gut gesagt, nach der Devise: »Augen zu und durch.« Andere können nicht unbedingt nachempfinden, was Sie am Arbeitsplatz durchmachen müssen, dass es eben nicht einfach ist, die Arbeit wie gewohnt zu erledigen, wenn sie ständig boykottiert wird. Es ist eine Frage der Zeit, dass JEDE unter dem Druck anfängt, Fehler zu begehen, die ihr unter normalen Umständen niemals unterlaufen würden. Und dann hat man Sie genau da, wo man Sie haben will. Denn mit Ihren Fehlern nehmen Sie MobberInnen die »Arbeit« ab: Sie brauchen keine Fehler oder Versäumnisse mehr zu konstruieren oder zu erfinden.

GRENZEN SETZEN – WANN UND WIE?

In Ihrem Verhalten sollten sich Ihre Grenzen widerspiegeln.

Dass Mobbinghandlungen in der Anfangsphase schwer auszumachen und im Vergleich zu einem fortgeschrittenen Verlauf vergleichsweise »harmlos« erscheinen, liegt – wenn Sie davon betroffen sind – nicht nur an Ihrem mangelnden Vermögen, Mobbing zu erkennen, sondern auch an der zu Beginn eher zögerlichen Handlungsweise von MobberInnen. Je länger Mobbing dauert, und je weniger Sie Ihre Grenze sichtbar machen, desto mehr stärken Sie ungewollt die MobberInnen. Diese werden »mutiger«, sie fühlen sich bestärkt, das Mobben wird eindeutiger und massiver. Für Sie wird es damit schwerer, Ihre Grenzen aufzuzeigen, die bis dahin so durchlässig waren.

Ein Beispiel: Stellen Sie sich vor, Sie arbeiten in einem Betrieb mit 30-minütiger Mittagspause, es gibt keine Kantine. Sie haben keine Möglichkeit, zu einer warmen Mahlzeit zu kommen, weil es unmöglich ist, in einem Lokal zu bestellen, zu essen, zu bezahlen und wieder rechtzeitig am Arbeitsplatz zu sein. Sie bringen sich stattdessen Salat und Brote mit. Die neue Kollegin geht tagtäglich zur Pause »außer Haus« und dehnt diese Pause, aus ihrer Sicht sozusagen gezwungenermaßen, auf 40 Minuten aus, nachdem das scheinbar so hingenommen wird, sogar auf 45 Minuten. Sie wurmt es unsäglich, dass Sie einspringen müssen, wenn in den 15 Minuten nach der offiziellen Pause Anrufe für die Kollegin kommen. Sie bedienen das Telefon Ihrer Kollegin, während gleichzeitig Ihres klingelt, Sie haben Stress. Bei Fragen von Vorgesetzten nach dem Verbleib Ihrer Kollegin nehmen Sie sie sogar noch in Schutz: »Die erledigt gerade was in Abteilung XY.« Sie sprechen die Kollegin aber zunächst nicht an. Zuerst denken Sie, dass das ja wohl nur vereinzelt vorkommen wird, beginnen sich aber dennoch zu ärgern. Sie fragen sich, ob es wohl eine Absprache mit der Abteilungsleiterin gibt, von der Sie nichts wissen. Sie können sich nicht dazu aufraffen, diesem Verhalten Ihrer Kollegin Grenzen zu setzen. Am Anfang hoffen Sie, dass sich schon alles irgendwie regeln wird, aber genau das tut es nicht! Nach einer Weile, allein mit Ihrem wachsenden Groll, sinnen Sie darüber nach, wie Sie es ihr heimzahlen könnten. Damit tragen Sie Ihren Teil zur Eskalation bei. Irgendwann bricht Ihr angestauter Frust aber dann doch durch. Die Kollegin reagiert empört und denkt: »Warum ist etwas plötzlich nicht in Ordnung, was wochenlang in Ordnung war? Das sehe ich überhaupt nicht ein!«, und kontert entsprechend. Dadurch, dass Sie versäumt haben, ihr Grenzen zu setzen, haben Sie sie in dem Glauben gelassen, dass ihr Handeln legitim sei. Was zu Beginn relativ leicht zu lösen gewesen wäre, bekommt später durch Ihren angestauten Ärger einerseits und das »Gewohnheitsrecht« der Kollegin andererseits eine Dimension, die den ursprünglichen Konflikt weit übersteigt und von beiden Seiten sehr viel Konfliktbereitschaft und -fähigkeit erfordert, um bewältigt zu werden.

Dass es an uns ist, rechtzeitig für Klarheit zu sorgen, drängen wir viel zu oft in den Hintergrund und werden erst dann aktiv, wenn uns nichts anderes mehr übrig bleibt. Dadurch komplizieren wir einfachste Sachverhalte. Erst durch unser Schweigen steuern wir auf eine Eskalation zu, die durch angemessenes Handeln vermeidbar gewesen wäre.

Hören Sie also auf Ihre innere Stimme! Sagt sie Ihnen zaghaft: »Sollte ich vielleicht …?«, dann sollten Sie bestimmt anfangen, Ihre Grenzen deutlich zu machen.

Bei einer Entscheidung wie dieser (sag ich's oder sag ich's nicht?), sollten Sie sich zwei Fragen stellen:

1. WAS WÜRDE MIR DIESES VERHALTEN NÜTZEN?
2. WAS KÖNNTE MIR DIESES VERHALTEN SCHADEN?

Das bewusste Abstecken Ihrer Grenzen nützt Ihnen erstens dadurch, dass Sie eine mögliche Eskalation verhindern, und zweitens dadurch, dass Sie Ihr Selbstwertgefühl verbessern.

»...wirklich demonstrativ nach außen zu sagen: Halt Stopp! ... Dadurch wurde mir noch mal klar, dass ich mich auch absetzen kann gegen die Leitung und dass ich weiß, was für mich richtig ist, auch wenn's die anderen nicht durchschauen. Dass ich mich auch durchsetzen kann.«
Sissi V., 40 Jahre alt, Psychologin

Schädlich kann es nicht sein, KollegInnen zu signalisieren: »Bis hierhin und nicht weiter.« Selbst, wenn sich herausstellen sollte, dass »alles gar nicht so gemeint war«, woher wollen Sie wissen, ob die Grenzverletzungen nicht genau deshalb aufhören, weil Sie eine Grenze gezogen haben? Grenzen setzen bedeutet nicht, anderen eine Standpauke zu halten, sondern Spielregeln zu benennen, mit denen man mit Ihnen gut auskommen kann. Die Grenzen haben damit zu tun, was Sie im Umgang mit Ihnen für angemessen halten, und das müssen Sie benennen. Sie können nicht von KollegInnen erwarten, dass diese von sich aus Ihre Grenzen herausfinden und einhalten. Sobald Sie das tun, überlassen Sie es Ihren KollegInnen, Grenzen einzuhalten oder, wie im Fall von Mobbing, zu überschreiten. Grenzen aufzeigen ist eine Art Prophylaxe im Umgang mit anderen und, wenn es selbstverständlich geschieht, auch keine Drohgebärde. Es ist ein Zeichen der Wertschätzung uns selbst und anderen gegenüber, wenn wir klar zu uns stehen. Erst, wenn das versäumt wird, müssen wir »härtere Geschütze« auffahren, um andere auf unsere Grenzen aufmerksam zu machen.

DIE »MUSTERUNTERBRECHUNG«

Was können Sie in Bezug auf Ihr Verhalten sonst noch tun, um Ihrem Ziel – Ausstieg aus dem Hamsterrad Mobbing – näher zu kommen?

In jedem Fall, unabhängig von Ihrem individuellen Plan, sollten sie sich anders verhalten als bisher! Es gibt den Satz:

WENN SIE SICH SO VERHALTEN, WIE SIE SICH IMMER SCHON VERHAL-
TEN HABEN, BEKOMMEN SIE DAS, WAS SIE IMMER SCHON BEKOMMEN
HABEN.

Daraus lässt sich schlussfolgern: Wenn Sie sich anders verhalten, als Ihre Umgebung es von Ihnen gewöhnt ist, haben Sie die Chance, dass Sie etwas anderes bekommen, als Sie bisher immer bekommen haben. Wieder ein Beispiel:
Nehmen Sie einmal an, Kollegin Qualm pustet Ihnen ständig ihren Zi-
garettenrauch unter die Nase, was Ihnen zuwider ist und bei Ihnen Reiz-
husten hervorruft. Ständig beschweren Sie sich und fordern Ihr Recht auf
einen rauchfreien Arbeitsplatz ein. Frau Qualm hört schon gar nicht mehr
hin. Sie macht sich über Sie lustig: »Stellen Sie sich doch nicht so an!« Ihre
bisherigen verbalen Appelle sind also auf taube Ohren gestoßen, und ob
Sie nun einen oder zehn weitere starten – es wird sich nichts ändern! Frau
Qualm reagiert allein schon deswegen nicht mehr auf Ihre Beschwerden,
weil sie sie bereits »mitsingen« kann. Auf Ihre Forderungen reagiert sie quasi automatisch mit Verharmlosung, auf die Sie wiederum mit weiteren Ap-
pellen reagieren. Und Sie bekommen das, was Sie schon immer bekommen
haben: die typische Erwiderung von Frau Qualm. Warum also nicht mal
etwas anderes versuchen? Nicht in der Erwartung, den Konflikt mit einem
Schlag zu lösen, sondern damit Sie aus der entstehenden Bewegung Ihr
weiteres Vorgehen ableiten können.
Sie können ihr nämlich auch eine Schachtel Mentholzigaretten hinlegen,
Ihre Lieblingsräucherstäbchen mitbringen, eine NichtraucherInnenkam-
pagne starten, Vorgesetzte oder den Betriebsrat hinzuziehen, konstruktive
Vorschläge einbringen, die ausnehmend gesunde Luft loben, Wasser über
ihre Zigarettenschachtel kippen, anfangen, noch schlimmer stinkende Zi-
garren abzufackeln, von Ihrem mit 40 Jahren an Lungenkrebs verstorbenen
Onkel oder von den amputierten Raucherbeinen Ihrer Tante zu erzählen,
und, und, und … Egal, was Sie tun, Sie bringen Bewegung in den Konflikt.
Auch hier stellen sich wieder die zwei Fragen:

WAS KANN ES IHNEN NÜTZEN?
Sie bringen Frau Qualm dazu, sich nun ihrerseits eine andere Reaktion zu überlegen, Sie unterbrechen den automatischen Ablauf. Dadurch
besteht die Chance, dass der Konflikt einen anderen Verlauf nimmt, denn
nun haben Sie den aktiven Part übernommen, Frau Qualm muss überlegen, ob sie wie bisher reagiert … oder anders.

Was kann es Ihnen schaden?
Nichts, denn mehr Rauch als bislang kann Frau Qualm gar nicht erzeugen.

Auf Mobbingsituationen bezogen, bedeutet das: Reagierten Sie bisher auf verbale Angriffe mit Missachtung und hatten damit keinen Erfolg, benennen Sie jetzt auch mal, was Ihnen widerfährt, und beobachten Sie die Reaktion des Angreifers. Haben Sie genau das bislang erfolglos getan, verlassen Sie nun auch mal den Raum, lassen Sie die Mobberin einfach stehen.

»Ich bin richtig wütend geworden: ›Macht euern Scheiß allein!‹ Das hab ich einfach so hingeworfen, das war für mich schon ungewöhnlich, weil ich so was noch nie gemacht hatte. Ich hatte aber gar kein schlechtes Gefühl dabei. Ich hab gemerkt, das war richtig. Also in dieser Situation war das für mich richtig.«
Sissi V., 40 Jahre alt, Psychologin

Haben Sie die Ihnen vom mobbenden Vorgesetzten zugewiesene Mehrarbeit immer in Frage gestellt, fragen Sie ihn beim nächsten Mal, ob er nicht noch ein bisschen mehr Arbeit hat, damit der Aufwand sich für Sie überhaupt lohnt. Wenn Sie bisher alle Mehrarbeit fraglos erledigt haben, kommen Ihnen nun auch mal abendliche Termine dazwischen – leider. MobberInnen aus dem Konzept bringen, heißt die Devise, nach der Sie vorgehen können. Und das mit denen Ihnen zur Verfügung stehenden Mitteln, nicht denen Ihrer Freundin oder Ihres Partners. Wenn Sie sich vor Augen halten, dass Mobbing Ihren Ausschluss zum Ziel hat, was soll da noch schlimmer werden, wenn Sie sich einmal anders verhalten, als man es von Ihnen gewöhnt ist?

DIE »RECHTFERTIGUNGSSPIRALE«

Eine Taktik von MobberInnen, Sie im Hamsterrad zu halten, besteht darin, Sie in eine Rechtfertigungsposition zu bringen.

MobberInnen finden und drücken bei Ihnen immer wieder die richtigen »Knöpfe«, auf die Sie als Betroffene im fortgeschrittenen Mobbingstadium immer öfter wie gewünscht »anspringen«. Dadurch helfen Sie mit, vom eigentlichen Thema, dem Mobbing, abzulenken. Das Augenmerk aller KollegInnen ist damit auf Sie gerichtet. Sie stehen ungewollt im Rampenlicht, alle beschäftigen sich mit Ihrem Verhalten und nicht mit dem der Mobberin.

»Ich hab im Nachhinein feststellen können, dass es (die Rechfertigung) nichts gebracht hat … als nur, dass es immer verschärfter wurde … dass es immer weiter ging … Ich wollte aus dieser Rechtfertigungshaltung herauskommen und sagen: Hier steh ich!«
Annette L., 32 Jahre alt, Erzieherin

Dazu ein Beispiel: Beate, eine Kollegin von Claudia, wirft ihr vor: »Der Abteilungsleiter total sauer auf dich, weil du den Vorgang X schon wieder verschlampt hast! Durch deine Schuld ist die ganze Sache jetzt ins Stocken geraten.« Claudia ist irritiert. Sie hat sehr wohl gestern Abend die Akte X Beate noch auf den Schreibtisch gelegt und sagt: »Das musst du wohl übersehen haben.« Sie hält die Angelegenheit für ein Missverständnis und lässt sie auf sich beruhen. Sie ahnt nicht, dass sie damit gezielt diffamiert werden soll. Tatsächlich hat Beate dem Abteilungsleiter gegenüber Claudia bereits das Versäumnis in die Schuhe geschoben und auch im KollegInnenkreis dafür gesorgt, dass Claudia als unzuverlässig gilt. Beate wird durch Claudias sorglose Reaktion darin bestärkt, den Knopf »Zuverlässigkeit« immer öfter zu drücken, und das mit immer größerem Erfolg.

Allmählich beginnt Claudia selbst, ihre Zuverlässigkeit infrage zu stellen und grübelt beispielsweise darüber nach, ob sie der Kundin von gestern wirklich das falsche Formular mitgegeben hat, wie Beate überall herumerzählt. Sie gerät in einen Teufelskreis. Die Anschuldigungen häufen sich. Immer öfter wird Claudia nun ein Fehlverhalten vorgeworfen, das entweder so nicht stimmt oder gar nicht existiert und völlig absurd ist. Das geht so weit, dass Claudia auf die Frage: »Warum lässt du eigentlich immer dein Essen im Kühlschrank vergammeln?« völlig verzweifelt reagiert. Obwohl sie den Kühlschrank noch nie benutzt hat, denkt sie darüber nach, ob sie vielleicht nicht doch …? und fängt an, sich zu rechtfertigen. Für die KollegInnen um Claudia und Beate sieht es nun so aus, als müsse doch ein Fünkchen Wahrheit hinter diesem Vorwurf stecken, denn warum würde Claudia sich sonst so aufregen?

Was passiert hier eigentlich genau? Claudia reagiert zuerst zurückhaltend auf Anschuldigungen, die sich relativ leicht hätten klarstellen lassen. Dass sie so reagiert, setzt sie im KollegInnenkreis in ein falsches Licht und bringt ihr Nachteile. In der späteren Phase, in der die Anschuldigungen völlig aus der Luft gegriffen und an den Haaren herbeigezogen sind, reagiert sie innerlich und äußerlich unangemessen heftig, auch das bringt ihr Nachteile.

Durch beide Verhaltensweisen verstärkt sie letztendlich den Eindruck von Schuld, verstrickt sich in eine Rechtfertigungsspirale und fördert ihre eigene Isolation.

Was kann sie tun? Mehr noch als bei den anderen Beispielen ist es hier wichtig, dass die Betroffene eine Beobachtungsposition einnimmt. In dieser Metaposition stellt sich Claudia ein Stück außerhalb des aktuellen Geschehens und ermöglicht sich damit eine Sicht von außen. Sie stellt sich vor, sie sieht sich selbst und Beate als Darstellerinnen auf einer Bühne. Wie würde sie als Zuschauerin das, was da vor sich geht, einordnen? Als zuschauende Claudia fällt ihr auf, dass die handelnde Claudia auf absurde Vorwürfe nicht weniger absurd reagiert. Sie erkennt die ihr von Beate gestellte Falle, die sie nicht wahrnehmen konnte, solange sie in der Situation verhaftet war. Die in der Metaposition erworbene Einsicht ermöglicht es ihr nun in der realen Situation, die Regie zu übernehmen. Und damit hat sie Einfluss darauf, auf welche Knöpfe sie anspringt oder auch nicht anspringt.

»Ja, statt wie vorher zu verächtlichem Verhalten kam es dann plötzlich zu Achtung mir gegenüber ... und ich fühlte mich wieder respektiert, wusste aber auch ganz genau, warum ich jetzt respektiert werde ... weil ich mir den Respekt erkämpft habe.«
Annette L., 32 Jahre alt, Erzieherin

WICHTIGE ÜBERLEGUNGEN BEI DER GESPRÄCHSVORBEREITUNG

Wenn Sie als Betroffene erreichen wollen, dass BetriebsrätInnen, Vorgesetzte oder andere Sie unterstützen, hat es keinen Sinn, ihnen Vorwürfe zu machen wie: »Hätten Sie nur rechtzeitig ..., dann müsste ich jetzt nicht ...« Auch wenn Sie sie bereits als »unterstützungstauglich« eingestuft haben, wäre es kontraproduktiv, diejenigen zu beschuldigen, die Ihnen helfen sollen. Oder könnten Sie sich für jemanden engagieren, der zu Ihnen sagt: »Du bist an meinem Schlamassel schuld, jetzt sieh mal zu, wie du das (für mich) wieder geradebiegst!«? Menschen unterstützen andere dann, wenn sie einen Sinn darin erkennen können; nicht gegen ihre eigene Überzeugung.

Vor einem Gespräch sollten Sie in Bezug auf Ihr Gegenüber Überlegungen anstellen:

1. WELCHEN SPIELRAUM, WELCHE ENTSCHEIDUNGSBEFUGNIS HAT IHR GESPRÄCHSPARTNER?
Ist sie oder er »Endstation« oder »Zwischenstation«?
Folgen in der Hierarchie weitere Vorgesetzte?
Was können Sie demzufolge von ihr/ihm erwarten oder auch nicht erwarten?

2. WIE KÖNNEN SIE GESPRÄCHSPARTNERINNEN MOTIVIEREN, MIT IHNEN AN EINEM STRANG ZU ZIEHEN? (Nur dann lösen Sie bei ihnen den Impuls, handeln zu wollen, aus!)
Gibt es etwas, was Sie beide wollen, ein gemeinsames übergeordnetes Ziel (z. B.: Ruhe und Frieden, Produktivität und Effektivität)?

3. HAT IHR GEGENÜBER EIGENSCHAFTEN UND MERKMALE, VON DENEN SIE WISSEN UND AUF DIE SIE AUFBAUEN KÖNNEN ODER DIE SIE BERÜCKSICHTIGEN MÜSSEN?
- Gilt sie oder er als jemand, die/der sich Zeit für MitarbeiterInnengespräche nimmt?
- Gilt sie oder er als Mensch der Tat oder eher als entscheidungsschwach?
- Hat sie oder er ein aufbrausendes oder eher ein ruhiges Temperament?

4. INWIEWEIT IST IHR GESPRÄCHSGEGENÜBER ÜBER DIE SITUATION IM BILDE?
- Ist sie oder er auf dem Laufenden?
- Was ist in diesem Zusammenhang wesentlich?
- Was muss sie oder er wissen und was eher nicht?

5. WAS WÜNSCHEN SIE SICH VON IHREM GEGENÜBER? WAS SOLL SIE ODER ER GENAU TUN?
- Gespräch mit MobberIn führen?
- Das Gespräch als Information behandeln?
- Wenn z.B. die Betriebsrätin Ihre Gesprächspartnerin ist, wollen Sie, dass sie mit Ihren Vorgesetzten in Verbindung tritt?

Fragen, die Sie für sich klären müssen, sind:

6. Was wünschen Sie sich in Bezug auf den Konflikt?
- in einem nächsten Schritt?
- im Endergebnis?

7. Was können Sie zur Lösung vorschlagen?
Kommen Sie nicht mit leeren Händen, aber bevormunden Sie auch nicht. Versuchen Sie statt dessen Ihr Gegenüber einzubeziehen: »Ich habe Möglichkeiten angedacht ... Was haben Sie für Ideen?« So kann das Vorgehen gegen Mobbing als etwas Gemeinsames begriffen werden, gegen das gemeinsam vorgegangen wird.

8. Was ist ein günstiger Ort und Zeitpunkt für dieses Gespräch?
Wann und wo hatten Sie in der Vergangenheit mit dieser Person konstruktive Gespräche? In der Regel erweist es sich nicht als günstig, spontan den Freitagnachmittag zu wählen, weil Sie es noch schnell vor dem Wochenende hinter sich bringen wollen, oder den frühen Montagmorgen, weil Sie Ihre Überlegungen vom Wochenende möglichst sofort loswerden wollen.

Proben Sie das Gespräch vorher mit FreundInnen oder in einer Beratungsstelle. Testen Sie, wie Ihre Darlegungen und Ihre Form der Gesprächsführung ankommen. Wie wirken Ihre Ausführungen? Schaffen Sie es, Ihr Gegenüber von Ihrem Anliegen zu überzeugen, oder »verschrecken« Sie es? Wenn ja, womit genau? Suchen Sie sich zum Üben jemanden, von dem Sie ein möglichst vorurteilsfreies Feedback erwarten können.

Geht Mobbing von Vorgesetzten aus, macht es natürlich keinen Sinn, von dieser Stelle Unterstützung zu erhoffen, dann bleibt nur die Konfrontation: »Ich erwarte ... und verlange ...«, beziehungsweise die nächst höheren Vorgesetzten einzuschalten und nötigenfalls juristischen Beistand hinzuzuziehen. Aber warum gleich alle Register ziehen? Schalten Sie, ohne einen eigenen Versuch in Phase 1 oder 2 zu unternehmen, gleich eine Anwältin ein, können Sie den Verlauf nicht mehr »herunterregeln«. Sie berauben sich selbst aller denkbaren Alternativen, wenn Sie Ihr ganzes Pulver in einem Anlauf verschießen und Ihre Schritte nicht mehr »toppen« können. Machen Sie zunächst eine Situationsanalyse, klären Sie für sich die für den Mobbingprozess relevanten Fragen, daraus ergeben sich nicht nur die einzuleitenden Gegenmaßnahmen, daraus ergibt sich auch, wo Sie »den Fuß in die Tür bringen« können.

DIE KOMMUNIKATION MIT DEM ANDEREN

STELLEN SIE EINE POSITIVE ATMOSPHÄRE HER.

Nicht, um sich »anzubiedern«, sondern um selbst besser in einen Gesprächsfluss zu kommen.

DRÜCKEN SIE IHR ANLIEGEN SO KLAR WIE MÖGLICH AUS, IN WORTEN, WIE AUCH IN IHRER KÖRPERSPRACHE.

Nicht: »Könnte ich vielleicht unter Umständen möglicherweise, wenn Sie nichts dagegen haben …« Sondern: höflich, sicher und bestimmt. Nicht: auf dem Stuhlrand balancierend und auf den Boden blickend. Sondern: aufrecht und im Blickkontakt.

SPRECHEN SIE VON IHREN BEDÜRFNISSEN UND IHREN WÜNSCHEN.

Kennzeichnend für MobberInnen ist, dass sie ÜBER Sie reden. Versuchen Sie nicht, dieses Verhalten zu kopieren. Damit würden Sie diese Vorgehensweise legitimieren. Heben Sie sich von der Mobberin ab, verzichten Sie auf Schuldzuweisungen. Führen Sie Ihrem Gegenüber vor Augen, wo der Unterschied zwischen Ihnen und Ihrer Angreiferin liegt. Wenn Ihr Gegenüber die »richtige« Frau oder der »richtige« Mann für notwendige Interventionen ist, wird sie oder er zu unterscheiden wissen und wohl kaum mit einer Intrigantin gemeinsame Sache machen wollen.

SEIEN SIE VORSICHTIG MIT VERMUTUNGEN.

Wenn Sie (überhaupt) Vermutungen äußern, bezeichnen Sie sie auch so. Nicht: Frau X ist ja sowieso nur neidisch. Sondern: Ich VERMUTE, sie fühlt sich übergangen.

BESCHRÄNKEN SIE SICH AUF WESENTLICHE SACHVERHALTE, DIE FÜR IHR GEGENÜBER NACHVOLLZIEHBAR SIND.

Tragen Sie die in diesem Moment wichtigen Punkte vor und verfangen Sie sich nicht in zahllosen Beispielen, die alle das Gleiche aussagen.

WERDEN SIE WÄHREND DES GESPRÄCHS VOR SCHWIERIGE ENTSCHEIDUNGEN GESTELLT, ERBITTEN SIE SICH BEDENKZEIT ODER EINE PAUSE.

(Fast) nichts muss hier und sofort entschieden werden. Sie haben das Recht, Entscheidungen zu vertagen, bis Sie sicher wissen, welchem Vorschlag Sie Ihre Zustimmung geben wollen.

Halten Sie Ergebnisse fest, zwischendurch und am Ende des Gesprächs.

Gibt es im Verlauf des Gesprächs einen »Zwischenstand«, benennen Sie ihn. Auch wenn es am Ende aus Ihrer Sicht kein oder ein negatives Resultat gibt, können Sie genau das feststellen. Kein Ergebnis ist auch ein Ergebnis, mit dem Sie weiterarbeiten können.

Fertigen Sie ein Gedächtnisprotokoll an, das Sie auswerten können.

Für Sie persönlich ist ein Protokoll wichtig, damit Sie die Unterredung Revue passieren lassen können und Klarheit über die nächsten Schritte bekommen. Halten Sie für sich das Gesprächsergebnis fest. Denn mit diesem Ergebnis gehen Sie in weitere Gespräche, beziehungsweise bauen darauf weitere Handlungsmöglichkeiten auf. Es wird unter Umständen wesentlich sein, dass Sie auch Wochen später noch wissen, was Sie gesagt haben und was Ihr Gegenüber zugesichert oder verweigert hat. Übrigens können Sie den Gesprächsverlauf natürlich auch während der Unterredung in Stichpunkten festhalten, das unterstreicht den Ernst Ihres Anliegens.

Stress und Mobbing

DIE BIOLOGISCHE STRESSREAKTION

Im Zusammenhang mit Mobbing wird oft von (psychosozialem) Stress gesprochen. Was ist eigentlich unter Stress zu verstehen?

Seit Urzeiten verfügt unser Organismus über einen sehr sinnvollen Mechanismus, um optimal auf Anforderungen des Lebens zu reagieren. Diese Stressreaktion, (auch Alarm- oder Notfallreaktion) dient dazu, sämtliche Lebensfunktionen auf das eine Ziel auszurichten: aus einer Gefahr entweder durch Flucht oder durch Angriff so schnell wie möglich wieder herauszukommen. Sie ist ein natürlicher Überlebensmechanismus und läuft auch heute noch ähnlich wie bei unseren Vorfahren ab.

Stellen wir uns dazu unsere Urahnin Eva vor, die auf ihrem Bärenfell vor der Höhle liegt und sich von der Jagd ausruht. Plötzlich hört sie ein Knacken im Unterholz. Was passiert?

1. ORIENTIERUNG

Das Ohr leitet den Reiz (das Knacken) an das Gehirn. Eva dreht den Kopf und sieht ein Mammut auf sich zukommen.

2. AKTIVIERUNG

Blitzschnell wird im Gehirn entschieden, ob der Reiz lebenswichtig und bedrohlich ist, wenn ja, erfolgt die Alarmreaktion, die Eva optimal auf Angriff oder Flucht vorbereitet. Stresshormone werden ausgeschüttet, die dafür sorgen, dass alle verfügbaren Abwehrkräfte und Körperreserven mobilisiert werden, um die bedrohliche Situation optimal zu bewältigen. Puls, Blutdruck und Atemfrequenz steigen, Muskeln und das Gehirn werden mit Nährstoffen und Energie, die Lungen mit mehr Sauerstoff versorgt. Der Magen-Darm-Bereich stellt vorübergehend die Verdauungsarbeit ein. Die Wahrnehmung ist eingeengt auf stressrelevante Dinge. Unsere Eva sieht etwa einen Stock, den sie als Waffe verwenden oder den Baum, auf den sie sich gegebenenfalls flüchten kann, hat aber keinen Blick für die blühenden Blumen.

3. Anpassung

Solange die Bedrohungssituation besteht, bleibt ihr Körper auf dem Sprung – optimal ausgerüstet, das Mammut anzugreifen oder zu fliehen.

4. Erholung

Hat Eva die Situation bewältigt (durch Flucht oder Kampf), kann sie sich erholen. Die Alarmreaktion geht zurück, die kurzfristig blockierten Funktionen werden wieder aktiviert. Ihr Körper erholt und regeneriert sich.

5. Überforderung

Gelingt ihr die Anpassungsleistung nicht (mehr) oder wird sie aufs Neue gefordert, ohne sich ausreichend erholt zu haben, »schaltet« ihr Körper auf Daueralarm – er reagiert so, als ob er ständig von wilden Tieren umgeben wäre.

6. Erschöpfung

Dauert dieser Zustand zu lange an, erschöpft sich die Widerstandskraft und Eva ist nicht mehr fähig, sich in ähnlichen Situationen angemessen zu verhalten.

Dieser urzeitliche Reaktionsablauf ist uns bis heute erhalten geblieben. Unseren Vorfahren sicherte er das Überleben in einer feindlichen Umwelt. Doch in unserem »modernen« Alltag kommt es ganz selten vor, dass wir uns gegen einen Angreifer körperlich wehren oder um unser Leben rennen müssen. Die meisten heutigen Stresssituationen sind anderer Art, wie zum Beispiel Ärger in der Firma oder mit der Familie. Zudem hindert unser »zivilisiertes« Leben uns daran, die mobilisierte Energie durch aktives Handeln abzubauen. Weitgehender Bewegungsmangel, wenig ausgleichende Aktivitäten tragen zusätzlich dazu bei, dass wir auf dem aufgebauten Energie- und Erregungspotenzial sitzen bleiben. Die Energie richtet sich dann gegen den eigenen Körper und führt zu Beschwerden und Krankheit.

STRESSREAKTION BEI MOBBING

Menschen in einer Mobbingsituation sind in der Regel längere Zeit wiederholt psychosozialen Stressreizen ausgesetzt. Schauen wir uns dazu folgendes Beispiel an:

Marianne betritt am Montagmorgen das Büro und stellt fest, dass auf ihrem Arbeitsplatz diverse Anzeigen mit Stellenangeboten liegen. Aus den Augenwinkeln bemerkt sie, dass sich ihre beiden Kolleginnen hämisch zuzwinkern. Ihr Herz fängt an zu klopfen, die Nackenmuskeln spannen sich an. Sie empfindet Abscheu, Ärger und Wut. Gedanken wie »Das ist ja unglaublich« brechen sich Bahn. Wenn sie nicht andere Ansprüche an ihr Konfliktverhalten hätte, würde sie am liebsten die Kolleginnen in Grund und Boden schreien. Tatsächlich geht sie raus, steckt sich erst einmal eine Zigarette an und überlegt, wie sie es den Kolleginnen heimzahlen kann.

Wir können uns vorstellen, dass eine andere, nennen wir sie Corinna, in der selben Situation mit flauem Magen und eiskalten Hände und resignativen Gedanken reagiert: »Das halte ich jetzt nicht mehr aus.« Tatsächlich setzt sie sich verkrampft an ihren Arbeitsplatz, um für den Rest des Tages unkonzentriert vor sich hin zu arbeiten.

PERSÖNLICHE EINSCHÄTZUNG: BEDROHUNG ODER HERAUSFORDERUNG?

Wesentlich für die Auswirkung und Bewältigung von Stress ist die jeweilige Bewertung der stressauslösenden Situation. Was läuft im Kopf ab? Es macht einen Unterschied, ob wir die Situation als Bedrohung wahrnehmen, der wir hilflos ausgeliefert sind oder sie als Herausforderung verstehen. Wenn wir glauben, nichts ausrichten zu können, wird der Stress intensiv negativ erlebt, die Situation wird zu einer großen Belastung, die uns krank machen kann. Begreifen wir jedoch die Situation als Herausforderung, auf die wir Einfluss nehmen können, können wir unsere persönlichen Ressourcen mobilisieren und Handlungsspielräume nutzen.

Die Wahrnehmung, Interpretation und Bewertung von Situationen ist abhängig von unseren Erfahrungen, Gewohnheiten, Ängsten, Hoffnungen und Wünschen.
Deshalb ist es hilfreich, sich immer wieder klar zu machen, dass es eigentlich nicht so sehr die Situation selbst ist, die uns beeinträchtigt, sondern viel mehr die Art und Weise, wie wir sie interpretieren. Wenn wir unsere Sicht auf die Dinge hinterfragen und verändern, können wir auch unsere Reaktionen verändern, und den Dingen einen anderen Verlauf geben.

Wenn Marianne und Corinna keine Möglichkeit finden, angemessen zu reagieren und immer weitere Stressreize folgen, ohne dass sie angemessene Bewältigungsformen finden, geraten sie so in einen Zustand ständiger, überhöhter Erregungsbereitschaft. Wahrnehmung und Gedanken sind nur noch auf Bedrohliches und Gefährliches fixiert, es gibt keine Ruhe mehr. Die Haut wird immer dünner, und bald genügen schon schwächere Stressreize oder auch allein die Vorstellung, dass diese Situation wieder auftreten könnte, um die Alarmphase auszulösen. Im weiteren Verlauf kann nicht mehr unterschieden werden zwischen »harmlosen« und »gefährlichen« Reizen. So kann beispielsweise das Klingeln des Telefons dann bereits ausreichen, um den Schweiß ausbrechen oder das Herz bis zum Hals schlagen zu lassen.

Aufgrund der ständigen Übererregung und der Sorgen können sich Schlafprobleme einstellen, die fehlende Erholung führt zu Nervosität und Konzentrationsstörungen, die Leistungsfähigkeit nimmt ab …; der Teufelskreis schließt sich.

Für Mobbingbetroffene bedeutet das, die seelischen und körperlichen Symptome frühzeitig ernst zu nehmen: Der Körper macht auf diese Weise unmissverständlich darauf aufmerksam, dass die Grenze seiner Anpassungsfähigkeit an eine unerträgliche Situation erreicht und dass ein Gegensteuern angesagt ist.

Vom Umgang mit Belastungen

In Stresssituationen ist fatalerweise die Neigung groß, Sport und Hobbys aufzugeben und die sozialen Kontakte einzuschränken. Alle Gedanken und Gefühle richten sich auf die Mobbingsituation, »Abspannen« ist dann nicht mehr möglich. Die Betroffenen werden dadurch immer anfälliger für Stress und die daraus resultierenden Krankheiten.

»Also bei mir musste es so schlimm kommen, sonst hätte ich wahrscheinlich weitergemacht … aber mein Körper hat's nicht mehr erlaubt.«
Helene K., 31 Jahre alt, Lektorin

»Weil ich immer nur am Grübeln war … jede Minute ging dafür drauf … Ich dachte, ich darf keine Zeit verlieren, ich kann doch jetzt nicht schwimmen gehen.«
Annette L., 32 Jahre alt, Erzieherin

Dabei haben Sie viele Möglichkeiten, mit Stress so umzugehen, dass Sie davon nicht krank werden. Wenn Sie auch nicht mehr wie unsere Vorfahren die körperliche Stressreaktion durch Kampf oder Flucht abbauen können, so gibt es doch einige Aktivitäten, die dem nahekommen. Mit Joggen, Schwimmen und Radfahren können Sie dem Fluchtimpuls nachgeben; mit Kampfsportarten wie Judo oder Karate folgen Sie Ihrem ursprünglichen Kampfimpuls. Über körperliche Aktivität zur Entspannung zu gelangen, ist auf verschiedenen Wegen möglich.

Entspannung wird dabei sozusagen als Nebenprodukt erreicht. Je nach Bedürfnis und Veranlagung können Sie wählen zwischen Tanz, Badminton oder Tennis spielen. Sie können Ihrem Bewegungsdrang durch Ausreißen des Unkrauts im Garten nachgehen oder sich in einem Fitness-Studio anmelden. Körperliche Bewegung steigert Ihre Selbstwahrnehmung. Sie können Körpersignale eher wahrnehmen und damit auch besser einschätzen, um eventuell gegenzusteuern. Der Abbau von körperlicher Anspannung hat außerdem einen positiven Einfluss auf Ihre Gefühle. Sie fühlen sich psychisch gelöster, gelassener, ruhiger; Ängstlichkeit, innere Anspannungen und depressive Verstimmungen können verringert werden. Das sind wesentliche Voraussetzungen dafür, sich mit der Mobbingsituation auseinanderzusetzen und sie zu bewältigen.

»Ich denke, was wirklich hilft, ist, dass man sich nicht nur DAMIT *beschäftigt, sondern auch einen anderen Fokus hat. Sich mit etwas zu beschäftigen, was einem sehr wichtig und sehr nahe ist. Und nicht nur intellektuell, sondern auch was für den Körper zu tun. Sei's Entspannung oder im Garten arbeiten, solche Dinge, das hilft auch, denke ich.«*
Sabine W., 48 Jahre alt, Sozialpädagogin

»Ich habe mich mit Schweißlehrgängen und Stepptanz vergnügt … beides sehr fordernd.«
Franziska B., 35 Jahre alt, Stadtplanerin

Arbeitsplatzgestresste Frauen ziehen sich oft zurück und nehmen sich damit die Möglichkeit, positive Verstärkung und emotionale Unterstützung durch soziale Kontakte auch außerhalb des betrieblichen Geschehens zu erfahren. Dabei können soziale Bindungen die Bewältigung der Belastung entscheidend erleichtern.

DIE BEDEUTUNG VON BEZUGSPERSONEN

Der Begriff »Soziales Netz« geht auf den Anthropologen John Barnes zurück, der in den frühen fünfziger Jahren damit beschäftigt war, die soziale Struktur des kleinen norwegischen Fischerdorfes Bremnes herauszufinden.

Man erzählt sich folgende Geschichte:

In der Nachmittagssonne sitzt Barnes auf einem Dock, um ihn herum kleine Fischerboote, aus denen der Tagesfang ausgeladen wird. Ein Fischernetz wird ausgebreitet und aufgehängt. Als die Sonne durch die Muster von Knoten und Schnüren scheint, fällt ihm eine Metapher für die Symbolisierung der Beziehungsmuster ein, in die er die Menschen einer lokalen, kleinen Gemeinde eingebunden sieht. Die Vorstellung, Menschen und ihre sozialen Beziehungen zueinander als netzähnlich zu betrachten, ist von bemerkenswerter Schlichtheit:
Menschen sind die Knoten in einem Netz, die durch Linien oder Bänder mit anderen Menschen, die ihrerseits Knoten darstellen, in Verbindung stehen.

Es gibt verschiedene Arten von sozialer Unterstützung:
· emotionale Unterstützung im Sinne von Solidarität und Mitgefühl
· emotionale Unterstützung, die Selbstwert und Achtung aufbaut
  (»Ich find dich gut.«)
· Unterstützung durch Rat, Lösungsvorschläge, Tipps, Informationen
· Lebenspraktische Hilfe (mit anpacken)

Funktionierende soziale Netze wirken sich positiv auf Gesundheit und das emotionale Gleichgewicht aus und erleichtern die Bewältigung kritischer Lebensereignisse.

Deshalb:
· Beziehungen, die soziale Unterstützung geben, bedürfen immer wieder
  aktiver Pflege.
· Es wird viel mehr Kraft und Zeit benötigt, neue Quellen sozialer
  Unterstützung zu erhalten, als bestehende Beziehungen aufzufrischen.

FAZIT

Sorgen Sie also für einen emotionalen Ausgleich, für einen bewussten Zugang zu positiven Gefühlen, machen Sie bewusst »was Schönes«, was immer das für Sie ist. Planen Sie schon morgens beziehungsweise für das Wochenende ganz bewusst Ablenkungen ein, die Ihnen Freude bereiten, bei denen Sie abschalten und sich mit anderen erholen können. Das kann ein Hobby sein, dem Sie sich widmen wollen, ein Kino- oder Theaterbesuch, ein Treffen mit guten FreundInnen zu einem Glas Wein, der Spaziergang am Abend ... was auch immer. Sorgen Sie dafür, dass der Stress abgebaut wird, und verwöhnen Sie sich, indem Sie in die Sauna gehen, sich in die Badewanne legen und sich von einem Duftöl umschmeicheln lassen. Wenn Sie gut für sich selbst sorgen, können Sie dadurch viele Ihrer Beschwerden lindern.

Vielleicht denken Sie jetzt: »Wie banal, da brauche ich mir ja nur einen Hund zu kaufen und jeden Abend um den See zu joggen.« Natürlich wird das allein Sie nicht von einem Tag auf den anderen aus der Mobbingsituation herauskatapultieren. Es wird aber auf Dauer unterstützend wirken. Wir möchten Sie dazu ermutigen, IRGENDETWAS Angenehmes möglichst regelmäßig »dazwischenzuschalten«. Geben Sie der Zeit eine Chance.

Sylvia W., 45 Jahre alt, Erzieherin: »Das hat bestimmt ein Jahr gedauert, also 'n Jahr danach hab ich gemerkt, ja, ich werde ruhiger. Ich kann heute zum Beispiel völlig gelassen zwei Stunden an einem Stück dasitzen, in der Natur und den Vögeln zugucken ... Heute kann ich einen Zaunkönig vom Mauersegler unterscheiden ... Früher dachte ich, im Garten sitzen, das ist vertane Zeit, man könnte ja auch was am Gartentor machen, an der Hecke schneiden oder sonstwas, aber man kann auch einfach ruhig und gelassen dasitzen.«

Beraterin: »Haben Sie das in dieser Situation damals schon ganz bewusst getan?«

Sylvia W.: »Ja, hab ich, aber, es ist mir schwer gefallen. Ich musste mich dazu zwingen.«

Beraterin: »Das kam also erst mal vom Kopf?«

Sylvia W.: »Genau! Ich hab mir gesagt: Ich muss mich jetzt hinsetzen und ganz ruhig sein und muss jetzt ganz genau die Natur beobachten ... Es hat mir unheimlich viel gegeben, einfach auch andere Sachen wahrzunehmen ... Letzte Woche beispielsweise sitz ich im Garten, und ein Vogel fliegt ganz aufgeregt hin und her. Der Hund meiner Freundin jagt diesen Vogel, und ich sag: Du, jetzt nimm den an die Leine, da ist irgendwas. Ich hab wahrgenommen, dass dieser Vogel aufgeregt war. Und tatsächlich saß sein Junges in der Nähe, und er musste es von da nach da transportieren, und da haben wir gestört. Früher hätte ich gedacht: Mein Gott, guck mal, jetzt springen die Vögel schon hin und her und sind hektisch und neurotisch. Heute weiß ich aber solche Zeichen besser zu verstehen.«

Ressourcen aktivieren

DIE PROGRESSIVE MUSKELENTSPANNUNG

Ebenso wie körperliches Training zählt das Entspannungstraining zu den wirksamsten Mitteln der Stressbewältigung. Der Arzt Edmund Jacobson beobachtete Ende der 1920er-Jahre, dass Unruhe, Angst und psychische Spannung häufig mit einer Verspannung der Muskulatur einhergeht.

Wenn wir uns überfordert fühlen, emotional angespannt und nervös sind, beeinflusst das auch unseren Körper. Unmerklich beißen wir vielleicht die Zähne zusammen, die Nackenmuskeln verspannen sich, wir ziehen die Schultern nach oben, ballen die Hände, verkrampfen unsere Bauch- und Rückenmuskeln.

Jacobson fragte sich, ob es möglich ist, auch umgekehrt durch Entspannung der Muskeln auf das psychische Befinden des Menschen einzuwirken. Er empfahl seinen Patienten, in Stresssituationen bewusst der Reihe nach einzelne Muskelpartien abwechselnd anzuspannen und zu lockern und konnte durch seine Studien nachweisen, dass durch eine aktive Verminderung der Muskelanspannung nicht nur die Atemfrequenz und der Blutdruck seiner Patienten gesenkt werden konnte, sondern sich auch, damit einhergehend, ein Gefühl von Ruhe, Konzentration, Harmonie und Erholung einstellte.

Viele Menschen sind sich gar nicht bewusst, dass einzelne Muskelgruppen bei ihnen ständig übermäßig angespannt sind. Deshalb können sie diese Muskelpartien auch nicht bewusst entspannen. Um dem abzuhelfen, erfand Jacobson seine Methode der muskulären Tiefenentspannung, der er den Namen »Progressive Muskelrelaxation« gab.

· »Relaxation« (lat.) bedeutet Entspannung im Sinne von »wieder loslassen« von Anspannungen.

· »Progressiv« steht zum einen für »fortschreitend« (im Laufe der Übungen vertieft sich die Entspannung immer mehr) und zum anderen dafür, dass der Zustand der Erholung Schritt für Schritt aufgebaut wird.

Das Prinzip der Progressiven Muskelentspannung besteht in der aufeinanderfolgenden Anspannung der wichtigsten willentlich zu beeinflussenden Muskeln und deren anschließender Lockerung und Entspannung.

Beim Anspannen und der darauffolgenden Entspannung achtet man genau auf die Empfindungen. So ist es möglich, immer feinere Unterschiede wahrzunehmen und die jeweilige Muskelgruppe von Versuch zu Versuch immer tiefer zu entspannen. Durch die anfängliche Anspannung lernt man auch, die mit beginnender Belastung verbundenen Verspannungen schneller und besser wahrzunehmen und Belastungsgefühlen entgegenzuwirken.

Die Methode der Progressiven Muskelentspannung wurde ständig weiterentwickelt, ihre Wirksamkeit gilt als wissenschaftlich untermauert. Als eigenständiges Verfahren gehört sie mittlerweile zum Bestandteil der psychosomatischen Grundversorgung und Gesundheitsprävention der Krankenkassen. Sie ist leicht erlernbar, kommt ohne äußere Hilfsmittel aus und hat keine unerwünschten Nebenwirkungen.

GRUNDPRINZIP DER PROGRESSIVEN MUSKELENTSPANNUNG:

1. AUFMERKSAMKEIT LENKEN
Zunächst geht es darum, sich auf die jeweilige Körperregion zu konzentrieren, um den aktuellen (An)Spannungsgrad der Muskulatur wahrzunehmen.

2. ANSPANNEN
Die jeweilige Muskelgruppe wird angespannt. Wichtig: Die Spannung soll deutlich spürbar sein, ohne in Verkrampfung überzugehen.

3. SPANNUNG HALTEN
Die Spannung wird zirka fünf bis sieben Sekunden gehalten. Gleichzeitig wird auf die auftretenden Empfindungen in dem betreffenden Muskelteil geachtet. Während der Anspannungsphase möglichst weiteratmen.

4. LOSLASSEN
Mit dem Ausatmen wird die Spannung wieder gelöst.

5. NACHSPÜREN
In der nun folgenden Ruhepause von zirka einer halben Minute werden die in dem Körperteil auftretenden Empfindungen der Entspannung beobachtet. So können beispielsweise Wärme, Schwere, Leichtigkeit, Kribbeln auftreten.

Übung: Progressive Muskelentspannung

Die folgende Übung können Sie im Sitzen durchführen. Sie benötigen dazu etwa 20 bis 25 Minuten Zeit.

Suchen Sie sich einen Ort, an dem Sie sich wohlfühlen und sorgen Sie dafür, dass Sie nicht gestört oder abgelenkt werden. Setzen Sie sich bequem auf einen Stuhl, achten Sie darauf, dass Sie nichts einengt und dass Sie frei atmen können.

Die Schultern hängen locker herab, Hände und Unterarme liegen entspannt auf den Oberschenkeln oder auf den Stuhllehnen.

Schließen Sie die Augen und gehen Sie mit Ihrer Aufmerksamkeit kurz durch Ihren Körper, nehmen Sie wahr, wie Sie sitzen, spüren Sie nach, wie sich Ihr Körper anfühlt, wo Sie Anspannung wahrnehmen und wo Sie schon lockerlassen und Spannungen abgeben können. Nehmen Sie auch bewusst Ihren Atem wahr. Lassen Sie ihn einfach fließen.

Spannen Sie dann der Reihe nach folgende Muskelgruppen an, halten Sie die Spannung einen Moment und lassen Sie dann wieder los, entspannen Sie. Achten Sie darauf, dass Sie beim Anspannen der Muskeln ruhig weiter atmen.

Wenn Ihnen während der Übung Gedanken durch den Kopf gehen, nehmen Sie kurz wahr, wovon Sie abgelenkt werden und kehren Sie immer wieder mit Ihrer Aufmerksamkeit zur Übung zurück.

ARME UND HÄNDE

(1)	Aktivere Hand und Unterarm	Hand zur Faust ballen
(2)	Aktiverer Oberarm	Arm im Ellbogen anwinkeln oder Oberarm gegen den Oberkörper drücken
(3)	Andere Hand und Unterarm	Hand zur Faust ballen
(4)	Anderer Oberarm	Arm im Ellbogen anwinkeln oder Oberarm gegen den Oberkörper drücken

KOPF UND GESICHT

(5)	Stirn und Kopfhaut	Augenbrauen nach oben (zum Haaransatz) ziehen
(6)	Augen, Nase, obere Wangenpartie	Augen zusammenkneifen und die Nase leicht rümpfen
(7)	Untere Wangenpartie, Kiefer, Mund	Zähne und Lippen leicht zusammenführen und die Mundwinkel in Richtung Ohren ziehen

(8) Hals- und Nackenregion	Kinn in Richtung Brust führen und gleichzeitig den Kopf nach hinten/ oben drücken (oder Schultern zu den Ohren hochziehen)

RUMPF

(9) Brust, Schultern, obere Rückenpartie	Schulterblätter nach hinten zusammenziehen (oder beide Schultergelenke nach vorne ziehen)
(10) Bauch	Bauch ganz fest machen
(11) Beckenboden und Gesäßmuskulatur	Pobacken fest zusammenkneifen

BEINE

(12) Aktiverer Oberschenkel	Bein leicht strecken und den Oberschenkel gegen die Unterlage drücken
(13) Aktiverer Unterschenkel	Bein leicht vorstrecken und die Zehenspitzen nach oben ziehen, die Ferse bleibt auf dem Boden
(14) Aktiverer Fuß	Vorsichtig die Zehen krümmen und den Fuß leicht nach innen drehen
(15) Anderer Oberschenkel	Bein leicht strecken und den Oberschenkel gegen die Unterlage drücken
(16) Anderer Unterschenkel	Bein leicht vorstrecken und die Zehenspitzen nach oben ziehen, die Ferse bleibt auf dem Boden
(17) Anderer Fuß	Vorsichtig die Zehen krümmen und den Fuß leicht nach innen drehen

Konzentrieren Sie sich nun auf das angenehme Gefühl von Entspannung, lassen Sie es mit jedem Ausatmen noch etwas tiefer werden. Genießen Sie diesen Zustand von Ruhe und Entspannung, und prägen Sie sich dieses Gefühl ein.

Beenden Sie die Übung, indem Sie die Arme ausstrecken, ein paar Mal tief ein- und ausatmen und die Augen öffnen. Diese Zurücknahme der Entspannung ist wichtig, damit sich der Körper – ähnlich wie nach dem Schlafen – wieder auf den Wachzustand einstellen kann. Wenn Sie abends im Bett vor dem Schlafengehen üben, brauchen Sie die Entspannung nicht zurückzunehmen – und Sie werden besser schlafen.

Wenn Sie regelmäßig üben und genügend Erfahrung mit dem Entspannen von einzelnen Muskelgruppen haben, können Sie probieren, Muskelgruppen zusammenzufassen (zum Beispiel beide Hände und Arme, das ganze Gesicht, beide Beine) oder alle Muskelgruppen auf einmal anzuspannen und anschließend zu lösen.

Wenn die körperliche Entspannung auf »Kommando« hervorgerufen werden kann, ist es möglich, in bestimmten Situationen weniger nervös, aufgeregt oder hektisch zu reagieren.

DIE PRAXIS DER ACHTSAMKEIT:
INNEHALTEN UND SPÜREN, WAS IST.

»Achtsamkeit ist das Wunder, das auf einen Schlag unseren zerstreuten Geist zurückrufen kann, ihn wieder ein Ganzes werden lässt, so dass wir jede kostbare Minute unseres Lebens wirklich leben.«[1]

Ebenso wie die körperliche Entspannung können auch Elemente aus der Meditation, die aus der buddhistischen Tradition kommen, dazu beitragen, Stress zu reduzieren und Selbstheilungskräfte zu aktivieren. ACHTSAMKEIT ist hier das Schlüsselwort.

Der amerikanische Verhaltensmediziner Jon Kabat Zinn entwickelte in den 80er-Jahren die »Stressbewältigung durch Achtsamkeit«, kurz MBSR (Mindfulness-Based Stress Reduction) genannt. Hierbei geht es darum, auf eine bestimmte Weise aufmerksam zu sein und Körperempfindungen, Gedanken und Gefühle einfach nur zu beobachten, ohne sie zu bewerten oder zu verändern.

»Es ist das offene und nicht wertende Gewahrsein all dessen, was gerade ist, sei es angenehm oder unangenehm. Durch die Anwendung der Achtsamkeit auch in Situationen, die mit Stress, Schmerz und unangenehmen Gefühlen verbunden sind, hört der Geist auf, automatisch gegen alle Unannehmlichkeiten anzukämpfen, wird ruhiger und gelassener und gewinnt eine neue Perspektive. So kommen nicht nur die Dinge in den Blick, die schwierig und schmerzhaft sind, sondern wieder auch die vielen Dinge, die in Ordnung sind. Achtsamkeit gewinnen heißt, in jedem Augenblick des Lebens ›voll da zu sein‹, um so den Herausforderungen des Alltags heiter und angemessen begegnen zu können.«[2]

1 Thich Nhat Hanh, 1997, »DAS WUNDER DER ACHTSAMKEIT«
2 Jon Kabat Zinn, 1998, »IM ALLTAG RUHE FINDEN«

Tatsächlich verbringen wir die meiste Zeit unseres Lebens damit, Aktivitäten und Aufgaben mehr oder weniger automatisch zu verrichten. Dabei kann fast alles, was wir im täglichen Leben tun, auf achtsame Art und Weise durchgeführt werden, sei es das Händewaschen, Kaffeekochen oder Staubsaugen. Wenn Sie kurz innehalten, Ihren Körper und Atem spüren, Ihre Umgebung sorgsam registrieren, machen Sie vielleicht völlig neue Erfahrungen. Innere und äußere Geschehnisse werden mit größerer Klarheit wahrgenommen, die eigene Sicht erweitert, der Handlungsspielraum vergrößert.

ACHTSAMKEIT DURCH DEN ATEM

Die einfachste und wirkungsvollste Art Achtsamkeit zu üben und sich jeden einzelnen Augenblick bewusster zu machen, ist die Konzentration auf den Atem. Sie brauchen nichts weiter zu tun, als das Ein- und Ausströmen der Luft in Ihrem Körper zu beobachten. Denken Sie nicht über das Atmen nach und lösen Sie sich von der Vorstellung, dass etwas passieren sollte. Fragen Sie sich nicht, ob Sie es »richtig« machen. Es geht einzig und allein darum, sich des Atems bewusst zu werden. Lassen Sie los und akzeptieren Sie den Augenblick, so wie er ist und so, wie Sie sich fühlen.

Halten sie hin und wieder im Laufe des Tages inne und werden Sie sich Ihres Atems bewusst – und wenn es nur zehn Sekunden sind. Wenn Sie wollen, probieren Sie es gleich aus, jetzt, während Sie dieses Buch lesen.

Die folgende Übung kann Sie dabei unterstützen, Achtsamkeit zu üben und Ihre inneren Ressourcen zu stärken.

ÜBUNG: DEN ATEM BEOBACHTEN – ATEMMEDITATION

Suchen Sie sich einen Platz, an dem Sie nicht gestört werden und an dem Sie sich gerne aufhalten. Achten Sie darauf, dass Sie bequem sitzen. Schließen Sie die Augen, gehen Sie mit Ihrer Aufmerksamkeit nach innen und nehmen Sie bewusst Ihren Körper wahr.

Richten Sie dann allmählich Ihre Aufmerksamkeit auf die Empfindungen Ihres ein- und ausströmenden Atems.

Bleiben Sie mit Ihrer Aufmerksamkeit dort, wo Sie Ihren Atem am deutlichsten spüren und wo die Atemempfindungen am angenehmsten für Sie sind. Das kann in den Nasenöffnungen oder in der Brustregion sein, oder vielleicht spüren Sie besonders deutlich, wie sich Ihre Bauchdecke beim Einatmen langsam hebt und beim Ausatmen wieder senkt.

Lassen Sie ihren Atem einfach kommen und gehen – ganz in seinem eigenen natürlichen Rhythmus.

Versuchen Sie ihn weder zu beschleunigen noch zu verlangsamen oder zu vertiefen, sondern überlassen Sie ihn einfach sich selbst. Vielleicht bemerken Sie, dass Ihr Atem kurz und flach ist, oder lang und tief, er kann fließend oder auch stockend sein. Verändern Sie ihn nicht, spüren Sie einfach nur von Moment zu Moment, wie Sie atmen.

Wenn Sie bemerken, dass Ihre Aufmerksamkeit nicht mehr beim Atem ist, dann werden Sie sich einfach einen Moment lang bewusst, wo Sie gerade sind und was Sie gerade beschäftigt und kommen dann wieder zur Atemempfindung zurück. Und wenn Sie in den nächsten Minuten immer wieder abgelenkt werden, dann kommen Sie einfach immer wieder auf Ihren Atem zurück. Immer wieder zurückkommen, nur wahrnehmen, wo Sie sind, und dann loslassen, und wieder zum Atem zurückkehren.

Beurteilen und bewerten Sie nichts. Erlauben Sie sich, einfach in Ruhe zu sitzen und zu spüren, wie Ihr Atem kommt und geht.

Bevor Sie die Übung beenden, machen Sie sich noch einmal bewusst, dass Sie diesen Zustand der inneren Wachheit und Ruhe mit in Ihren Tag hinein nehmen können, denn der Atem ist immer da, ganz egal, wo Sie gerade sind und was Sie gerade tun. Und jedes Mal, wenn Sie sich ihres Atems bewusst werden, bringen Sie mehr Achtsamkeit, Ruhe und Klarheit in Ihr Leben.

(Übung in Anlehnung an Jon Kabat-Zinn & Ulrike Kesper-Grossman)

MENTALTECHNIKEN – SICH AUF ANDERE GEDANKEN BRINGEN

Gedanken beeinflussen unsere Gefühle, unsere Stimmungen und letztlich unser Verhalten. Wenn wir uns sagen: »Für mich geht alles schief«, macht unser Gehirn uns all diejenigen Situationen bewusst, in denen es für uns nicht gut gelaufen ist, und wir fühlen uns dementsprechend schlecht. Fragen wir uns hingegen: »Was ist mir wirklich gut gelungen?«, werden all diejenigen Situationen abgerufen, in denen wir erfolgreich waren und uns gut fühlten. Vielleicht stellen wir dann sogar fest, dass auch unser Körper sich erinnert und dies in einer aufrechteren Körperhaltung, einem gleichmäßigen Atmen oder einer ruhigen Stimme ausdrückt.

Sich mit einer Mobbingsituation auseinanderzusetzen erfordert Ihre ganze Kraft und Energie, oder auch bestimmte Fähigkeiten. Gerade, wenn Sie belastet sind und schlechte Zeiten durchmachen, ist es wichtig, sich bewusst zu entscheiden, woran Sie denken wollen und sich dann auf die Dinge zu konzentrieren, die Ihnen Mut machen und ein positives Gefühl vermitteln. Denn jede hat ihren »Moment of Excellence«. Das ist der Moment, in dem uns alle Energien und Kräfte zur Verfügung stehen. Wir möchten Ihnen eine Übung vorstellen, mit der Sie lernen können, sich an diesen Zustand zu erinnern, und Ihnen zeigen, wie Sie diesen Moment bei Bedarf abrufen können. Gehen Sie auf die Suche nach Ihren Energiequellen, und zapfen Sie sie an!

Sie können folgende Übung mit einer guten Freundin machen, die Sie durch die Übung führt und Ihnen die Zeit gibt, die Sie brauchen, um die einzelnen Schritte zu gehen. Wir haben die Anleitung bewusst in der Du–Form gehalten.

Übung: Moment Of Excellence
Schließe die Augen, wenn dir das hilft, diesen Moment noch eindrücklicher zu machen.

1. Wenn du dein Leben einmal im Überblick betrachtest, wirst du feststellen, dass es verschiedene Situationen gab, wo alles optimal lief, wo du alle deine Fähigkeiten und Fertigkeiten zur Verfügung hattest und mit der Situation auf bestmögliche Art und Weise umgehen konntest. Suche dir drei Situationen aus, in denen du dich wohl gefühlt hast, du deine Stärken spüren konntest und die für dich sehr schön waren.

2. Wähle dann die aus, die dir am klarsten und eindrücklichsten in Erinnerung ist.

3. Gehe in deiner Vorstellung ganz in diese Situation hinein. Erlebe diesen Zustand mit all deinen Sinnen. Achte dabei auch auf alle Feinheiten wie zum Beispiel Körperhaltung und Gedanken. Nimm ganz bewusst wahr, was du in dieser Situation sehen kannst. Welche Farben kannst du sehen? Spielen andere Personen eine Rolle? Lass alles, was für dich wichtig ist, wie einen Film vor deinem inneren Auge ablaufen. Unterlege diesen Film auch mit Ton. Hörst du etwas? Gibt es typische Geräusche oder Stimmen, die

die Situation noch intensiver machen? Welche Körperempfindungen sind damit verbunden? Vielleicht gibt es auch einen ganz typischen Geschmack oder Geruch, der dabei eine Rolle spielt. Vergegenwärtige dir auch diese Sinneseindrücke. Erlebe noch einmal den für dich entscheidenden Höhepunkt der Situation, verbleibe beim schönsten Moment und genieße ihn, mache ihn so intensiv, wie du kannst.

4. Komme jetzt wieder zurück, und öffne die Augen, schaue dich im Raum um.

5. Überlege dir: Gibt es einen typischen Auslöser für die Erinnerung? Ein Bild, eine Musik? Stimmen oder ein Geräusch, eine bestimmte Körperhaltung, die du nutzen könntest, um wieder in diese Situation zurückzugelangen? So, wie du es vielleicht auch schon einmal bei SportlerInnen gesehen hast, die sich mit einer bestimmten Bewegung (z.B. einer geballten Faust oder einem energischen Kopfnicken) in einen optimalen Zustand bringen. Auch du kannst deinen energiereichen Moment speichern, wenn du diesen »Erinnerungsauslöser« mit einer spezifischen Handbewegung oder Körperhaltung verbindest (ankerst).

6. Probiere, mit welchem Anker du am besten in die für dich optimale Situation hineinkommen kannst. Dann wiederhole diese Geste oder Körperhaltung so lange, bis die Verbindung »Geste – energievoller Zustand« praktisch automatisch hergestellt wird. Falls es sich um eine ungewöhnliche Körperhaltung handelt, die du nur in bestimmten Situationen einnehmen kannst, probiere aus, welcher Teil der Haltung wichtig ist, um in die Szene einsteigen zu können. Wenn es sich um eine große Bewegung handelt, versuche, sie schrittweise immer kleiner zu machen und dennoch in dem schönen Zustand zu bleiben. Eine kleine, kaum merkliche Bewegung bietet den Vorteil, dass man sie auch ganz schnell und »so nebenbei« machen kann.

7. Teste die Verbindung: Stelle dir ein Ereignis in der Zukunft vor, bei dem du diesen Zustand, diese Fähigkeit benötigst, beispielsweise das Gespräch mit deinem Vorgesetzten. Gehe in deiner Vorstellung in diese Situation hinein, »betätige« deinen Auslöser (Anker), und stelle sicher, dass du tatsächlich in diesen Zustand gelangst. Vielleicht überlegst du dir zusätzlich eine kleine Gedächtnisstütze, die dich an deinen »Moment of Excellence« erinnert.

... Vorgesetzten und Leitung

Mit Mobbing möchte sich am liebsten niemand auseinandersetzen. Naheliegend für diejenigen, die sich der Methoden des Mobbing bedienen, um eigene Ziele durchzusetzen, naheliegend auch für die, die davon betroffen sind. Was aber, wenn man weder zu den einen, noch zu den anderen gehört? Wenn man ahnt, dass man intervenieren sollte, aber nicht so recht weiß, wie das Problem anzupacken ist? Wenn man Führungsverantwortung hat, und Betroffene erwarten, man möge doch nicht nur verstehen, sondern auch intervenieren, um dem Ganzen ein Ende zu bereiten?

Es gibt drei Möglichkeiten, mit dieser Situation umzugehen:

1. DIE »ICH SCHAU WEG«-METHODE
Dahinter stehen Überzeugungen, wie »Ich bin doch hier nicht das Kindermädchen, außerdem hab ich doch weiß Gott andere Dinge zu tun«, oder auch »Hochgespieltes Psychogequatsche« und »Was ich nicht weiß, macht mich nicht heiß«.

2. DIE »ICH WARTE MAL AB«-METHODE
Dafür halten Volksweisheiten her wie »Das regelt sich schon von alleine«, »Da kann man sich nur die Finger verbrennen« und »Es wird schließlich nichts so heiß gegessen, wie es gekocht wird«.

3. DIE »ES GIBT EIN PROBLEM – ICH PACKE ES AN«-METHODE
Wenn man weiß, was Mobbing ist und was es für eine Organisation bedeutet, scheiden die Möglichkeiten 1 und 2 von vornherein aus. Möglichkeit 3 verheißt zwar Arbeit, ist aber langfristig der einzige Weg, um der Leitungsverantwortung gerecht zu werden und (auch für sich selbst!) ein Umfeld zu schaffen, in dem Arbeit effektiv stattfinden kann.

Zunächst eine kurze Rückschau:
Mobbing ist eine Form von psychosozialer Gewalt, die subtil angewendet wird und daher schwer auszumachen ist. Es beginnt mit einem Konflikt, der, wenn er unbearbeitet bleibt, in der für Mobbing typischen Form eskaliert, im weiteren Verlauf zur Stigmatisierung einer Person führt und letztlich mit dem

Ausschluss dieser stigmatisierten Person aus dem Arbeitsumfeld endet. Das passiert nicht von heute auf morgen, sondern nimmt einen phasenhaften Verlauf, Mobbing ist also ein prozesshaftes Geschehen. Durch mangelhafte Konfliktverarbeitung entsteht bei Mobbing ein Ungleichgewicht, eine Person gerät in die unterlegene Position. Je weiter der Prozess voranschreitet, desto größer wird die Gefahr, dass immer mehr MitarbeiterInnen die Sicht der MobberInnen übernehmen, die Isolation von Betroffenen wächst. Derart ausgegrenzt, steigert sich das Gefühl, etwas falsch gemacht zu haben, Selbstzweifel an der Arbeitsfähigkeit und an der eigenen Person nehmen zu. Alles, was als Folge davon tatsächlich zu Fehlern führt, mindert das Selbstbewusstsein und führt bei den »zuschauenden« KollegInnen zu der irrigen Annahme: »Bei der/dem stimmt tatsächlich etwas nicht!« Ursache und Wirkung werden also vertauscht. Findet diese Isolation und Stigmatisierung schließlich durch fast alle MitarbeiterInnen einschließlich der Leitung statt, und dehnt sie sich womöglich noch in den privaten Bereich aus, ist der Ausschluss vorprogrammiert – sei es durch Eigenkündigung, langfristige Krankschriften, Versetzung oder Kündigung durch den Arbeitgeber.

DER AUSSCHLUSS – DIE LÖSUNG DES PROBLEMS?

Wer glaubt, das Problem könne gelöst werden, indem die Gemobbte, die als »UrheberIn« erscheint, den Betrieb verlässt, der irrt. Weder für die Gemobbten, die mit den psychosomatischen Folgen und dem Arbeitsplatzverlust zu kämpfen haben, noch für die Organisation hat sich das Thema Mobbing damit erledigt. Hat Mobbing als »Konfliktlösungsstrategie« in einem Betrieb erst einmal Fuß gefasst, ist weder durch Ignorieren noch durch Abwarten etwas gewonnen. Im Gegenteil, Mobbing etabliert sich. Dann kommt es vor, dass ein und dieselbe Position in relativ kurzer Zeit von mehreren MitarbeiterInnen besetzt wird, und immer sind diese entweder über- oder unterqualifiziert, machen Fehler, sind unzuverlässig, passen nicht ins Team. Alle denkbaren Gründe tauchen auf (und scheinen zu stimmen), um MitarbeiterInnen loszuwerden. Nach außen wird das Bild erzeugt: »Die/der ist doch selbst schuld«, ein Argument, dem man nur zu leicht erliegen kann. Gestützt durch eigene Beobachtungen ist man in manchen Fällen geneigt, sich der Mehrheit anzuschließen. Denn: es können doch nicht alle irren! Und: ein bisschen merkwürdig verhält sie oder er sich ja schon. Dabei zielt Mobbing genau darauf, diesen Eindruck zu erwecken. Es muss immer bedacht werden, dass, wenn man nicht direkt beteiligt ist, erst dann aufmerksam wird, wenn Mobbing bereits das Anfangsstadium verlassen hat. Was man dann sieht, ist bereits eine manipulierte Situation, die Situation, die von MobberInnen geschaffen worden ist, um ihre Ziele zu erreichen.

HINTER DIE KULISSEN BLICKEN – DIE MOTIVATION FÜR MOBBING

Aber wie sieht es hinter dem »Offensichtlichen« aus? Ein Blick hinter die Kulissen kann Ihnen da Klarheit verschaffen. MobberInnen reflektieren ihre eigene Motivation oft nicht, sie kann unbewusst sein und bleiben. Wenn Sie in einem Mobbingprozess intervenieren wollen, sollten Sie aber genau das tun, nämlich der Frage nachgehen, was der »eigentliche« Grund für die Eskalation ist. Immer, wenn eine Person statt des Problems/Konflikts in den Vordergrund rückt, ist Vorsicht geboten. Denn die Argumentation von MobberInnen Ihnen gegenüber ist nur scheinbar logisch und folgerichtig. Zugrunde liegt oft die Hilflosigkeit, die eigenen Bedürfnisse zu artikulieren und für sich einzustehen, die Angst, nicht Recht zu bekommen oder verlacht zu werden, wenn man die wirklichen Beweggründe offenlegen würde. Die Motivation für Mobbing kann unterschiedlichste Ursachen haben. Nehmen wir beispielsweise die ältere, alt eingesessene Kollegin, die befürchtet, dass die »Neue« ihr den Rang ablaufen könnte, weil sie besser qualifiziert ist. Die Motivation heißt hier: Angst vor Gesichtsverlust. Oder es kursiert das Gerücht, dass Stellen eingespart werden sollen. Hier steht im Hintergrund die Angst vor einem möglichen Arbeitsplatzverlust. Manchmal ist es auch die Befürchtung, den sozialen Rückhalt in der Gruppe zu verlieren, wenn eine Kollegin zu Vorgesetzten den besseren Draht hat. In jedem Fall steht aus Sicht von MobberInnen viel zu viel auf dem Spiel, um das Risiko eines offen ausgetragenen Konflikts zu riskieren, denn sie möchten auf gar keinen Fall Gefahr laufen, Nachteile in Kauf zu nehmen. Aus diesem Grund wird eine Person »ausgeguckt«, wird dem eigenen Problem sozusagen »vorgeschoben«. Die wirkliche Motivation bleibt im Hintergrund, wird verdeckt und verschleiert. Ein Opfer muss gefunden werden, um eigene Interessen zu legitimieren; ein Opfer, hinter dem man die eigene Motivation verstecken kann. Manche kennen oder haben allerdings auch gar keine anderen Möglichkeiten zur Konfliktaufarbeitung und -bereinigung.

Genug Gründe also für die Leitung, Konflikte und die dahinter stehenden Ursachen genauer unter die Lupe zu nehmen. Denn die einzige Chance, einen Mobbingkonflikt zu lösen besteht darin, eine Verhandlungsbasis zwischen den KontrahentInnen zu schaffen, Mobbing sozusagen in einen lösbaren Konflikt umzuformen. Nur, wenn Sie beiden Seiten das Recht auf eigene, durchaus legitime Interessen zugestehen, lässt sich abwägen, wie eine Lösung aussehen könnte, die möglich und praktikabel ist. Das kann natürlich nur dann gelten, wenn sich Mobbing in einem relativen Anfangsstadium befindet. Es muss noch möglich erscheinen, dass beide Parteien wieder miteinander oder doch zumindest friedlich nebeneinander arbeiten können, ohne das Gesicht zu verlieren.

DIE INTERVENTION IM MOBBINGPROZESS

Ist der Mobbingprozess bereits festgefahren und sind Verhandlungen nicht mehr möglich, geht es für die Leitung nicht darum, zu entscheiden, wer Recht oder Unrecht hat, sondern darum, die Beteiligten dazu zu bringen, Verantwortung für das eigene Verhalten zu übernehmen. Was heißt das in der Praxis?

Der Konflikt einerseits und das Verhalten der MobberInnen zur Konfliktlösung andererseits, sind strikt voneinander zu trennen. Der »Grundkonflikt« ist jetzt nicht das Thema, sondern das, was von Seiten der Mobberin getan wird, um ihre Interessen durchzusetzen. Würden Sie sich auf die Suche nach Recht und Unrecht im Konflikt begeben, liefen Sie Gefahr, sich selbst zur Ringrichterin zu degradieren und auf der Stelle zu treten. Denn mal könnte man der einen Partei zustimmen und mal der anderen. Da Gemobbte aber durch die subtilen und systematischen Schikanen nicht mehr so wehrhaft sind wie MobberInnen, besteht durch den selbst auferlegten Zwang des Entscheiden-Müssens (»Wer hat denn nun Recht?«) die hohe Wahrscheinlichkeit, der Taktik von MobberInnen zu erliegen, und damit als Leitung selbst zur weiteren Stigmatisierung und somit zur Fortdauer von Mobbing beizutragen.

Wieder ein Beispiel: Mobberin und Gemobbte sitzen bei Ihnen im Büro. Die Mobberin wirft der gemobbten Kollegin vor, dass sie »immer die Abgabetermine verpasst« und »sowieso mit dem Arbeitsablauf nicht zurechtkommt«. Das mag so sein, wenn Sie dem aber vorbehaltlos zustimmen, helfen Sie ungewollt mit, die unterlegene Kollegin in die Enge zu treiben. Wenn die gemobbte Kollegin aber deswegen Termine verpasst, weil die »Kollegin Mobberin« ihr die dazu notwendigen Informationen vorenthält, sieht die Sache ganz anders aus. Ohne ausreichend informiert zu sein, hinkt man nun einmal wichtigen Terminen hinterher. Gelingt es Ihnen, dieses Verhalten, diese Mobbinghandlung (»Informationen vorenthalten«) zu thematisieren und zu unterbinden, so besteht die Chance, Mobbing die Basis zu entziehen.

Werden MobberInnen nach und nach zur Einsicht bewegt und die systematischen Schikanen unterbleiben, kann man sich der Sache, dem hinter Mobbing verdeckten Konflikt zuwenden. Ist das nicht zu erreichen und die MobberInnen »schalten auf stur«, bleibt nur noch der Weg, Konsequenzen anzukündigen und – falls keine Verhaltensänderung eintritt – auch durchzuführen. Wichtig ist, ein Signal zu setzen: Unter meiner Leitung wird intrigantes Verhalten nicht geduldet.

WARUM IST INTERVENTION SO WICHTIG?

Beschränkt man sich darauf, den Dingen mehr oder weniger ihren Lauf zu lassen, wird die Strategie von MobberInnen »salonfähig« gemacht, sie avancieren zur »heimlichen Leitung« und fühlen sich bestärkt.

Wenn Vorgesetzte für sich selbst und sichtbar eindeutig für die MitarbeiterInnen zu Mobbing Stellung beziehen, ist der erste wichtige Schritt getan. Durch gezielte Information zum Thema, Organisation von Fortbildung und aktive Auseinandersetzung in bestehenden Mobbingkonflikten wird signalisiert: Bei uns soll Konfliktpotenzial kreativ genutzt werden und zu neuen Lösungen führen, anstatt in destruktive Machtkämpfe auszuarten. Die Zeit, die aufgewendet wird, um Mobbing entgegenzutreten (sich aktiv einschalten, Strukturen verändern, Vorträge und Fortbildung organisieren etc.) ist allemal kürzer als die Zeit, die aufgebracht werden muss, wenn zu spät oder gar nicht eingegriffen wird. Mobbing kostet Zeit und Geld: Ausfall durch Krankheit, verminderte Leistungsfähigkeit bei Betroffenen, hoher Zeitaufwand bei MobberInnen, vermindertes Engagement für den Betrieb, Zeitverlust der Leitung und des Personal-/Betriebsrates und vieles mehr.

Mobbing »erledigt« sich niemals von allein. Das bedeutet, dass Vorgesetzte früher oder später eingreifen MÜSSEN. Aber es gibt die Wahl, den Zeitpunkt des Eingreifens zu bestimmen, und damit erhalten Sie die Möglichkeit, entscheidende Akzente zu setzen. Das ist, wie die Erfahrung in der Praxis mittlerweile zeigt, weniger dramatisch und nervenaufreibend als man auf den ersten Blick, ohne Wissen über den Verlauf und die Hintergründe von Mobbing, glaubt. Es ist eine Aufgabe, deren Bewältigung lohnt, im Sinne des Unternehmens, im Sinne der Ihnen übertragenen Leitung und last, but not least im Sinne der von Mobbing Betroffenen.

INTERVENTION BEI MOBBING BEDEUTET ...

... BEIDEN Parteien gegenüber Offenheit entgegenzubringen,

... zwischen der Ablehnung eines bestimmten Verhaltens einer Person und dem Menschen zu unterscheiden,

... BEIDEN Parteien legitime Interessen zuzubilligen, weil Verhandlungen sonst zur Verurteilung einer Person führen,

... nicht zu versuchen die Schuldfrage zu klären, sondern an die Verantwortung beider Konfliktparteien zu appellieren und sie entsprechend zum Handeln zu veranlassen.

... Betriebs- und Personalrat

Mobbing bringt zu Recht Empörung hervor. Schier Unglaubliches spielt sich da ab und niemand scheint in der Lage, diesem Treiben Einhalt zu gebieten. Als Betriebs- oder Personalrat steht man bei Mobbing zwischen Baum und Borke. Oft ergibt sich dann eine Situation, in der man es niemandem mehr recht machen kann, nicht einmal sich selbst. Woran liegt das?

Es hat genau mit diesem »recht machen« zu tun, aber wie sieht dieses »Recht« aus? Selbst, wenn man davon eine Vorstellung hätte, würden die anderen sie möglicherweise nicht teilen. Mobbing berührt moralische Kriterien, die Moral unterteilt Handlungen in rechte und unrechte. Nun streiten sich aber seit hunderten von Jahren PhilosophInnen aller Denkrichtungen darüber, was das Rechte und demzufolge das Unrechte sei. Auch die, die von der Existenz des Guten und Rechten ausgingen wie Platon, haben nie eine Definition verfasst. Thomas Hobbes war sogar der Ansicht, dass GUT und BÖSE lediglich Bezeichnungen sind, die unsere Vorlieben und Abneigungen beschreiben. Mit anderen Worten, Recht und Unrecht liegen im Auge der BetrachterIn.

Als MitarbeitervertreterIn geraten Sie, wenn Sie sich an moralische Bewertungen wie »Gut und Böse« halten, sehr rasch in eine Sackgasse. Denn in dieser Position werden Sie mit den Sichtweisen von mindestens drei BetrachterInnen (Gemobbte, MobberIn, Leitung) konfrontiert, Ihre eigene kommt noch hinzu. Wenn also Ihre Intervention von moralischen Bewertungen unter der Verwendung von Kategorien wie »Gut oder Böse«, »Richtig oder Falsch«, »Würdig oder Unwürdig« u.ä. getragen ist, setzt die Intervention auf moralische Empörung und schreibt somit die Fronten fest. Alle Aggression aus dem Umfeld des Mobbingfalles werden in der Folge bei einer Partei, den so genannten »TäterInnen« festgemacht, wobei die »TäterInnen«, je nach Blickwinkel der verschiedenen Gruppen, nicht unbedingt in den gleichen Personen gesehen werden.

Auch hier ist der »externe« Blick, die Sicht aus der Metaposition, nötig. Am Rand, statt im Strudel der Ereignisse, lässt sich eine Interventionsanalyse erstellen, die neue und in die Zukunft weisende Perspektiven ins Geschehen trägt. Durch die Analyse der Positionen der beteiligten Parteien, ihr Verhalten und ihre Motive lässt sich auf das wahrscheinliche Ergebnis schließen. Nun können Sie sich fragen, was eigentlich das dahinter liegende Interesse bei den Beteiligten ist. Wenn das deutlich wird, zeichnet sich eine Alternative ab, mit der Sie in weitere Gespräche gehen können. Nun haben Sie die Aussicht, etwas zu bewegen.

DIE INTERVENTIONSANALYSE IN DER PRAXIS

Stellen wir uns einmal die »klassische« Situation vor: Eine mobbingbetroffene Kollegin, Uschi, war bei Ihnen und hat ihre Situation geschildert und Sie gebeten, etwas zu unternehmen. Sie haben daraufhin mit der Abteilungsleiterin gesprochen und sich ein Bild gemacht. Vielleicht haben Sie auch mit der Mobberin, Gesine, geredet und jetzt geht es darum herauszufinden, was in Anbetracht der Situation die beste Lösung sein könnte. Das ist nicht unbedingt das, was Sie, Uschi, Gesine oder die Abteilungsleiterin für »richtig« halten, sondern das, womit alle Beteiligten im Sinne einer weiteren Zusammenarbeit leben können. Die Lösung des Konflikts muss also die unterschiedlichen Interessen ausbalancieren, es muss deutlich werden, dass das jeweilige Interesse auch durch andere Positionen bedient werden kann, sodass kein Grund mehr besteht, länger an genau dieser Position festzuhalten.

Wie kann eine solche Interventionsanalyse praktisch aussehen? (Die in dieser Beispielanalyse verwendeten Annahmen sind notwendigerweise pauschalisierend gewählt; sie sollen Gemeinsamkeiten und Unterschiede der Beteiligten verdeutlichen und spiegeln keine »Tatsachen« wider.)

USCHI

Position:	Gesine soll sie in Ruhe lassen.
Verhalten:	Tut (fast) alles, was Linderung verspricht und durchführbar scheint.

Polarisiert, um sich handlungsfähig zu fühlen

Motiv:	Möchte Selbstwert und die eigene Gesundheit wieder herstellen, den Arbeitsplatz erhalten.
Vermutetes Ergebnis:	Sie vermeidet die Eskalation kurzfristig, mittel- und langfristig stabilisiert sich der Konflikt, weitere Eskalation ist wahrscheinlich.
Interesse:	Wünscht sich Respekt vor ihr als Person und Anerkennung ihrer Fähigkeiten

GESINE

Position:	Will sich durchsetzen. Uschi ist im Weg, Uschi muss weg
Verhalten:	Tut (fast) alles, was der Durchsetzung der eigenen Position dienlich scheint.

Polarisierung ist Stilmittel

Motiv:	Wird nicht offen benannt
Vermutetes Ergebnis:	Sie nimmt Eskalation in Kauf, der Konflikt stabilisiert sich
Interesse:	Wünscht sich Respekt vor ihr als Person und Anerkennung ihrer Fähigkeiten

ABTEILUNGSLEITERIN

Position:	Will/muss der Fürsorgepflicht nachkommen
Verhalten:	Möglichst unaufwändig

Polarisiert, um schnelle Ergebnisse zu bekommen

Motiv:	Mobbing stört den Arbeitsprozess und gefährdet damit die Effizienz.
Vermutetes Ergebnis:	Kurzfristig wird eine Eskalation vermieden, langfristig stabilisiert bzw. verschärft sich der Konflikt.
Interesse:	Will den Betriebsfrieden wieder herstellen bzw. bewahren

BETRIEBSRÄTIN

Position: Will/muss der Fürsorgepflicht nachkommen

Verhalten: Versucht, alle Parteien unter einen Hut zu bringen, es allen »recht machen« wollen.

Diese Haltung bewirkt das Gegenteil und fordert zu weiterer Polarisierung heraus.

Motiv: Möchte dem an sich selbst und die Funktion gestellten Anspruch gerecht werden.

Vermutetes Ergebnis: Nullsummenspiel

Interesse: Will den Betriebsfrieden wieder herstellen bzw. bewahren

Aus dieser Analyse wird deutlich, wie die unterschiedlichen Positionen der Beteiligten sind und was sie zu ihrem Verhalten motiviert. Sie zeigt auf, dass die »Alle an einen Tisch«-Politik, jedenfalls als erste Maßnahme, nicht funktionieren kann. Die Annahme, bei dieser Gelegenheit würden sich alle schon irgendwie zusammenraufen, ist falsch. Warum? Gesine und Uschi würden versuchen, ihre Positionen mit Argumenten zu untermauern und dadurch den Konflikt stabilisieren. Wenn bereits eine »Schieflage« besteht, also Uschi schon in einer eindeutig unterlegenen Position ist, würde sie es nach einem solchen »Gipfeltreffen« noch mehr sein, und das auch noch im Beisein potenzieller UnterstützerInnen. Alle an diesem Gespräch Beteiligten würden »verführt«, sich auf die eine oder andere Seite zu schlagen, das Motto: die, die im »Recht« ist, möge gewinnen. Der Konflikt würde eine weitere Eskalationsstufe nach oben wandern.

Im Gegensatz zu einem spontan angesetzten »Klärungsgespräch« mit allen Beteiligten, können Sie anhand dieser Interventionsanalyse ersehen, dass die Interessen deckungsgleich sind, und genau darauf lässt sich aufbauen. Der Position von Gesine kann nicht vorbehaltlos zugestimmt werden (Uschi muss weg!). Dagegen können die unterschiedlichen Interessen durchaus »bedient« werden, und zwar so, dass Uschi wieder ins Team integriert wird, ohne dass Gesine ihr Gesicht verliert. Dass Gesine dazu ihr Verhalten ändern muss, versteht sich von selbst, aber es bedeutet auch eine Chance für sie, nämlich die Möglichkeit, ihr Interesse wahrzunehmen, gerade INDEM sie eine andere Position einnimmt.

DIE PENDELDIPLOMATIE BEI MOBBING

Einzelgespräche im Vorfeld bieten erfahrungsgemäß die besten Voraussetzungen für weitere Gespräche mit allen Beteiligten. Durch sie wird der Drang, sich zu profilieren, merklich herab gesenkt, und es lässt sich wesentlich leichter ein Zugang zur Gesprächspartnerin schaffen. Auf diese Weise fühlt die Mobberin geringeren Rechtfertigungsdruck und so ist im Gespräch mehr Flexibilität im Spiel mit den denkbaren Optionen möglich. Um eine Lösung herbeiführen zu können, muss zunächst einmal eine Verhandlungsbasis zwischen Uschi und Gesine geschaffen werden. Der Tenor der Einzelgespräche im Vorfeld muss sein, Uschi und Gesine dahingehend zu motivieren, die eigene Verantwortung zu erkennen und wahr zu nehmen. Das kann beispielsweise dadurch passieren, dass Sie beide fragen, was sie bereit wären einzubringen, um zu einer Lösung zu gelangen. Nur durch eine aktive Teilnahme BEIDER Konfliktparteien an einem Lösungskonzept kann eine faire Übereinkunft für die Zukunft geschlossen werden. Und nun erst macht es Sinn, beide mit der Aussicht auf Erfolg an einen Tisch holen.

1. Informationsgespräche führen:
· Zuhören ohne zu bewerten
· Das Gefühl geben, sich offen äußern zu können
· Vertraulichkeit zusichern

DABEI NICHT: POSITIONEN ABFRAGEN (FÜHRT ZUM BEHARREN AUF DER JEWEILIGEN POSITION UND VERSTÄRKT SIE)

2. Lösungsgespräche führen:
· Verantwortung wecken
· Verhalten thematisieren
· Interessen erforschen
· Den jeweils eigenen Beitrag zur Lösung erfragen und dadurch
· Verhandlungsbasis schaffen

Bleiben die Fronten verhärtet, muss natürlich auf die gängigen Maßnahmen wie Verweis, Abmahnung, Versetzung etc. zurückgegriffen werden.

DAS ROLLENVERSTÄNDNIS VON BETRIEBS- UND PERSONALRAT BEI MOBBINGKONFLIKTEN

Bevor Sie etwas unternehmen, ist es für den Erfolg Ihres Vorhabens, aber auch für Sie persönlich, wichtig zu überlegen, welche Rolle Sie in diesem Konflikt einnehmen, denn in dieser Rolle werden Sie ja dann auch von Mobbingbetroffenen angesprochen. Rollenklarheit für sich selbst, die sich auch den anderen gegenüber vermittelt, ist ein wesentliches Kriterium für den erfolgreichen Umgang mit der Mobbingproblematik, andernfalls laufen Sie Gefahr, in das herrschende »Chaos« einbezogen zu werden. Dieses Rollenverständnis ist natürlich ganz wesentlich von Ihrem Betrieb und seinen Strukturen abhängig, aber Sie müssen entscheiden, wie Sie Ihre Position ausfüllen, IN WELCHER FORM Sie für Mobbing zuständig sind. Die Pendeldiplomatie ist eine Form der Intervention bei Mobbing, aber ist Intervention überhaupt Ihr »Geschäft«? Oder werden Sie von Mobbingbetroffenen eher als Beraterin angesprochen?

INTERVENTION bedeutet Schlichtung, Befriedung des Konflikts durch Vermittlung zwischen den Parteien. Beide Parteien sollten das Vertrauen haben können, sich offen zu äußern. Der BETRIEBS-/PERSONALRAT muss beiden Seiten legitime Interessen zugestehen und IST IN ZENTRALER POSITION AKTIV an der Umsetzung der getroffenen Vereinbarungen BETEILIGT. (Das beinhaltet durchaus ein klares »Nein« zu Mobbingaktivitäten.)

BERATUNG bedeutet, Mobbingbetroffene auf ihrem Weg zu einer konstruktiven Lösung zu beraten, zur Umsetzung zu befähigen und sie in diesem Prozess zu begleiten (»Hilfe zur Selbsthilfe«). Der Betriebs-/Personalrat kann zu handlungsorientiertem Verhalten anregen und mit dem Ratsuchenden Optionen für eine mobbingfreie Zukunft erarbeiten. Hier ist der BETRIEBS-/PERSONALRAT INDIREKT AN DER UMSETZUNG BETEILIGT, in zentraler Position ist die Ratsuchende.

Die Grenzen sind natürlich fließender und können in der Praxis nicht so rigoros eingehalten werden. Diese Definitionen sollen Ihnen helfen, sich klar zu Mobbing positionieren und handeln zu können, um sich nicht zwischen dem eingangs erwähnten Baum und seiner Borke wiederzufinden. Ebenso ist es nicht ratsam, die Rollen während eines laufenden Klärungsprozesses zu tauschen. Sind Sie in einem Mobbingfall als Beraterin involviert und werden dann um eine Intervention gebeten, ist es mehr als wahrscheinlich, dass Ihnen die Gegenseite Voreingenommenheit und Parteilichkeit vorhält. Im umgekehrten Fall, wenn Sie als Vermittlerin begonnen haben, gilt das Gleiche. Es wird also zusätzlich eine weitere Ansprechpartnerin benötigt, entweder aus den eigenen Reihen oder eine externe Mediatorin oder Beraterin.

WELCHE ROLLE NEHMEN SIE EIN?
Anlaufstelle für MOBBINGFÄLLE?
Schaltstelle zwischen Mobbingbetroffenen, MobberInnen und Leitung
Anlaufstelle für MOBBINGBETROFFENE?
Psychosoziale Beratung, Funktion eines Coach

... KollegInnen

Als Kollegin einer Kollegin, die gemobbt wird, ist Ihre Rolle ambivalent. Sie sind zwar nicht persönlich betroffen, aber auch für Sie selbst ist durch Mobbing in Ihrer Umgebung die Arbeit keine reine Freude mehr, die Atmosphäre ist vergiftet. Sie sind vielleicht Zeugin, wie Ihrer Kollegin übel mitgespielt wird, Sie haben unter Umständen sogar Einblick in Vorgänge und Zusammenhänge, von denen die Kollegin bisher kaum etwas ahnt. Sie bleiben mit diesem Wissen allein, Sie sind in der Rolle der Beobachterin und stellen sich die Frage, ob das so bleiben soll. Aber nirgendwo finden Sie einen Leitfaden, in dem ein »Auftrag« für Sie definiert wäre, denn es geht aus Ihrem Status als Mitarbeiterin keiner hervor. Im Gegensatz zur Leitung und zum Betriebsrat, deren Fürsorgepflicht im § 75 des BetrVG festgelegt ist, gibt es für Sie keine vergleichbaren Regularien. Was es gibt, sind die Erwartungen, die Sie an sich selbst stellen. Und genau hierin liegt die Schwierigkeit, die Bauchschmerzen verursacht: »Soll ich was sagen? Soll ich mich einmischen?« Und wenn Sie es dann tun: »Wohin wird das führen? Habe ich jetzt Nachteile?« Und: »Werde ich jetzt auch gemobbt?«

Zum einen müssen Sie also zunächst einmal für sich klären, OB Sie überhaupt etwas tun wollen. Darüber hinaus stellt sich dann, wie für alle anderen Beteiligten auch, die Frage: »WAS genau kann das sein?«

Auch im gesamtgesellschaftlichen Kontext stehen wir immer wieder vor der Frage: »Geht mich das etwas an?«. Sollen wir etwas unternehmen, wenn wir Diskriminierung miterleben, wenn wir glauben, dass in der Wohnung über uns häusliche Gewalt an der Tagesordnung ist, wenn wir vermuten, dass Kinder misshandelt werden? Immer wieder erleben und beobachten wir Situationen, in denen wir spüren »ich sollte etwas unternehmen«, uns aber oft zurückhalten, weil wir uns zu schwach fühlen und daher glauben, nichts Wirksames ausrichten zu können, oder weil wir uns nicht selbst in Gefahr bringen wollen, oder auch, weil wir meinen, ohne handfeste Beweise hätten wir kein Recht dazu. Tatsächlich lässt sich ja auch nicht voraussagen, was passiert, welche Entwicklung die Dinge nehmen, wenn wir demjenigen, der in der U-Bahn herumpöbelt, die Meinung sagen, wenn wir bei vermuteter Misshandlung von Kindern oder häuslicher Gewalt das Jugendamt einschalten oder die Polizei rufen. Was wir allerdings sagen können ist, wenn wir nichts tun, wird die Situation, den Gesetzen der Konfliktdynamik folgend, eskalieren.

Auch nach einer U-Bahnfahrt haben Sie die pöbelnden Jugendlichen nicht sofort vergessen, aber Sie werden sie vermutlich nicht wieder sehen. Mobbing am Arbeitsplatz beobachten Sie unter Umständen acht Stunden am Tag, vielleicht beschäftigt es Sie sogar über diese Zeit hinaus. Schon allein das wäre ausreichend Grund, ein »Einmischen« zu erwägen.

Wir sind der Ansicht, dass Mobbing alle etwas angeht, die in einer Organisation beschäftigt sind. Mobbing bewirkt nachhaltig eine Veränderung des Klimas zum Negativen, vielleicht nicht morgen, aber übermorgen ganz bestimmt. Wenn wir zum Einmischen ermutigen möchten, so meinen wir damit nicht, mit – bildlich gesprochen – Boxhandschuhen auf den (vermeintlichen) Mobber loszugehen. Auch als KollegIn gilt wie für alle anderen Beteiligten (mit etwas anderen Vorzeichen), sich an die PRIMÄRSTRATEGIE zu halten. Also erst einmal zu analysieren: »Was geht hier eigentlich vor?«, sich dann zu überlegen, was zu erreichen ist (mit welchem Ziel wollen Sie sich »einmischen«?), um dann mit der entsprechenden Strategie vorzugehen. Wenn Sie die direkt Beteiligten nicht ansprechen möchten, können Sie Ihre KollegInnen sensibilisieren. Auf diese Weise unternehmen Sie auch etwas für sich, denn Sie bleiben mit Ihren Eindrücken nicht länger allein. Eine eher direkte Form des »Einmischens« wäre das Gespräch mit der Mobberin oder das Gesprächsangebot an die gemobbte Kollegin, aber auch indirekte Signale, wie zum Beispiel in der Kantine nicht wie andere den Tisch zu wechseln, wenn eine bestimmte Kollegin auftaucht oder auch dieser Kollegin auf dem Flur mal zuzulächeln – oder auch ganz etwas anderes. Allein von Ihrer Haltung gehen Signale aus. Wie schon gesagt, »Einmischung« passiert oft deswegen nicht, weil wir die Wirkung unterschätzen, aber jede noch so »kleine« Einmischung ist viel wert. Sie ist ein Baustein auf dem Weg aus dem Mobbing, und dazu braucht es viele kleine Schritte von allen Seiten. Auf DIE Idee, die Mobbing mit einem Schlag beendet, werden Sie vergebens warten – und alle anderen mit Ihnen.

Wichtig zu wissen ist: Eine Lösung ist in Ihrem Interesse, und wenn Sie Ihre Interessen gewahrt sehen wollen, müssen Sie sich dafür einsetzen! Nicht in vorderster »Front«, denn für das Ergebnis sind die unmittelbar Beteiligten verantwortlich, aber in der zweiten Reihe, wo Sie den Prozess des Mobbings indirekt beeinflussen. Und das tun Sie übrigens immer: Selbst, wenn Sie sich ganz still verhalten und sich nicht positionieren, nehmen Sie Einfluss auf das Geschehen, und Ihr Verhalten wird in diesem Fall von den MobberInnen als Zustimmung und von der Gemobbten als Ablehnung gewertet. Auch Leitung und der Betriebs-/Personalrat werden eher die Notwendigkeit zum Handeln sehen, wenn sie wissen, dass sie mit Zustimmung und im Sinne der MitarbeiterInnen vorgehen können, als wenn sie davon ausgehen müssen, das es sich um ein »Einzelschicksal« handelt.

Auch hier gibt es also kein Patentrezept für Verhalten, es kommt darauf an, in welchem Stadium sich der Konflikt befindet, darauf, wie Ihre Stellung in der Firma ist und wie Ihr Verhältnis zu den beteiligten Personen ist. Aber generell lässt sich sagen, ein »Ich kann da nichts machen« gibt es nicht, und es gibt auch kein »zu wenig«, aus dem sich ableiten ließe, doch lieber gar nicht erst anzufangen, denn lächeln können Sie doch, oder?

MÖGLICHKEITEN ZUR UNTERSTÜTZUNG VON KOLLEGINNEN

- Positive Signale an betroffene Person senden, wie z.B. Kaffee anbieten oder fragen, ob man etwas aus der Kantine mitbringen soll
- Der Gemobbten Wertschätzung entgegenbringen, indem man sie um Rat fragt
- Gesprächsangebot machen
- Adressen von Hilfsangeboten weitergeben
- Anbieten, bei Gesprächen dabei zu sein
- Emotional unterstützen
- Isolation der Gemobbten aufbrechen
- Sich um Integration bemühen
- Anderen gegenüber das entstandene einseitige Bild zurechtrücken
- Das Verhalten der MobberInnen sachlich thematisieren und deutlich machen, dass dieses Verhalten (nicht die Person) inakzeptabel ist
- KollegInnen sensibilisieren und deutlich machen, dass die gesamte KollegInnenschaft betroffen ist

Wir haben uns lange damit beschäftigt herauszufinden – und unsere Interviewpartnerinnen damit in Erklärungsnot gebracht –, ob es so etwas wie einen Veränderungsfaktor gibt, etwas, was dazu geführt hat, sich in Richtung Veränderung zu bewegen. Um es vorweg zu sagen: Wir haben diesen ominösen Faktor, den wir zwischenzeitlich Faktor »V« getauft hatten, in Reinkultur nicht identifizieren können. Bestenfalls gibt es eine Art Aktivitätsfaktor oder Auslösefaktor. Bei der einen kann das ein äußerer Umstand sein, und bei der anderen ein ständig wachsender innerer Druck, der dafür sorgt, dass das Handeln eine andere Qualität bekommt und eine richtungsweisende Veränderung zur Folge hat.

Eine Krise wirft uns auf uns selbst zurück. Wir werden auf eine Weise mit uns konfrontiert, die wir als von außen aufgezwungen erleben. Wir sind aufgefordert, uns mit Fragen auseinanderzusetzen. Wie ist es um mein Selbstbewusstsein bestellt? Bin ich bereit, Verantwortung für mein Handeln zu übernehmen? Selbstbewusstsein ist nicht gleichzusetzen mit lautem und raumgreifendem Auftreten, es meint vielmehr im wahrsten Sinne des Wortes ein »Sich-seiner-selbst-bewusst-Sein«, es meint, das, was man in sich selbst vorfindet, anzusehen, ohne es zu bewerten. Denn nur ein solches Selbstbewusstsein versetzt uns in die Lage, Verantwortung für uns und unser Handeln zu übernehmen. Dazu müssen wir aber wissen, auf welches Selbst sich diese Verantwortung eigentlich stützt. Also ist Arbeit am Bewusstsein über sich selbst ein wichtiges Teilchen im Puzzle, aus dem der Faktor »V« sich zusammensetzt.

Die Beschäftigung mit dem Selbstbewusstsein hat viele Facetten und schließt die wichtige und konstruktive Auseinandersetzung mit Selbstzweifeln mit ein. Und das ist genau der Punkt, an dem Mobbing ansetzt: Hier wird diese Bereitschaft ausgenutzt, was aber letztendlich in eine destruktive Auseinandersetzung führt. Mobbing untergräbt also das Selbstbewusstsein, es werden Selbstzweifelkörner gesät, deren Keimlinge wie Unkraut wuchern. Das geschieht auf eine schleichende, sehr subtile Weise, und wenn wir nicht aufpassen, wird irgendwann dieses Unkraut die Pflanzen der Selbstachtung ersticken. Das kann eben umso leichter geschehen, je weniger wir uns unserer selbst bewusst sind. Je mehr Klarheit wir darüber haben, was uns ausmacht, je mehr wir unsere Werte und Ideale achten und anerkennen, desto mehr können wir auch unterscheiden zwischen Menschen, deren Ziel es ist, unsere Würde zu untergraben und denen, die uns respektieren.

Je später wir also Mobbing gewahr werden, umso eher kann die Saat aufgehen, die Menschen, die uns nicht wohlgesonnen sind, säen. Es macht ganz und gar keinen Sinn, MobberInnen an den Auseinandersetzungen mit den eigenen Selbstzweifeln teilhaben zu lassen und ihnen quasi noch bei der Aussaat zu helfen. Und es macht ebenso wenig Sinn, MobberInnen davon überzeugen zu wollen, dass – wiederum bildlich gesprochen – auf unserer Wiese jede Menge Blumen blühen. Eben genau diese wollen sie gar nicht sehen. Diese Erkenntnis ist vielleicht bitter, hält uns aber davon ab, diesem Bekehrungswahn zu verfallen. Er führt nicht nur in eine Sackgasse, sondern fördert die Mobbing-Dynamik noch zusätzlich.

Auch hier geht es um ein Festhalten und Loslassen. Statt Energie darauf zu verwenden, MobberInnen von unseren inneren Werten zu überzeugen, geht es vielmehr darum, achtsam und liebevoll mit sich selbst umzugehen und davon nicht abzulassen, auch wenn andere uns mit allen Mitteln dazu bringen wollen. Solch ein selbstverantwortlicher Umgang schafft die Voraussetzung, einen positiven Einfluss auf das Geschehen nehmen zu können. Einfluss nehmen wir immer. Es ist ein Trugschluss zu glauben, wir hätten keinen Einfluss, wenn wir uns nur still verhalten und nichts tun. Das geht genauso wenig, wie nicht zu kommunizieren. Aber es gibt zwei Arten von Einflussnahme. Wir können einen Prozess sowohl positiv als auch negativ beeinflussen, und DARIN liegt unsere Entscheidung.

Einzelne können Mobbing im Arbeitsleben nicht prinzipiell verhindern, auch wenn die Betroffene über ein grenzenloses Selbstbewusstsein verfügt. Existiert ein Nährboden für Mobbing in einem Betrieb, wird Mobbing auch ungeachtet der spezifischen »Ausstattung« der Betriebsangehörigen stattfinden. Um die Krise Mobbing zu bewältigen, kommt es vielmehr auf das Wann und Wie an: WANN erkenne ich Mobbing und WIE gehe ich damit um? WOFÜR sich dann die Einzelne entscheidet, ist individuell. Wichtig ist die Erkenntnis, dass es Entscheidungen gibt, die sie SELBST treffen kann. Und mit diesem Bewusstsein ist die Entscheidungsfindung keine Bürde, sondern ein Prozess, der Kreativität freisetzt und Selbstbewusstsein fördert.

Mobbing

Engbers, Renate/ver.di-Broschüre: MOBBING. WAS INTERESSENVERTRE-
TERINNEN, BETEILIGTE UND BETROFFENE DAGEGEN TUN KÖNNEN. Zu
beziehen über: Bildungswerk ver.di in Niedersachsen e.V., Goseriede 10 in
30159 Hannover, bw@bw-ver.di-ha.de

Esser, Axel/Wolmerath, Martin: MOBBING: DER RATGEBER FÜR BETROF-
FENE UND IHRE INTERESSENVERTRETUNG. Köln: Bund-Verlag, 2003, 5.
Aufl.

Holzbecher, M./Meschkutat, B.: MOBBING AM ARBEITSPLATZ. Schriftenreihe der Bundesanstalt für Arbeitsschutz und Arbeitsmedizin. Sonderschrift. Dortmund 1999

Holzbecher, M./Meschkutat, B./Langenhoff, G.: DER MOBBING-REPORT.
Schriftenreihe der Bundesanstalt für Arbeitsschutz und Arbeitsmedizin.
Sonderschrift FB 951, Dortmund 2002.

Kolodej, Christa: MOBBING. PSYCHOTERROR AM ARBEITSPLATZ UND
SEINE BEWÄLTIGUNG. Wien: WUV-Universitätsverlag, 1999.

Kratz, Hans-Jürgen: MOBBING: ERKENNEN, ANSPRECHEN, VORBEUGEN.
Wien: Ueberreuter, 1998.

Leymann, Heinz: MOBBING: PSYCHOTERROR AM ARBEITSPLATZ UND
WIE MAN SICH DAGEGEN WEHREN KANN. Reinbek bei Hamburg: Rowohlt
Taschenbuch Verlag, 1993.

Leymann, Heinz (Hrsg.): DER NEUE MOBBING-BERICHT; ERFAHRUN-
GEN UND INITIATIVEN, AUSWEGE UND HILFSANGEBOTE. Reinbek bei
Hamburg: Rowohlt Taschenbuch Verlag, 1995.

Neuberger, Oswald: MOBBING: ÜBEL MITSPIELEN IN ORGANISATIONEN.
München: Rainer Hampp Verlag, 1994

Niedl, Klaus: MOBBING/BULLYING AM ARBEITSPLATZ. EINE EMPIRISCHE ANALYSE ZUM PHÄNOMEN SOWIE ZU PERSONALWIRTSCHAFTLICH RELEVANTEN EFFEKTEN VON SYSTEMATISCHEN FEINDSELIGKEITEN. München: Rainer Hampp Verlag, 1995.

Resch, Martin: WENN ARBEIT KRANK MACHT. Frankfurt/Main: Ullstein, 1994.

Walter, Henry: MOBBING: KLEINKRIEG AM ARBEITSPLATZ. KONFLIKTE ERKENNEN, OFFENLEGEN UND LÖSEN. Frankfurt/Main: Campus Verlag, 1993.

Zuschlag, Berndt: MOBBING: SCHIKANE AM ARBEITSPLATZ. ERFOLGREICHE MOBBING-ABWEHR DURCH SYSTEMATISCHE URSACHENANALYSE. Göttingen: Hogrefe Verlag, 1994.

Sexuelle Belästigung

Holzbecher, Monika/Braszeit, Anne/Müller, Ursula/Plogstedt, Sybille: SEXUELLE BELÄSTIGUNG AM ARBEITSPLATZ. Schriftenreihe des Bundesministeriums für Familie, Senioren, Frauen und Jugend. Band 141. Stuttgart: Verlag W. Kohlhammer, 1997.

Plogstedt, Sybille/Degen, Barbara: NEIN HEISST NEIN! DGB-RATGEBER GEGEN SEXUELLE BELÄSTIGUNG AM ARBEITSPLATZ. München: Serie Piper Frauen, 1992.

Kommunikation und Konflikt

Berkel, Karl: KONFLIKTTRAINING: KONFLIKTE VERSTEHEN UND BEWÄLTIGEN. Heidelberg: Sauer Verlag, 1991.

Bidot, Nelly/Morat, Bernard: NLP-KRISENMANAGEMENT. SCHWIERIGE SITUATIONEN IN DEN GRIFF BEKOMMEN UND NEUE HANDLUNGSSPIELRÄUME GEWINNEN. Freiburg i.B.: Verlag Herder, 1996.

Fisher, Roger/Ury, William/Patton, Bruce: DAS HARVARD-KONZEPT: SACHGERECHT VERHANDELN – ERFOLGREICH VERHANDELN. Frankfurt/Main: Campus Verlag, 1996.

Gamber, Paul: KONFLIKTE UND AGGRESSIONEN IM BETRIEB. PROBLEMLÖSUNGEN MIT ÜBUNGEN, TESTS UND EXPERIMENTEN. München/Landsberg am Lech: MVG-Verlag, 1992.

Glasl, Friedrich: KONFLIKTMANAGEMENT. Stuttgart: 1997, 5. Auflage.

Schulz von Thun, Friedemann: MITEINANDER REDEN 1: STÖRUNGEN UND KLÄRUNGEN. Reinbek: Rowohlt Taschenbuch Verlag, 1996.
-: MITEINANDER REDEN 2: STILE, WERTE UND PERSÖNLICHKEITSENTWICKLUNG. Reinbek: Rowohlt Taschenbuch Verlag, 1996.
-: MITEINANDER REDEN 3: DAS »INNERE TEAM« UND SITUATIONSGERECHTE KOMMUNIKATION. Reinbek: Rowohlt Taschenbuch Verlag, 1998.

Thomann, Christoph: KLÄRUNGSHILFE: KONFLIKTE IM BERUF. Reinbek: Rowohlt Taschenbuch Verlag, 1998.

Ury, William L.: SCHWIERIGE VERHANDLUNGEN. WIE SIE SICH MIT UNANGENEHMEN KONTRAHENTEN VORTEILHAFT EINIGEN. Frankfurt/Main: Campus Verlag, 1991.

Watzlawick, Paul u. a.: MENSCHLICHE KOMMUNIKATION, FORMEN, STÖRUNGEN, PARADOXIEN. Bern: Verlag Hans Huber, 1990.

Stress und Stressbewältigung

Borgdorf-Albers, Gabriele: RUHEPUNKTE. HILFEN GEGEN STRESS. Stuttgart: Ernst Klett Verlag, 2000.

Hatzelmann, Elmar: KEINE MACHT DEM STRESS! HANDBUCH FÜR ENTSPANNUNG UND MENTALES TRAINING. München: Humboldt Taschenbuch Verlag, 1997.

Johnen, Wilhelm: MUSKELENTSPANNUNG NACH JACOBSON. München: Gräfe und Unzer, 6. Auflage 2004.

Kabat Zinn, Jon: IM ALLTAG RUHE FINDEN. DAS UMFASSENDE MEDITATIONSPROGRAMM. Freiburg i.Br.: Herder Spektrum, 1998.

Kabat Zinn, Jon: GESUND DURCH MEDITATION. DAS GROSSE BUCH DER SELBSTHEILUNG. O. W. Barth Verlag, 2001.

Kabat-Zinn, Jon/Kesper-Grossman, Ulrike: DIE HEILENDE KRAFT DER ACHTSAMKEIT. 2 CDs, Freiamt, Arbor Verlag, 2004.

Ohm, Dietmar: MUSKELENTSPANNUNG NACH JACOBSON. FÜR SELBSTSICHERHEIT UND INNERE RUHE. München: Gräfe und Unzer 1995.

Schoefer, Liane U.: QIGONG. HILFEN FÜR DEN ALLTAG. Niedernhausen/Ts.: Falken Verlag, 1994.

Thich Nhat Hanh: DAS WUNDER DER ACHTSAMKEIT. Theseus Verlag, Berlin 1997.

Bundesweite Telefonnummern

MOBBING-TELEFON HAMBURG
Tel.: 0 40 - 20 23 02 09
Mo 10-14, Di 14-18, Do 17-20 Uhr

KDA, KIRCHLICHER DIENST IN DER ARBEITSWELT, STADE
Wulf Graentzdoerffer
Tel.: 0 41 41 - 6 30 68

MOBBING-ZENTRALE HAMBURG E.V.
Tel.: 0 40 - 21 98 32 89

VPSM, VEREIN GEGEN PSYCHOSOZIALEN STRESS UND MOBBING E.V.,
WIESBADEN
Tel.: 06 11 - 54 17 37

MOBBINGLINE NRW
Tel.: 01 80 - 3 10 01 13
Mo-Do 16-20 Uhr

MOBBING-BERATUNG MÜNCHEN
Tel.: 0 89 - 60 60 00 70
Di 15-18, Do 9-12 Uhr

Berliner Kontakte

BERATUNGSSTELLE FRAU UND ARBEIT IM BILDUNGS- UND BERATUNGS-
ZENTRUM RAUPE UND SCHMETTERLING – FRAUEN IN DER LEBENSMIT-
TE E.V.
Kostenlose Beratung Mi 15-18:30 Uhr
Terminvereinbarung unter Tel.: 0 30 - 88 92 26 - 0

SEKIS, SELBSTHILFE KONTAKT- UND INFORMATIONSSTELLE
Tel.: 0 30 - 8 92 66 02

Links

WWW.MOBBING-ABWEHR.DE
Unter diesem Link finden Sie alle wesentlichen Telefonnummern und
Adressen in Deutschland, Österreich und der Schweiz

GABRIELE HABEN, geboren 1955,
Kommunikationstrainerin und Mobbingberaterin

und

ANETTE HARMS-BÖTTCHER, geboren 1953,
Diplom-Psychologin und Mobbingberaterin

Beide Autorinnen arbeiten seit 1996 freiberuflich zusammen und bieten über ihre gemeinsame Praxis in Berlin Beratung und Coaching für Mobbingbetroffene an. Sie schulen zu dieser Thematik Menschen mit Leitungsaufgaben, Personal- und BetriebsrätInnen, FrauenvertreterInnen und BeraterInnen in Vorträgen und Seminaren.

Weitere Schwerpunkte ihrer Arbeit sind die Themen Kommunikation, Verhandlung und Argumentation, Konfliktmanagement, Entspannungstraining und Stressbewältigung sowie Zeit- und Selbstmanagement.

Kontakt über:

Harms & Haben – Beratung und Seminare
Anklamer Str. 32
D-10115 Berlin
Tel.: ++49 - 0 30 - 3 93 64 07 und ++49 - 0 30 - 3 95 58 55
E-Mail: harms.haben@berlin.de
www.harms-haben.de

Gabriele Haben
Anette Harms-Böttcher

Mobbing
Frauen steigen aus
Die Deutsche Bibliothek – CIP Einheitsaufnahme
Haben, Gabriele: Mobbing. Frauen steigen aus / Gabriele Haben & Anette Harms-Böttcher. –
1. Aufl. – Berlin : Orlanda Frauenverlag, 2007

ISBN 978-3-936937-51-0

1. Auflage 2007

Lektorat: Susanne Litzka, Claudia Koppert, Ekpenyong Ani
Umschlaggestaltung: Stefanie Schenk
Coverfoto: getty images
Layout und Satz: Marc Berger
Herstellung: Anna Mandalka
Druck: MB Medienhaus Berlin